Kerstin Hasse-Schwenkler

PHYSIOTHERAPIE FÜR HUNDE

KYNOS VERLAG

Widmung

Ich widme dieses Buch den Tieren.
Denen, die wir lieben und umsorgen, aber ganz
besonders denen, die unter uns Menschen
zu leiden haben.

Titelbild: »Atlas der Hundeanatomie«, Beute-Faber
Fotos und Abbildungen: Kerstin Hasse-Schwenkler

© KYNOS VERLAG 2003
Dr. Dieter Fleig GmbH • D - 54570 Mürlenbach/Eifel
Telefon: 06594/653 • Telefax: 06594/452
http://www.kynos-verlag.de

Gesamtherstellung: Dr. Cantz'sche Druckerei, 73760 Ostfildern

ISBN 3-933228-53-0

INHALTSVERZEICHNIS

Ein paar Worte vorweg   8

I.   Die Grundlagen   10
    I.1.   Was ist eigentlich Physiotherapie?   10
    I.2.   Physiotherapie - wann und wozu?   14
    I.3.   Der Tierphysiotherapeut   18
    1.4.   Etwas Anatomie muss sein   19
    1.5   Bewegungslehre: So läuft der Hund   27
    1.6   Krankheiten   40
       I.6.1. Erkrankungen der Muskulatur   40
       1.6.2. Störungen des Bewegungsapparates   43

II.   Die Bausteine der Physiotherapie   53
    II.1.   Krankengymnastik   54
    II.2.   Bewegungstherapie   64
    II.3.   Massage   74
    II.4.   Wasser-, Wärme- und Kälteanwendung   98
    II.5.   Reizstromtherapie   111

III. Praxisteil   114
    Die Arbeit an den einzelnen Körperteilen   114
    III.1. Kopf und Hals   114
    III.2. Schultergliedmaße   136
    III.3. Rumpf und Rücken   180
    III.4. Beckengließmaße   208

Danksagung   244
Bücherliste   245
Wichtige Adressen   246
Index   247

EIN PAAR WORTE VORWEG

Als ich 1993 im Rahmen meiner Ausbildung zur Human-Physiotherapeutin damit begann, mich für die Tierphysiotherapie zu interessieren, stand ich vor einem Problem. Literatur über dieses Thema gab es nur aus Amerika, England und, wenn man gut französisch lesen konnte, aus Frankreich. Kein Wunder, denn es gab auch noch keine deutschen Tierphysiotherapeuten. Wenn doch, dann so gut versteckt, dass niemand von ihnen wusste, jedenfalls keiner, den ich darauf ansprach. Selbst als ich mich 1997 als Tierphysiotherapeutin selbstständig machte (anfangs noch nebenberuflich, erst ab 1999 hauptberuflich), sah es noch nicht viel besser aus. Die ersten Pferdephysiotherapeuten sollen da langsam aufgetaucht sein. Doch Literatur? Selbst jetzt sieht es auf dem Buchmarkt noch düster aus, wenn auch im Pferdebereich etwas besser als für Hunde.

Das sollte sich ändern - das wollte ich ändern! Angeregt durch Seminarteilnehmer und Patientenbesitzer, die mich immer wieder fragten, wo sie denn etwas nachlesen könnten, wandte ich mich voller Hoffnung an den Kynos Verlag. Was daraus geworden ist, halten Sie jetzt in den Händen.

Ich habe versucht, die verschiedenen physiotherapeutischen Bereiche und vor allem die Anwendung verständlich zu schildern. Sie sollen Ihrem Tier helfen können! Oft könnten durch eine rechtzeitige Anwendung der Physiotherapie Spätschäden vermieden werden. Das Problem ist aber, dass es hierzulande erst viel zu wenige Tierphysiotherapeuten gibt und diese Therapieform auch noch viel zu wenig bekannt ist. Selbst wer nach einer Operation an »Krankengymnastik« für seinen Hund denkt, wird Schwierigkeiten haben, einen Therapeuten in seiner Nähe zu finden. Und bei Kosten von 25,- bis 50,- pro Behandlung kann sich ein Normalverdiener die Therapie auch nicht so oft leisten, wie sie für einen Erfolg nötig wäre.

Dieses Buch möchte Ihnen die notwendigen Kenntnisse vermitteln, mit denen Sie Ihren Hund selbst behandeln können - natürlich nur, nachdem Sie sich dazu das OK Ihres Tierarztes geholt haben! Beachten Sie vor einer Behandlung bitte unbedingt die Hinweise in Kapitel zwei, denn mit einer gut gemeinten, aber falsch oder zum falschen Zeitpunkt durchgeführten Therapie kann man seinem Hund auch schaden! Ideal wäre es natürlich, wenn Sie sich erst von einem Therapeuten zeigen lassen könnten, was Sie mit Ihrem Vierbeiner alles machen können und dieses Buch nur als Gedächtnisstütze nutzen, denn dann sind Sie auf der sicheren Seite. Vielleicht kontrolliert Ihr Tierphysiotherapeut auch noch, wie Sie arbeiten. Das wäre natürlich genial.

Aber auch wenn Sie keinen Therapeuten erreichen können werde ich Ihnen in diesem Buch einige Möglichkeiten zeigen, wie Sie Ihrem Hund helfen können. Halten Sie sich an die Kontraindikationen zu den Behandlungsmaßnahmen, dann machen Sie schon mal nichts ganz falsch. Und üben Sie vorher an einem Menschen … Erstens bekommen Sie so schon ein bisschen Fingerspitzengefühl, wie sich was in etwa anfühlt, und zweitens kann sich Ihr »Menschenopfer« äußern, wenn Sie etwas falsch machen, was Sie falsch machen und wie es sich vielleicht besser anfühlt. Und wenn Sie Ihre Sache gut machen, gewinnen Sie einen Freund fürs Leben!

Natürlich hoffe ich auch, dass mein Buch angehenden Tierphysiotherapeuten in der Ausbildung Hilfe und Leitfaden sein wird.

Und nun wünsche ich Ihnen viel Spaß bei der Umsetzung. Viel Erfolg!!!

Kerstin Hasse-Schwenkler
Almstedt, im Frühjahr 2003

Abb. 1

I. DIE GRUNDLAGEN

I.1. WAS IST EIGENTLICH PHYSIOTHERAPIE?

Die Physiotherapie kümmert sich in erster Linie um den Bewegungsapparat von Mensch oder Tier, also Skelett, Gelenke, Muskeln und Gewebe und um die Wiederherstellung dessen störungsfreier Funktion oder die Vorbeugung weiterer Schäden (z.B. bei Fehlstellungen der Gelenke, falschen Belastungen durch falsche Körperhaltung etc.). In der Regel wird sie begleitend zu anderen Behandlungsformen eingesetzt. Sie ist keine Therapieform zur Behandlung innerer Krankheiten. Da in einem Organismus aber alles zusammenwirkt und nichts isoliert zu betrachten ist, hat natürlich auch die Physiotherapie Einfluss auf andere Körperfunktionen wie Kreislauf, Durchblutung, Nerven- oder Lymphsystem.

Die Physiotherapie ist keine Neuerfindung, sondern im Grunde eine Kombination uralter Heilmethoden, die schon seit vielen Jahrtausenden bekannt sind. Der Begriff »Physiotherapie« wurde bei uns allerdings erst im Jahr 1994 eingeführt, bis dahin lautete die Berufsbezeichnung für einen Human-Physiotherapeuten noch »Krankengymnast/-in«.

Ach so, sagen Sie jetzt vielleicht, Physiotherapie ist Krankengymnastik! Nicht ganz. Nicht umsonst hat man den Begriff abgeschafft, denn er wurde zu eng und ist missverständlich. Krankengymnastik ist mehr als nur Gymnastik, mehr als nur kontrollierte Bewegung und richtet sich auch nicht nur an Kranke. In der Krankengymnastik gibt es heute viele verschiedene Techniken, die manchmal mehr an Massage als an Gymnastik erinnern. Die moderne Physiotherapie umfasst folgende Techniken:

ELEMENTE DER PHYSIOTHERAPIE

- Massage
- Gezielte Gymnastik (aktiv oder passiv), Bewegungstherapie
- Hydrotherapie (Wassertherapie)
- Thermotherapie (Wärme- und Kälteanwendungen)
- Technische Anwendungen wie z.B. Elektrotherapie (Reizstrombehandlung), Licht- und Lasertherapie, Magnetfeldtherapie, therapeutischer Ultraschall
- Manuelle Therapien (Chiropraktik, Osteopathie, beim Menschen auch noch weitere)

SEIT WANN GIBT ES DIESE METHODEN?

Die Massage ist bekanntlich uralt und ist uns als medizinische Anwendung unter anderem aus der fernöstlichen Medizin überliefert, die Chinesen kannten sie schon 2700 Jahre v. Chr. Die heutige Technik der Massage prägte sich im Frankreich des 18. Jahrhunderts, woher auch unsere heutigen Fachbegriffe für die Massagegriffe stammen.

Medizinische Gymnastik zu Heilzwecken wurde erstmals um 400 v. Chr. eingeführt, und zwar von Hippokrates von Kos. Danach geriet die »Krankengymnastik« leider wieder in Vergessenheit. Paracelsus (1494 -1542 n. Chr.) kramte die alten, hippokratischen Lehren wieder aus - nur damit sie weitere Jahrhunderte im Dämmerschlaf ruhten. Erst vor rund 150 Jahren erfuhr die Krankengymnastik eine durch Kneipp und Prießnitz ausgelöste Renaissance und wurde seitdem kontinuierlich weiterentwickelt.

Wegbereiter für die moderne Physiotherapie ist der Schwede Ling am Anfang des 19. Jahrhunderts: Er verstand es, Krankengymnastik und Massagen zusammenzufügen und gründete somit die schwedische Heilgymnastik. Sie ist heute aus der Humanmedizin nicht mehr wegzudenken.

Mineral- und Thermalquellen wurden schon frühgeschichtlich von den Menschen genutzt, die »Hydrotherapie« als Bestandteil der Physiotherapie ist also schon uralt. Bei uns verbindet man mit dem Begriff »Wassertherapie« wohl als Erstes den Pfarrer Sebastian Kneipp mit seinen Güssen und Wasserkuren.

Nicht viel neuer ist die Anwendung von Schwitzbädern oder Schwitzhütten, also die Thermotherapie - sowohl die Chinesen vor 4000 Jahren als auch die Germanen und die Kelten wussten um die wohltuende Wirkung dieser Anwendungen.

Die technischen Therapien sind die einzigen, die aus dem 20. Jahrhundert stammen - obwohl man sich auch hierüber streiten kann, denn man hat auch Belege dafür gefunden, dass schon unsere Urahnen Magneteisenstein zu Pulver zerrieben und damit Pasten anrührten oder Umschläge machten. Die technischen Anwendungen sind nicht für den eigenen Hausgebrauch gedacht, sondern dürfen nur von ausgebildeten Fachleuten durchgeführt werden.

Die manuelle Therapie, also »Therapie mit den Händen«, umfasst mehrere Methoden zum Auffinden und Behandeln von Dysfunktionen (Funktionsstörungen) im Bewegungsapparat.

Diese Dysfunktionen können Schmerzen, Hyper- und Hypomobilität oder Weichteilaffektionen sein. Mit besonderen Handgriffen werden die Weichteile und die Gelenke behandelt, um eine normale Funktion wieder herzustellen. Diese Therapieformen sind sehr wertvoll, dürfen aber nur von ausgebildeten Therapeuten durchgeführt werden, weil man mit ihnen wirklichen Schaden anrichten kann.

Also bitte keine Versuche am eigenen Hund! Zu den manuellen Therapieformen gehören Chiropraktik und Osteopathie, die ich im Folgenden kurz erklären möchte.

Die Chiropraktik

Mit Hilfe der Chiropraktik werden hauptsächlich die Wirbelsäule und die Gelenke manipuliert und »eingerenkt«. Dazu werden die Gelenke in ihrer Endposition fixiert und anschließend kurz über das normale Maß hinaus bewegt. Das geschieht mit einer ruckartigen Bewegung, die manchmal mit einem Knacken verbunden ist. Keine ganz sanfte Methode, aber bei frischen Blockierungen sehr effektiv. Bei älteren Problemen hat die Chiropraktik den Nachteil, dass die Weichteile nicht mitbehandelt werden und die gerade frisch »eingerenkten« Wirbel den noch anhaltenden falschen Muskelzügen nachgeben und gleich wieder blockieren.

Ohne Weichteilbehandlung ist es außerdem weitaus schwieriger und schmerzhafter, Wirbel zu deblockieren, gerade weil die Muskulatur so fest ist. Eine Massage vorweg kann helfen. Wenn Sie also wissen, dass der Chiropraktiker kommt, können Sie Ihr Tier vorher mit Wärme und Massage behandeln.

Die Osteopathie

Auch bei der Osteopathie geht es darum, Dysbalancen im Bewegungsapparat zu beheben. Der Osteopath kann mit der Therapie des Bewegungsapparates auch innere Erkrankungen behandeln. Es ist ein enormes Wissen nötig, um ein guter Osteopath zu sein. Voraussetzung für die Ausbildung ist, dass man Arzt, Heilpraktiker oder Krankengymnast ist. Man muss also schon ein Grundwissen besitzen, auf das aufgebaut wird. Trotzdem dauert die Ausbildung (zum Human-Osteopathen) fünf Jahre! Die Methode selbst ist meistens sehr sanft und angenehm und wird deshalb gut angenommen. Nachteil sind die teuren Behandlungen, weil die Ausbildung so lange dauert. Übrigens gibt es meines Wissens nach noch keinen ausgebildeten Hunde-Osteopath hier in Deutschland. Sie müssen sich also an Human- oder Pferde-Osteopathen mit genügend Hundeerfahrung halten.

WIE DIE EINZELNEN THERAPIEN WIRKEN

Massage: Lockerung verkrampfter und verspannter Muskeln, Kräftigung schwacher Muskeln, Stimulation von Nerven, Förderung von Durchblutung und Stoffwechsel, Steigerung von Leistungsfähigkeit und Wohlbefinden, beruhigende Wirkung

Krankengymnastik: Aufbau und Kräftigung der Muskulatur, Dehnung von Muskeln, Sehnen und Bändern, Mobilisation von Gelenken, Konditionsverbesserung, Steigerung der Leistungsfähigkeit

Hydrotherapie und Thermotherapie: Schmerzlinderung, Entspannung der Muskulatur, Anregung des Kreislaufes, Abbau von Schwellungen

Technische Anwendungen: Je nach Methode Anregung von Durchblutung, Zellaktivität, Abtransport von Schadstoffen aus den Zellen etc.

Manuelle Therapien: Beseitigung von Blockaden in Wirbeln und Gelenken

EIN WORT - DREI BEDEUTUNGEN

»Physis« ist ein griechisches Wort und bedeutet Natur, Leben oder Körper; das Wort »Therapie« kommt ebenfalls aus dem Griechischen und bedeutet so viel wie Pflegen oder Dienen. Das Wort »Physiotherapie« lässt sich aus dieser Zusammensetzung verschieden deuten, nämlich als »Physikalische Therapie«, als »Physiologische Therapie« und als »Therapie der Physis«. Alle drei Begriffe und Deutungen sind richtig und ergänzen sich gegenseitig.

1) »Physikalische Therapie«

Die Mittel zur Behandlung sind in der Physiotherapie nicht chemisch, sondern physikalisch - Hände, Druck, Wasser, Temperatur und so weiter. Früher wurde der Begriff »physikalische Therapie« für den gesamten Bereich der Physiotherapie verwendet, heute bezeichnet er nur noch das Spektrum der so genannten physikalischen Anwendungen aus der Hydro-, Thermo- oder Elektrotherapie, also einen Teilbereich der gesamten Physiotherapie.

2) »Physiologische Therapie«

»Physiologisch« heißt »funktionell« - der Begriff »funktionelle Therapie« beschreibt also das Wesen der Physiotherapie sehr gut, denn es geht ja in erster Linie um Wiederherstellung oder Erhalt der Bewegungsfunktion.

3) »Therapie der Physis«

Als »Therapie des Körpers« oder »Körpertherapie« wählt die Physiotherapie als Zugang zum Patienten dessen Körper (und nicht etwa die Psyche wie in der Psychotherapie). Der Therapeut setzt zur Behandlung außerdem seinen eigenen Körper, vor allem die Hände, ein. Physiotherapie ist also im wahrsten Sinne des Wortes ein BeHANDeln!

SEIT WANN GIBT ES TIERPHYSIOTHERAPIE?

Vermutlich im Grunde schon so lange, wie Menschen Tiere haben. Wenn Menschen sich gegenseitig mit Massagen, Wärme- oder Kältepackungen behandelt haben, ist es mehr als wahrscheinlich, dass sie es auch bei Tieren getan haben, die ihnen besonderes wertvoll waren und auf die sie angewiesen waren. Natürlich nannte das niemand »Physiotherapie« und es gab auch kein Regelwerk für die Anwendung.

In den USA, Großbritannien, Japan und auch den Niederlanden gibt es die Tierphysiotherapie schon länger als bei uns; zum Teil gibt es dort auch staatlich anerkannte Ausbildungen zum Tierphysiotherapeuten. In Deutschland steckt die Tierphysiotherapie immer noch in den Kinderschuhen - wie gesagt, als ich 1997 damit anfing, war ich eine der Ersten.

I.2. PHYSIOTHERAPIE - WANN UND WOZU?

Was kann man eigentlich alles mit Hilfe der Physiotherapie behandeln? Antwort: Vieles - aber nicht alles.

Mit Entzündungen einhergehende Erkrankungen sind für eine physiotherapeutische Behandlung *immer* tabu! Bitte lassen Sie die Finger von Ihrem Tier, wenn es irgendwo eine Entzündung hat, sei es eine Gelenkentzündung, sei es Fieber oder eine Ohrentzündung. Jede Entzündung ist ein Kampf des Körpers gegen Eindringlinge (Viren, Bakterien, Überlastung ...). Jede zusätzliche Anstrengung schwächt den Körper in diesem Kampf. Und auch eine sanfte Massage ist eine Anstrengung - denken Sie nur einmal an eine Kur: Nach jeder Massage ist eine halbe Stunde Ruhephase eingeplant! Im schlimmsten Fall können Sie eine lokale Entzündung im Körper verteilen und Ihr Hund bekommt zu der Gelenkentzündung, die ihn schon genug beutelt, auch noch eine Herzmuskelentzündung dazu. Kein schöner Gedanke, nicht wahr? Klären Sie also *immer* vorher mit dem Tierarzt ab, ob Ihr Hund eine entzündliche Erkrankung hat.

Nicht-entzündliche Erkrankungen am Bewegungsapparat, wie z.B. Hüftgelenksdysplasie, Spondylose (nicht akut!), Bandscheibenvorfälle (Dackellähme) können dagegen generell behandelt werden. Aber wichtig ist, ich kann es gar nicht oft genug betonen, dass es sich um eine nicht-entzündliche Erkrankung handelt!

Erkrankungen am Nervensystem können ebenfalls physiotherapeutisch behandelt werden, allerdings nur mit einem großen ABER versehen, denn hier gehört wirklich ein ausgebildeter und erfahrener Therapeut dazu. Bitte keine eigenen Experimente auf diesem Bereich, denn neurologische Erkrankungen sind kompliziert und schwierig zu behandeln. Hat Ihr Hund also Lähmungserscheinungen, werden Sie einen Therapeuten rufen müssen. In den meisten Fällen kann solchen Hunden mit der Physiotherapie gut geholfen werden.

Sie selbst können dagegen behandeln, wenn Ihr Hund eine Operation hinter oder vor sich hat. Eine Behandlung vor der Operation ist sehr sinnvoll, weil die zuvor aufgebaute und gestärkte Muskulatur das Tier hinterher umso besser stützt, auch wenn sich ein Teil der Muskeln zurückbilden sollte. Nach der Operation ist die Physiotherapie natürlich besonders wichtig, damit es nicht zu Folgeschäden wie Narbenverklebungen, Muskelverkürzungen und ähnlichem kommt. Aber auch hier gilt: Holen Sie sich nach der Operation erst mal einen Therapeuten ins Haus, der Ihnen sagt und zeigt, was und vor allem wie viel Sie mit Ihrem Tier machen können. Eine Überlastung ist unbedingt zu vermeiden!

Hat Ihr Hund eine Verletzung? Egal ob Knochenbruch, Schleudertrauma oder eine offene Hautverletzung, auch hier ist Physiotherapie generell angebracht. Selbst wenn es sich anfangs nur um eine Eispackung oder einen kalten Guss handelt - denn auch das sind ja Bestandteile der Physiotherapie! Später werden dann die »richtigen« Techniken dazukommen und Ihrem Vierbeiner wieder auf die Beine helfen.

Alten Tieren bekommen physiotherapeutische Maßnahmen sehr gut. Natürlich werden Sie nicht plötzlich wieder einen jungen Hund vor sich haben, aber einen doch sehr viel fitteren. Die Beweglichkeit wird erhöht und dadurch fällt das eine oder andere »Alterszipperlein« weg. Sie bescheren Ihrem Hund einen schönen, wohlverdienten Lebensabend.

Bei Erkrankungen, die nicht operabel sind oder bei chronischen, aber auch akuten Schmerzen kann man mit Physiotherapie helfen.

Der wichtigste Bereich der Physiotherapie ist für mich die Schmerzlinderung! Und oft kann man mit einfachen Mitteln Schmerzen lindern, manchmal ist es ein bisschen schwieriger. Aber *lindern* kann man immer!

EINSATZMÖGLICHKEITEN DER PHYSIOTHERAPIE BEIM HUND

✗ *Das können Sie selbst zuhause behandeln (immer nach Absprache mit Tierarzt und/oder Physiotherapeut)*
✗ *Das darf nur der professionelle Therapeut*

✗ Vor und nach Operationen zum Muskelaufbau und zur Verbesserung der Gelenkbeweglichkeit
✗ Vorbeugen von Verschleißerscheinungen bei Hunden mit Gelenkfehlstellungen (z.B. HD)
✗ Narbenbehandlung nach Operationen
✗ Bei älteren Hunden zum Erhalt oder zur Verbesserung der Beweglichkeit
✗ Bei chronischen Schmerzen als begleitende schmerzlindernde Maßnahme
✗ Rehabilitation von Lähmungspatienten (z.B. nach Nervenverletzungen durch Unfall, Bandscheibenvorfall)
✗ Behandlung verschiedener Probleme des Bewegungsapparates

ZIEL UND METHODE EINER PHYSIOTHERAPEUTISCHEN BEHANDLUNG
Schmerzlinderung

Ganz am Anfang steht immer die Schmerzlinderung! Bevor wir irgendetwas anderes machen können, müssen wir die Schmerzen in den Griff bekommen. Der Tierarzt verordnet dazu meist Medikamente, in bestimmten Fällen wird eingegipst oder verbunden. Wir haben dazu noch andere Möglichkeiten: Wärme oder Kälte, Wasser, eventuell Reizstrom (als physikalische Maßnahmen), Massagen, Entstauung, es gibt Traktionen und Vibrationen, passives Bewegen und Entspannungstherapien. Mit speziellen Techniken (Manuelle Therapie) können die Weichteile, Narben oder Gelenke behandelt werden. Verspannungen zu lösen ist ein wichtiger Teil der Schmerzlinderung (mobilisiert aber auch). Wärme, klassische und Bindegewebsmassage, Querdehnungen des Muskelbauches und Dehnungsübungen sind dafür besonders geeignet.

Viele Tiere haben Probleme mit ihren Gelenken oder der Wirbelsäule. Diese zu entlasten, hilft Schmerzen zu lindern. Erreichen kann man eine Entlastung durch eine vorsichtige Traktion mit anschließender Muskelkräftigung. Ist Ihr Tier übergewichtig sollte es möglichst abnehmen, weil jedes Pfund Gewicht die Gelenke belastet.

Mobilisation (Verbesserung des Bewegungsausmaßes)

Sind die Schmerzen auf ein für die Tiere erträgliches Maß reduziert, folgt die Mobilisation. Wir machen beweglich, was beweglich zu machen ist. Dazu benötigen Sie dann tiefer gehende anatomische Kenntnisse, auf die wir nachher noch zu sprechen kommen.

Auch hier stehen unterschiedliche Techniken zur Verfügung. Teilweise sind das sogar die gleichen, die zur Schmerzlinderung dienen, womit wir zwei Fliegen mit einer Klappe schlagen. Oder netter ausgedrückt: womit wir zwei Behandlungsgänge in einem erledigen. Wärmetherapie, Massagen, Muskelentspannung (auch durch allgemeine Entspannung), die dreidimensionale Traktion sind sowohl schmerzlindernd als auch mobilisierend. Passive Dehnungen verkürzter Muskulatur und bindegewebiger Strukturen, der Gelenkkapsel und Bänder, mobilisierende Übungen für die Weichteile, allgemeine Gelenkmobilisation mehrerer Gelenke gleichzeitig, passives und aktives Bewegen bis zur Bewegungsgrenze und Schwimmen oder der Aquatrainer fördern oder erhalten die Beweglichkeit.

Stabilisation

Stabilisiert wird hauptsächlich durch Muskelkräftigung. Dadurch bekommt nicht nur die Muskulatur mehr Spannung, sondern auch die Gelenke werden stabiler und entlastet. Eine Muskelkräftigung erreicht man durch isometrische und dynamische Muskelarbeit, also durch Halten und durch freies Bewegen, durch Schwimmen, durch den Aquatrainer und durch bestimmte Reizstromarten (Galvanisation KET, Nemec 0-10 Hz, für die, die es interessiert).

Durch Streich- und Klopftapping oder Schwellstrom kann man der Muskulatur bei der Kontraktion ein wenig helfen, besonders wenn Lähmungserscheinungen vorliegen.

Kontrakturbehandlung

Eine Kontraktur ist eine Funktions- und Bewegungseinschränkung eines Gelenks durch muskuläre Verkürzungen, Schrumpfungen der Gelenkkapsel oder Verwachsungen der Gelenkflächen oder eine knöcherne Gelenkversteifung. Zur Be-

handlung, aber auch zur Verhütung von Kontrakturen kann man durchblutungsfördernde Wickel, klassische und Bindegewebsmassage, Manuelle Therapie, aktives und passives Bewegen und Schwimmen einsetzen. Falls eine Narbe die Ursache der Kontraktur ist, muss diese natürlich auch behandelt werden.

Narbenbehandlung

Oft verwachsen Narben mit dem darunterliegenden Gewebe und sorgen so für Bewegungseinschränkungen und Schmerzen. Diese Verwachsungen und Verklebungen muss man lösen. Außerdem muss man Narben, die sehr unelastisch sind, aus
den gleichen Gründen weicher bekommen. Das geschieht am leichtesten durch
die BGM und durch Unterhautfaszienstriche, durch Friktionen und dadurch, dass
die Narbe gegeneinander verschoben wird.

Durchblutungsförderung

Durch eine Mehrdurchblutung des Gewebes kommt es zum Abbau von Stoffwechselschlacken, zur Lockerung der Muskulatur und zur Schmerzlinderung.
Kälte- und Wärmetherapie, Massagen und BGM, Querreiben, Reizstrom, Bewegung, Hydrotherapie ... sind Mittel, um die Durchblutung zu fördern.

Liegt der Schwerpunkt auf dem Abbau von Stoffwechselschlacken oder Blutergüssen, ist therapeutischer Ultraschall eine tolle Sache. Aber auch Reizstrom
kann man anwenden.

Entstauungstherapie

Wenn Ihr Tier Probleme mit Schwellungen, venösen Stauungen und Lymphöde-
men hat, ist eine Entstauungstherapie angesagt. Durch Manuelle Lymphdrainage
(vom Therapeuten gegen das Lymphödem), durch Kälte, durch vorsichtige Ausstreichungen der Extremitäten von unten nach oben, durch intermittierende Drü-
ckungen (d.h. drücken und loslassen im Wechsel) und durch passives Bewegen,
wobei man bei den großen Gelenken anfängt und bei den kleinen endet (also von
oben nach unten) können Sie diversen Schwellungen zu Leibe rücken.

Entspannungsbehandlung

Psychische Entspannung wirkt sich auch auf das Wohlbefinden, auf das Schmerzempfinden, auf die Muskulatur aus. Deshalb ist es eine schöne Sache, wenn Sie
Ihrem Hund hin und wieder eine Entspannungsbehandlung gönnen, selbst wenn
er kein Problem hat. Die Übungen von Linda Tellington-Jones sind perfekt, aber
auch durch Massagen, passives Bewegen unter leichter Traktion oder ein paar Bewegungsübungen (siehe dort), aber natürlich auch mit ausgedehnten Spaziergän-
gen, bekommen Sie Ihren Hund ausgeglichen.

I.3. DER TIERPHYSIOTHERAPEUT

AUSBILDUNG

Die Tierphysiotherapie ist in Deutschland kein Lehrberuf. Und anerkannt ist sie schon gar nicht. Eigentlich gibt es die Tierphysiotherapie offiziell überhaupt nicht. Was noch viel schlimmer ist - es kann sich eigentlich jeder als Tierphysiotherapeut bezeichnen, ohne Ausbildung, ja, er muss nicht mal wissen, was er tut.

Wenn Sie also mit Ihrem Hund zu einem Therapeuten gehen oder sich einen ins Haus bestellen, sollten Sie ihn fragen, ob und welche Ausbildung er hat. Denn die Möglichkeit, sich zum Tierphysiotherapeuten ausbilden zu lassen, gibt es natürlich trotzdem. Mittlerweile existieren einige Schulen, die eine Ausbildung anbieten, und zwar auch für Menschen ohne medizinische Vorbildung. Dieser Unterricht erfolgt an den Wochenenden, etwa einmal im Monat und etwa ein Jahr lang. Human-Physiotherapeuten haben dagegen drei Jahre Vollzeit-Unterricht mit mehreren Praktika. Gibt es bei Tieren weniger zu lernen? Mitnichten! Also wird an dieser Ausbildung wohl etwas faul sein. (Ich freue mich jetzt schon auf die Zuschriften der Schulen und deren Schüler...).

Dann gibt es Fortbildungen für Human-Physiotherapeuten, die etwa den gleichen Umfang haben wie die Schulen für Laien, einmal im Monat ein Wochenende, etwa ein Jahr lang.

Die Grundlagen sind durch die Ausbildung am Menschen schon da, gelehrt wird dann nur noch Tierspezifisches. Das ist eine solide Sache. Selbst wenn ein Krankengymnast/Physiotherapeut sich mit der Tieranatomie auseinandergesetzt hat und das Gelernte gut umsetzen kann, ist das noch eine reelle Sache. Auch wer im Ausland (Amerika, England, Holland und Frankreich) eine Ausbildung oder ein Praktikum gemacht hat, weiß meistens, wovon er spricht.

Sie müssen also wirklich Ihre Augen und Ohren offen halten, wenn Sie einen Therapeuten suchen. Hören Sie sich unter Bekannten um oder in den Rasseverbänden, der ein oder andere hat sicher schon Erfahrungen mit Tierphysiotherapeuten gesammelt und kann vielleicht jemanden empfehlen. Sprechen Sie auch mit Ihrem Tierarzt, denn ein guter Tierphysiotherapeut wird den Kontakt zu Tierärzten suchen.

Die einzelnen Ausbildungsstätten stellen oft auch Listen mit Namen und Adressen ihrer Absolventen zur Verfügung - hierbei müssen Sie sich natürlich auch vergewissen, wie seriös die betreffende Schule ist. Produziert sie »Tierphysiotherapeuten« in Massenabfertigung oder ist die Ausbildung solide und gründlich?

Wenn Sie einen Physiotherapeuten gefunden haben, fragen Sie ihn nach seinen Referenzen und schauen Sie ihm auf die Finger, vor allem beobachten Sie Ihr Tier. Wenn es entspannt alles mit sich geschehen lässt, kann es so falsch nicht sein.

Ach, und noch etwas: Genau wie Human-Physiotherapeuten dürfen auch Tier-Physiotherapeuten keine Medikamente verschreiben!

I.4. Etwas Anatomie muss sein

Ein Physiotherapeut, egal ob für Mensch oder Tier, muss sich in der Anatomie (Körperbau) auskennen, um wirkungsvoll behandeln zu können, denn letztendlich wirkt die Physiotherapie auf den gesamten Organismus.

Auch Sie sollten sich Wissen über Bau und Funktionen des Körpers zulegen, um richtig, und was noch viel wichtiger ist, vor allem nicht falsch zu behandeln. Um die Grundzüge der Anatomie des Hundes umfassend darzustellen, reicht der Platz in diesem Buch natürlich nicht aus. Im Anhang finden Sie Hinweise auf entsprechende Fachliteratur, die Sie zu Rate ziehen können und sollten.

Da die Physiotherapie in erster Linie Störungen des Bewegungsapparates behandelt, soll an dieser Stelle nur auf dessen Bau und Funktion beim Hund eingegangen werden.

DER STÜTZ- UND BEWEGUNGSAPPARAT

Der Stützapparat ist das Gerüst des Körpers und bestimmt die Größe und die Gestalt des Tieres. Zu ihm zählen alle passiven Strukturen des Bewegungsapparates: die Knochen, das Knorpelgewebe und das straffe und elastische Bindegewebe.

Durch Höhlenbildung schützt das Skelett wichtige Organe (der Schädel, das Gehirn, der Brustkorb, Lunge und Herz, die Wirbelsäule das Rückenmark), es bildet die Gelenke und bietet der Muskulatur Ansatzpunkte, womit Bewegung erst möglich wird. Der aktive Bewegungsapparat besteht aus der Muskulatur und ihren Hilfsorganen (Sehnen, Sehnenscheiden, Faszien, Schleimbeutel ...).

GEWEBE

Das Gewebe ist ein Verband gleichartiger Zellen mit gleicher Aufgabe. Mehrere Gewebe verbinden sich zu einem Organ. Es werden Epithel-, Binde- und Stütz-, Muskel- und Nervengewebe unterschieden.

Epithelgewebe

1. *Sinnesepithel: Sinnesorgane*
2. *Oberflächenepithel*
   Bildet einen Überzug über die innere und äußere Körperoberfläche, ermöglicht Sekretion und Resorption und nimmt Reize auf. Es kommt in unterschiedlichen Formen in den Blutgefäßen, in den Organen und in den Atem- und Harnwegen vor.
3. *Drüsenepithel: Drüsen*

Binde- und Stützgewebe

1. *Bindegewebe*
a) Das Mesenchym ist als embryonales Bindegewebe der Vorläufer aller anderen Binde- und Stützgewebe.

b) Das retikuläre Bindegewebe kommt im Knochenmark und in den lymphatischen Organen (Milz, Mandeln, Lymphknoten) vor.

c) Lockeres oder interstitielles Bindegewebe verbindet die Organe (Füllfunktion) und liegt als Ernährungsgewebe in den Organen.

d) Das straffe Bindegewebe kommt in den Gelenkkapseln, Bändern und Sehnen vor.

e) Fettgewebe: Es gibt Speicherfettgewebe, welches vom Ernährungszustand abhängig ist, und Bauchfettgewebe, welches unabhängig vom Ernährungszustand ist und in Gelenken, Knochenmark etc. vorkommt.

2. Knorpelgewebe

Knorpelgewebe ist sowohl druck- als auch biegungselastisch. Es ist nahezu gefäß- und nervenfrei.

a) Hyaliner Knorpel kommt in Gelenkknorpeln, Rippenknorpeln und in den Wachstumsfugen vor. Er ist milchig und leicht bläulich. Die Belastungsfähigkeit des Knorpels nimmt im Alter ab, weil sich der Wassergehalt vermindert und er dadurch an Elastizität verliert. Degenerationsprozesse beginnen.

b) Der elastische Knorpel kommt z.B. in der Ohrmuschel vor und ist gelblich.

c) Faserknorpel kommt in den Bandscheiben und Menisken vor.

3. Knochengewebe

Mit Ausnahme der Zähne ist der Knochen die härteste Substanz im Körper und außerordentlich belastungsstabil.

Das Knochengewebe besteht aus den Knochenzellen (Osteoblasten bilden, Osteoklasten zerstören Knochensubstanz), der organischen Grundsubstanz mit kollagenen Fasern (für die Elastizität des Knochens) und verschiedenen Salzen, u.a. Calciumphosphat (für die Härte und Festigkeit des Knochens).

Muskelgewebe

Das Muskelgewebe besteht aus länglichen Zellen, in denen so genannte Myofibrillen verlaufen. Diese Myofibrillen bedingen die Kontraktionsfähigkeit der Muskelzellen.

Man unterscheidet glatte Muskulatur und quergestreifte Muskulatur. Die glatte Muskulatur sitzt in den Wänden der Blutgefäße und inneren Organe und arbeitet unwillkürlich (man kann sie also nicht beeinflussen). Die quergestreifte Muskulatur unterteilt sich in Skelett- und Herzmuskulatur. Die Skelettmuskulatur besteht aus Muskelzellen mit mehreren Kernen und unterliegt dem ZNS (Zentrales Nervensystem) (ist also willentlich bedienbar), wohingegen die Herzmuskulatur nur einen Kern hat und nicht willentlich beeinflusst werden kann, da sie dem VNS (Vegetatives Nervensystem) »gehorcht«.

DER PASSIVE BEWEGUNGSAPPARAT

Die Knochen bilden zusammen das Skelett und gemeinsam mit den Gelenken stellen sie den passiven Bewegungsapparat dar, der durch den aktiven Bewegungsapparat, die Muskulatur, bewegt wird. Das Skelett besteht aus dem Schädel, der Wirbelsäule, dem Brustkorb, den vorderen und den hinteren Extremitäten.

Der Knochen

Die Form eines Knochens ist von seiner Aufgabe und seiner Lage im Körper abhängig. Man unterscheidet lange Röhrenknochen (z.B. Oberarmknochen, Speiche, Schienbein) mit einer Hauptrichtung, flache Knochen (z.B. Schädelknochen, Schulterblatt) mit zwei Hauptrichtungen, kurze Knochen (z.B. Fußwurzelknochen), Sesambeine (z.B. Kniescheibe) und unregelmäßige Knochen (z.B. Wirbel).

Der Knochen wird von der Knochenhaut, dem Periost, umhüllt, welches aus zwei Schichten besteht. Die äußere Schicht ist die Fibrosa und an ihr verankern sich Sehnen und Bänder fest am Knochen. Die tiefe Schicht heißt Kambium und hat viele Blutgefäße und sensible Nerven. Sie versorgt den Knochen und hat die Fähigkeit Knochen neu zu bilden (z.B. bei Brüchen), was aber auch zu unerwünschten Knochenwucherungen (Überbeine) führen kann, wenn es zu einer Verletzung oder Reizung der Knochenhaut kommt.

Unter der Knochenhaut kommt ein Mantel aus einem massiven Material, die Korticalis oder Kompacta. Darunter folgt eine Schicht aus schwammartig aussehendem Maschenwerk aus Knochenbälkchen, die Spongiosa. Zwischen den Maschen befindet sich Knochenmark. Außerdem ist Knochenmark auch in der Markhöhle, die mitten in einem Röhrenknochen liegt (Abb. I.1).

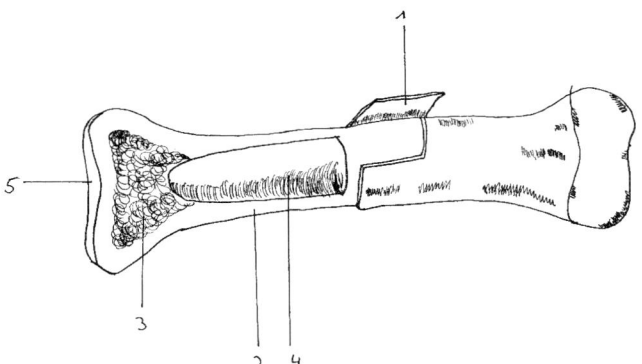

Abb. 2
Aufbau eines
Knochens:
1. Knochenhaut
(Periost)
2. Knochenmantel
(Kompakta)
3. Spongiosa
4. Markhöhle
5. Gelenkknorpel

Gelenke

Gelenke entstehen, weil (mindestens zwei) Knochen aufeinandertreffen. In echten Gelenken ist eine deutliche Bewegung möglich. Sie bestehen aus mehreren Teilen. Erstens aus mit Knorpel überzogenen Gelenkenden zweier oder mehrerer Knochen, dann der Gelenkhöhle (Gelenkspalt), der Gelenkkapsel und den Bändern (meistens jedenfalls, manchmal übernehmen auch Muskeln die Funktion von Bändern).

Die Gelenkflächen sind mit hyalinem Knorpel überzogen, der ein ziemlich reibungsarmes Gleiten ermöglicht und den auftreffenden Druck abfängt, zur Seite ableitet und somit den darunterliegenden Knochen schützt.

Die Kapsel entspringt an den Rändern der Gelenkenden und umschließt die Gelenkhöhle. Die äußere Schicht der Kapsel (Stratum fibrosum) enthält die Gelenkbänder, Sehnenspindeln (Golgi-Sehnenorgane), Endorgane der Tiefensensibilität (Information über die Gelenkstellung) und sensible Nervenenden. Die Innenschicht (Stratum synoviale), die reich an Blut- und Lymphgefäßen und an Nerven ist, sondert die Synovia (Gelenkschmiere) ab. Sie kann aber auch resorbieren, wenn zu viel Synovia produziert wurde (z.B. bei einer Reizung des Gelenkes).

Die Synovia ist eine fadenziehende Flüssigkeit, die die Reibung zwischen den Gleitflächen der Gelenkknorpel auf ein Minimum herabsetzt, aber auch der Ernährung des Gelenkknorpels dient.

Die Gelenkbänder bestehen aus derbem, sehnigem Gewebe. Sie sind entweder Teile der Außenschicht der Gelenkkapsel oder selbstständige Gebilde. Sie verbinden die gelenkbildenden Knochen und führen sie in der Bewegung. Sie bestimmen außerdem das Ausmaß der Bewegung, das allerdings auch durch die Gelenkform und die Muskelwirkung beeinflusst wird.

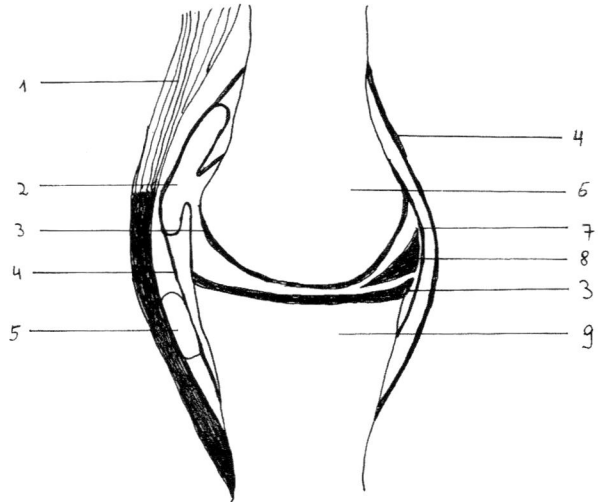

Abb. 3
Aufbau eines Gelenkes:
1. Muskel
2. Schleimbeutel im Gelenk
3. Gelenkknorpel
4. Seitenband
5. Schleimbeutel außerhalb des Gelenks (nicht kommunizierend)
6. proximales Gelenkende (Gelenkkopf)
7. Gelenkkapsel
8. Gelenkzwischenscheibe (Meniskus; nicht in allen Gelenken vorhanden)
9. distales Gelenkende (Gelenkpfanne)

Die Einteilung der Gelenke erfolgt nach deren Bewegungsmöglichkeiten. Die Bewegungsmöglichkeiten hängen wiederum von der Form der Gelenkflächen und von den Gelenkhemmungen (Muskeln, Bänder, Knochen) ab. Die Gelenkflächen können so exakt aufeinander abgestimmt sein, dass sich daraus schon die Bewegungsrichtung ergibt.

22

Die beiden wichtigsten Gelenkformen im Körper sind das Scharnier- und das Kugelgelenk. Ein Scharniergelenk besteht aus einem konkaven und einem konvexen Gelenkkörper, durch straffe, seitliche Bänder fixiert. In einem Scharniergelenk ist nur eine Bewegungsrichtung möglich (Extension - Flexion). Das Kugelgelenk besitzt einen Gelenkkopf und eine Gelenkpfanne. Es sind alle Bewegungsrichtungen möglich (Anteversion - Retroversion, Abduktion - Adduktion, Innenrotation - Außenrotation). Weitere Gelenkformen sind das Ei-, das Sattel-, das Dreh- und das Schiebegelenk (Abb. 4).

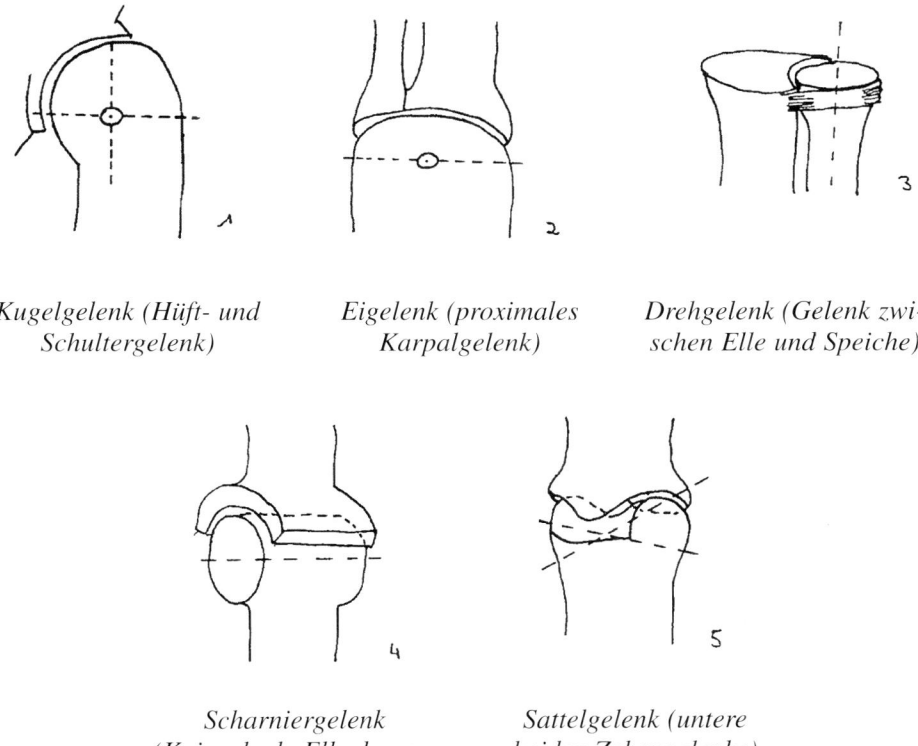

Kugelgelenk (Hüft- und   Eigelenk (proximales   Drehgelenk (Gelenk zwi-
Schultergelenk)   Karpalgelenk)   schen Elle und Speiche)

Scharniergelenk   Sattelgelenk (untere
(Kniegelenk, Ellenbogen,   beiden Zehengelenke)
oberes Zehengelenk)

Abb. 4 - Gelenkformen

Außer den echten Gelenken gibt es noch die unechten, die straffen Gelenke, so genannte Fugen oder Haften. In ihnen ist keine oder nur sehr geringe Bewegung möglich. Je nachdem, wie so eine Fuge verbunden wird, teilt man sie auf in:

a) Die Bandhaft (Syndesmose) besteht aus Bindegewebe, das flächenhaft ausgebreitet ist (z.B. zwischen Elle und Speiche).
b) Knochennähte (Suturae) enthalten Bindegewebe, das zwischen den aus Bindegewebe entstandenen Knochen noch vorhanden ist. Diese Suturae verstreichen nach dem Wachstum (Schädelknochen).
c) Die Knorpelhaft (Synchondrose) ist eine Verbindung durch hyalinen Knorpel (Wachstumsfugen, teilweise zwischen Rippen und Brustbein).
d) Eine Symphyse ist eine Verbindung durch Knorpel und Bindegewebe (zwischen den beiden Schambeinen).
e) Die Synostose ist eine Verknöcherung des Zwischengewebes (Wachstumsfugen nach Abschluss des Wachstums).

AKTIVER BEWEGUNGSAPPARAT
Muskulatur
Außer der Skelettmuskulatur, die uns hier hauptsächlich interessiert, gibt es noch die glatte Muskulatur der Organe und die Herzmuskulatur.

Die glatte Muskulatur unterliegt dem vegetativen Nervensystem und ist willentlich nicht bedien- oder beeinflussbar. Die Herzmuskulatur unterliegt ebenfalls dem VNS, jedenfalls wenn das Herz schneller oder langsamer schlagen soll, sonst hat es eine eigene Versorgung (Sinusknoten). Auch die Herzmuskulatur ist willentlich nicht zu beeinflussen, sieht allerdings der Skelettmuskulatur ähnlich, sie ist quergestreift.

Die Skelettmuskulatur untersteht dem ZNS und man kann sie damit bewusst einsetzen. Sie hat die Aufgaben, die Skelettteile, zwischen die sie eingespannt ist,

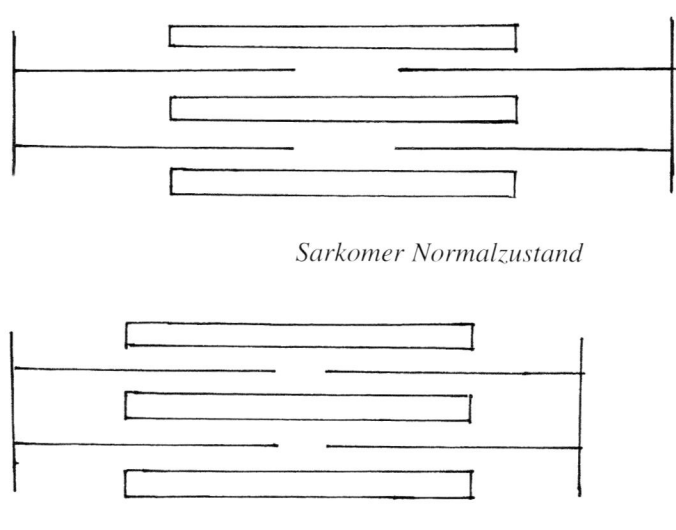

Sarkomer Normalzustand

Sarkomer verkürzt

zu bewegen (Dynamik), einen Teil der Körperlast zu übernehmen (Statik), das Gleichgewicht zu erhalten (Statik) und die inneren Organe bei manchen Tätigkeiten zu unterstützen (Atmung, Bauchpresse).

Im Zellkörper (Sarkoplasma) einer Muskelfaserzelle befinden sich neben mehreren Zellkernen, die am Rand der Zelle liegen, kleine, kontraktile Fasern, die sich Myofibrillen (myo = Muskel, fibrilla = Faser) nennen. Diese Myofibrillen bestehen aus vielen, hintereinander aufgereihten Abschnitten, die Sarkomer heißen und in denen die Kontraktion stattfindet. Bei einer Kontraktion schieben sich die Z-Scheiben aufeinander zu, bei einer Dehnung entfernen sie sich voneinander (Abb. 5.A-C).

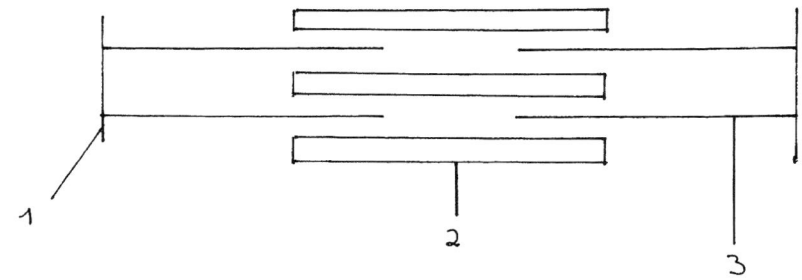

Sarkomer gedehnt 1. Z-Scheibe - 2. Myosinfäden - 3. Aktinfäden

Durch die unterschiedlichen Lichtbrechungen an den verschiedenen Zonen erscheint die Muskulatur quergestreift.

Ein Skelettmuskel ist aus vielen kleinen Muskelfasern aufgebaut. Mehrere Muskelfasern ergeben ein Bündel und mehrere Muskelfaserbündel schließlich den Muskelbauch. Die einzelnen Bündel und der komplette Muskelbauch sind von einer Haut, der Faszie, umgeben (Abb. I.5).

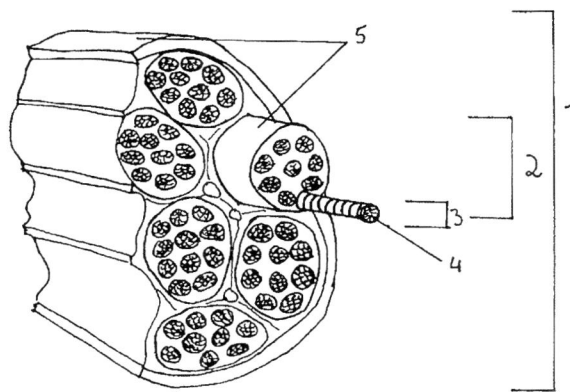

Abb. 6
Aufbau eines Muskels:
1. Skelettmuskel
2. Muskelfaserbündel
3. Muskelfaser/Muskelzelle
4. Myofibrillen
5. Faszien

Zwischen den einzelnen Muskelbäuchen befindet sich Bindegewebe, welches die Verschiebungen, die bei Bewegungen auftreten, ermöglicht und koordiniert. Sind diese Verschiebungen durch entzündliche Prozesse, Narbenbildungen usw. nicht mehr möglich, kommt es zu Bewegungshemmung und Schmerzen.

Muskeln können über ein oder mehrere Gelenke laufen, man spricht von ein-, zwei- oder mehrgelenkigen Muskeln. Diese können dann in den Gelenken verschiedene, sogar entgegengesetzte Bewegungen ausführen. Ein Beispiel ist der Trizeps brachii, der über das Schulter- und Ellbogengelenk geht. Während er im Schultergelenk beugt, ist er im Ellbogengelenk der Hauptstrecker.

Sehne

Die Sehnen vermitteln die Kontraktionswirkung des Muskels auf die Skelettteile oder Bindegewebselemente (z.B. Faszien). Sie entspringen aus den Muskeln, gehen am Knochen in die Knochenhaut über und dringen in den Knochen ein.

Die Sehnenfasern sind in Richtung des Zuges angeordnet, verlaufen aber nur in kurzen Sehnen parallel, in langen Sehnen bilden sie lange Schraubenwindungen. Sie sind wenig dehnfähig, aber extrem reißfest: der Muskel kann seine eigene Sehne nicht zerreißen. Die Druckfestigkeit einer Sehne ist dagegen gering. Um bei einer stark seitlichen Beanspruchung (z.B. Bizeps-Sehne im Sulcus intertubercularis) zu vermeiden, dass sich die Sehne in ihre eigenen Faserbündel aufspleißt, kann es zur Einlagerung von Faserknorpel oder Knochengewebe kommen (»Verkalkung« der Sehne).

An den Stellen, wo die Sehnen unter Spannung über Knochen hinwegziehen, werden sie von Sehnenscheiden umhüllt. Sehnenscheiden sind mit Synovia (»Gelenkschmiere«) angefüllte, schlauchartige Hüllen und eine Gleit- und Schutzvorrichtung.

Die Form einer Sehne wird von der Muskelform bestimmt. Aus mehr oder weniger spindelförmigen Muskeln gehen Sehnenstränge, aus platten oder flächenhaften Muskeln Sehnenplatten (Aponeurosen) hervor.

Schleimbeutel

Schleimbeutel sind abgekapselte Spalten im Bindegewebe, die Synovia enthalten und als Gleit- und Druckschutzvorrichtung zwischen Knochen und straff über diese hinwegziehende Muskeln, Sehnen, Bändern, Faszien oder Haut liegen.

Sesambeine

Sesambeine können aus Knorpel oder aus Knochen bestehen. Sie befinden sich dort, wo Sehnen einem Druck ausgesetzt sind. Das größte Sesambein ist die Kniescheibe.

I.5. BEWEGUNGSLEHRE: SO LÄUFT DER HUND

VON DER REIZWEITERLEITUNG ZUR KONTRAKTION

Der wichtigste Teil für die Bewegung ist der Nerv! Ohne nervliche Versorgung (Innervation) läuft nämlich gar nichts! Der Muskel weiß ohne Nerv sozusagen nicht, was er denn machen soll.

Es gibt zwei gegenläufige Leitungsrichtungen, einmal die afferente Leitungsrichtung, die von der Peripherie zu höheren Zentren des ZNS (Zentrales Nervensystem) aufsteigt. In ihr werden Empfindungen durch sensible oder bei Reizen, die von Sinnesorganen kommen, sensorische Neurone geleitet (»Input«). Weiterhin gibt es die efferente Leitungsrichtung, die vom ZNS zur Peripherie absteigend ist. Sie ist für die Leitung von Erregungen zur Muskulatur durch motorische Neurone (Motoneurone) verantwortlich (»Output«).

Die nervöse Erregung wird im Neuron vom Entstehungsort immer in eine Richtung bis zum Ende des Neuriten geleitet. Die Erregung kann von einer Nervenzelle auf eine angrenzende Nervenzelle oder auf eine Zelle des Erfolgsorgans (z.B. Muskelfaserzelle) übertragen werden. Dieser Übertragungsort wird als »Synapse« bezeichnet. Die Synapsen, die zur Übertragung efferenter Erregungen auf die Skelettmuskulatur verantwortlich sind, nennen sich »motorische Endplatten«. Eine motorische Endplatte besteht, wie alle anderen Synapsen auch, immer aus drei Anteilen: der Präsynapse, dem synaptischen Spalt und der Postsynapse (Abb. I.6).

Die Präsynapse ist der lange Ausläufer eines Motoneurons, also ein Neurit. Dieser Neurit hat eine kolbenförmige Auftreibung, in der sich kleine Bläschen befinden. In diesen Bläschen lagert ein Überträgerstoff (Transmitter), das Acetylcholin (ACH). Das ACH wird im Gehirn gebildet, wandert entlang der Nervenzelle bis zur Präsynapse und wird dort gespeichert.

Der Neurit verliert in der Nähe der Muskelfaser die Myelinscheide und geht in das Muskelgewebe über. Dort verzweigt sich der Neurit in mehrere Endästchen, die in schmalen Rinnen des Sarkolemms (Membran der Muskelfaser) liegen.

Trifft nun ein Reiz am Ende des Neuriten ein, bringt dieser die Bläschen zum Platzen und das ACH wird in den synaptischen Spalt, der Raum zwischen Motoneuron und Sarkolemm entleert, passiert diesen und verändert die Durchlässigkeit des Sarkolemms (Postsynapse) für Natrium- und Kaliumionen. Dadurch wird die Erregung des Motoneurons auf die Myofibrillen der Muskelfaser weitergeleitet. Die Erregung bewirkt, dass die Aktinfilamente tiefer zwischen die Myosinfilamente gleiten.

Die Z-Scheiben nähern sich einander und das Sarkomer verkürzt sich. Kontrahieren sich viele Myofibrillen gleichzeitig, verkürzt sich dadurch der ganze Muskel.

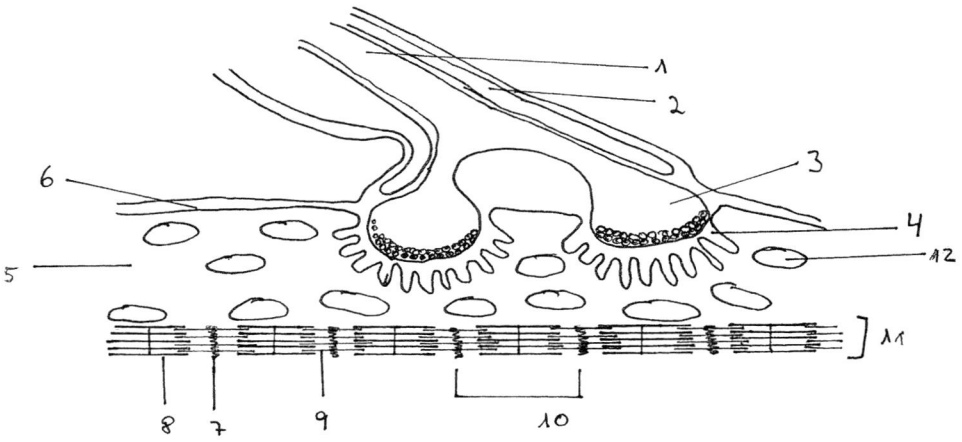

Abb. 7 - Aufbau einer motorischen Endplatte:

1. Axon (Neurit)
2. Markscheide (Myelinscheide)
3. kolbenförmige Auftreibung mit
   Bläschen (Präsynapse)
4. synaptischer Spalt
5. Muskel
6. Sarkolemm

7. Z-Scheibe
8. Aktinfäden
9. Myosinfäden
10. Sarkomer
11. Myofibrillen
12. Zellkerne

Solange ACH im synaptischen Spalt ist, ist die Muskelfaser erregt. Erst wenn das ACH durch das Enzym Acetylcholinesterase gespalten ist, erreicht der Muskel wieder seinen Ruhezustand. Die Spaltprodukte (Acetat und Cholin) werden von der Präsynapse wieder aufgenommen, durch ein anderes Enzym (Cholinacetylase) wieder zu ACH zusammengesetzt und dort wieder in die Bläschen »verpackt«.

ALLES-ODER-NICHTS-REGEL

Nach der so genannten Alles-oder-Nichts-Regel kontrahiert sich jede Muskelfaser einer motorischen Einheit (Motoneuron und von ihm versorgte Muskelfasern) maximal, sobald ein ausreichend starker Reiz die motorische Endplatte erreicht. Reicht der Reiz nicht, kommt es zu gar keiner Reaktion, »halbe« Kontraktionen gibt es nicht. Also entweder alles oder nichts.

Das heißt aber nicht, dass sich Muskeln nicht in verschiedenem Ausmaß anspannen können: Da sich ein Muskel aus vielen hundert motorischen Einheiten zusammensetzt, wird eine abgestufte Kontraktion erreicht, indem sich einmal z.B. zwölf, beim nächsten Mal vielleicht dreißig und bei maximaler Anstrengung z.B. hundert motorische Einheiten gleichzeitig kontrahieren. Alle motorische Einheiten werden normalerweise (außer bei Krampfanfällen) nicht zur gleichen Zeit aktiviert. Das ZNS reizt immer nur einen Teil der motorischen Einheiten gleichzeitig, in der nächsten Zehntelsekunde aktiviert es andere, damit sich die ersten Einheiten wieder erholen können. Somit kommt es zu keiner frühzeitigen Ermüdung des Muskels und nur deshalb sind Dauerleistungen (wie langes Stehen) möglich.

MUSKULATUR
Muskelspannung
Die Muskelspannung wird nicht bewusst, sondern reflektorisch geregelt. Reflexe sind vom Willen unabhängige Reaktionen auf Reize. Sie erfolgen blitzschnell in Situationen, in denen bewusste Überlegungen zu viel Zeit benötigen würden, z.B. wenn ein Insekt auf die Augen zufliegt, das Schließen der Augenlider. Aber sie regeln eben auch ständig Körperfunktionen, so dass sich das Bewusstsein darum nicht zu kümmern braucht und für andere Aufgaben frei ist. Es braucht sich deshalb nicht mit der Muskelspannung zu beschäftigen. Für den notwendigen Informationsaustausch zwischen ZNS und Muskulatur sind Muskelspannungsmesser notwendig. Diese Rezeptoren nennen sich Muskelspindeln und Golgi-Sehnenorgane.

Muskelspindeln
Eine Muskelspindel besteht aus mehreren spezialisierten Muskelfasern, die parallel zwischen den normalen Muskelfasern eingebettet sind. Aus ihr treten sensible Nervenfasern hervor, die den Dehnungszustand der Muskelfaser registrieren und das ZNS über Ausmaß und Geschwindigkeit der Dehnung informieren.

Wird ein Muskel gedehnt so nehmen auch die Muskelspindeln, die in ihm liegen, daran teil. Die Dehnung der Muskelspindeln wiederum bewirkt eine Erregung der sensiblen Nervenfasern, die afferent (aufsteigend) ans Rückenmark geleitet wird. Dort findet allerdings keine Weiterleitung ins Gehirn statt, sondern eine sofortige Umschaltung auf die efferenten (absteigenden), muskelversorgenden, motorischen Bahnen. Über diese Bahnen wird die Erregung auf die motorischen Endplatten vermittelt und es kommt zu einer Zunahme der Muskelkontraktion, die der Dehnung entgegengerichtet ist. Kontrahiert sich der Muskel, wird die Muskelspindel entdehnt und ihre Meldungen hören auf. Mit diesem Eigenreflex werden Körperhaltung und Bewegungsabläufe gesteuert und der Ruhetonus erhalten. Damit es aber zu keinen überschießenden Reaktionen kommt, wird das Ausmaß der Muskeleigenreflexe durch bestimmte Hirnzentren beeinflusst und begrenzt.

Bei plötzlichen kurzen Dehnungsreizen werden die Muskelspindeln als Schutz aktiviert. Deshalb sollten Sie bei Dehnungsübungen darauf achten, dass Sie langsam und relativ lange dehnen, damit der Eigenreflex ausgeschaltet wird. Bei langen, sanften Dehnungen wird die Muskelspindel zwar auch angesprochen, aber der Reiz wird bis zum Gehirn weitergeleitet und dort verarbeitet, deshalb kann sich die Muskulatur dann auch tatsächlich dehnen, ohne sofort wieder zu kontrahieren.

Golgi-Sehnenorgane (Sehnenspindel)
Golgi-Sehnenorgane liegen im Übergangsbereich zwischen Muskel und Sehne. Auch sie sprechen auf Dehnungsreize an und verhindern durch ihre Informationen eine Überdehnung der betroffenen Sehne und des zugehörigen Muskels. Auch die Sehnenspindel ist ein Organ, um Körperhaltung, Bewegungsabläufe und Ruhetonus zu steuern.

Muskelarbeit
Ein Muskel kann auf drei unterschiedliche Arten arbeiten.

Er kann anspannen, ohne dass Bewegung entsteht. Das ist zum Beispiel beim Stehen der Fall. Wäre die Muskulatur entspannt, würde das Tier einfach umkippen, weil die Muskeln nicht halten würden. Diese Arbeit nennt man die *isometrische Muskelarbeit.*

Dann kann sich ein Muskel verkürzen und die Skelettteile, an die er befestigt ist, in seine Bewegungsrichtung aufeinander zuziehen. Es entsteht also ganz normale Bewegung. Das ist die *konzentrische Arbeit.*

Und dann gibt es noch die *exzentrische Muskelarbeit,* wobei ein Muskel unter Anspannung länger wird, die Bewegung sozusagen abbremst. Diese Muskelarbeit ist nötig, damit es bei der konzentrischen Anspannung zu keinen überschießenden Bewegungen kommt. Ohne Exzentrik gäbe es nur volle Bewegungsausschläge.

Ein Muskel kann sich übrigens nicht selbst dehnen, nur kontrahieren! Zur Dehnung kommt es durch die Schwerkraft der Knochen, oder durch die Anspannung des Antagonisten.

Außerdem kann ein Muskel entweder als Agonist, Antagonist oder als Synergist agieren. Ein Agonist ist der Muskel, der hauptsächlich für die ausgeführte Bewegung zuständig ist. Synergisten unterstützen den Agonisten bei der Arbeit. Der Antagonist ist der Gegenspieler zum Agonisten, er hemmt die Bewegung, arbeitet also exzentrisch. Nur durch das perfekte Zusammenspiel von Agonist, Synergisten und Antagonisten kommt eine harmonische Bewegung zustande.

Arbeiten Agonist und Synergisten zu viel oder der Antagonist gar nicht, kommt es zu überschießenden Bewegungen. Arbeitet der Agonist nicht richtig, kann das durch die Synergisten kompensiert werden. Sind aber sowohl Agonist als auch Synergisten beeinträchtigt oder arbeitet der Antagonist zu viel, ist die Bewegung eingeschränkt oder kommt gar nicht erst zustande.

Bewegungsrichtungen
Die Muskelwirkung ergibt sich aus Ursprung (die Stelle, wo der Muskel mit seiner Sehne am stabilsten und unbeweglichsten Knochen befestigt ist), Ansatz (die Stelle, wo der Muskel mit seiner Sehne am beweglicheren Knochen befestigt ist)

und Verlauf in Beziehung zum Gelenk. Bei den Bewegungsrichtungen unterscheidet man:

Flexion: Das ist eine Gelenkwinkelverkleinerung, die Beugung. Bis auf das Drehgelenk sind alle Gelenkformen zu dieser Bewegung in der Lage, sie findet also in allen Gelenken bis auf das Gelenk zwischen Elle und Speiche und dem zwischen 1. Halswirbel und Hinterhaupt statt (Abb. 8).

Extension: Die Extension ist die Streckung, die Gelenkwinkelvergrößerung, also die Gegenrichtung zur Flexion (Abb. 9).

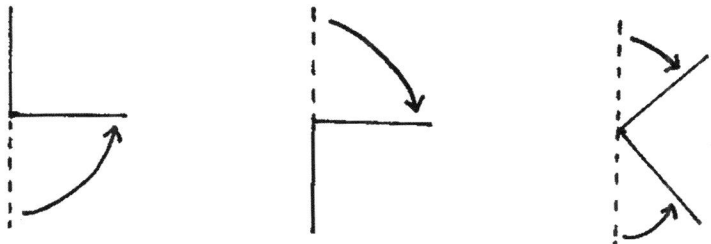

Abb. 8 - Flexion: a: Annäherung von distal. b: Annäherung von proximal.
c: beide Seiten bewegen sich aufeinander zu.

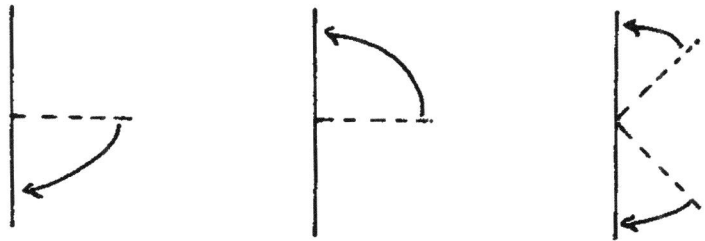

Abb. 9 - Extension: a: der distale Gelenkpartner entfernt sich.
b: der proximale Gelenkpartner entfernt sich.
c: beide Teile entfernen sich voneinander.

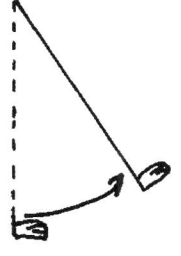

Abb. 10 - Protraktion

Protraktion: Das ist die Bewegung der Extremitäten nach vorne, sie findet in den großen Gelenken (Hüfte und Schulter) statt. Eigentlich ist die Protraktion (auch Anteversion) eine Beugung. Aber weil das ganze Bein dadurch bewegt wird, hat sie eine eigene Bezeichnung (Abb. 10).

Retraktion: Retraktion ist wieder die Bewegung zur Protraktion. Das ist die Bewegung der Extremitäten nach hinten (Abb. 11).

Abduktion: Das Wegziehen oder Wegführen der Extremität vom Körper nennt man Abduktion. Diese Bewegung ist nur Kugel- oder Eigelenken möglich. Wichtig ist die Abduktion im Schulter- oder Hüftgelenk (Abb. 12).

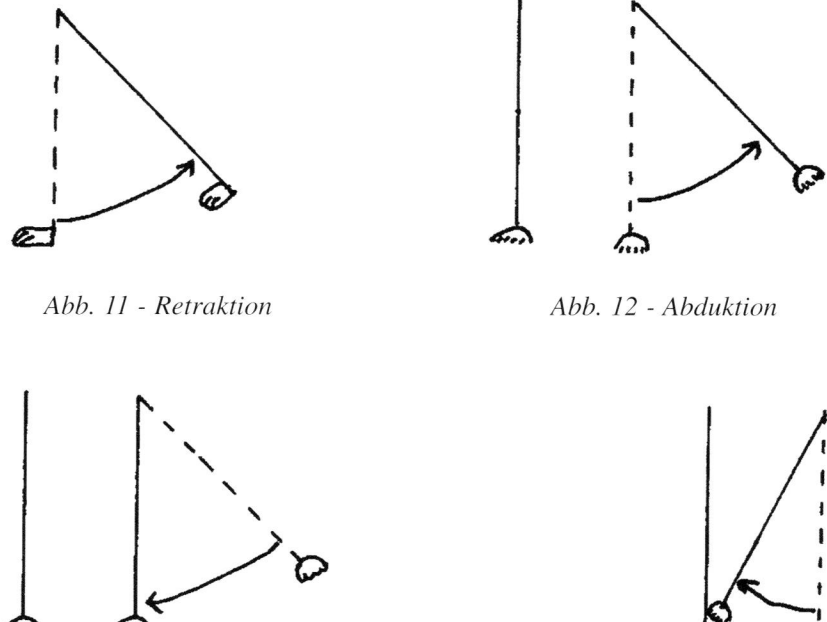

Abb. 11 - Retraktion   Abb. 12 - Abduktion

Abb. 13 - Adduktion.
a: Heranziehen an den Körper (Rückführung aus der Abduktion
b: Heranziehen zur Körpermitte

Adduktion: Die Adduktion ist die Gegenbewegung zur Abduktion, also das Heranführen oder Einwärtsziehen der Extremität Richtung Körpermitte (Abb. 13).

Rotation: Die Rotation ist die Drehung der Extremität oder der Wirbelsäule um ihre Längsachse. Bei den Extremitäten unterscheidet man Innen- und Außenrotation, bei der Wirbelsäule Rechts- oder Linksrotation. Die Rotation findet in Kugelgelenken (Hüft- oder Schultergelenk) oder eben zwischen den Wirbeln statt (Abb. 14 und 15).

Lateralflexion: Die Lateralflexion ist die Seitbiegung der Wirbelsäule.

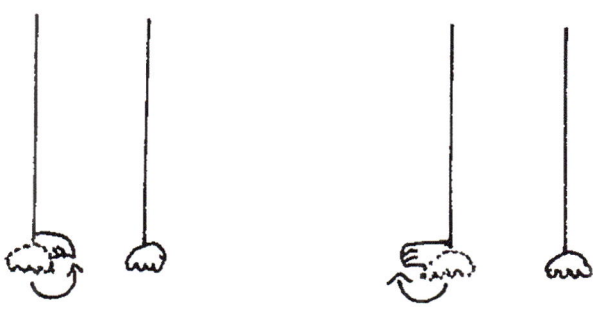

Abb. 14 - Innenrotation   *Abb. 15 - Außenrotation*

ZUSAMMENSPIEL DER MUSKULATUR
Schultergürtel

Die Schultergürtelmuskulatur hat nicht nur die Aufgabe, den Körper im Stand und in der Bewegung zu tragen und aufzufangen, sondern sie beteiligt sich auch an den Bewegungen der Vorderbeine, des Rumpfes, Halses und Kopfes mit.

Vorderbein - Protraktion (Abb.16): Der Brachiocephalicus zieht den Oberarm und damit den ganzen Lauf nach vorne. Er wird unterstützt durch den oberfläch-lichen Brustmuskel (Pectoralis superficialis). Der Halsteil des Trapezius und die Brustportion des Serratus ventralis wirken bei der Protraktion insofern mit, dass sie das Schulterblatt nach kaudal drehen.

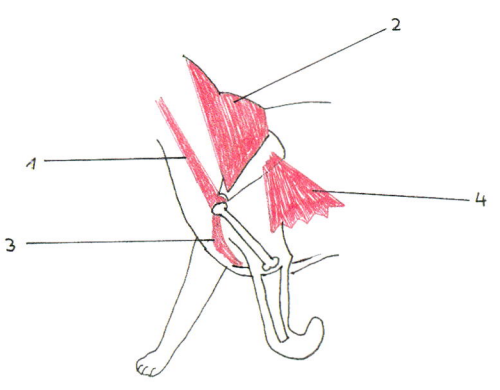

Abb. 16

Beteiligung der Schultergürtelmus-kulatur an der Protraktion

1. *Brachiocephalicus (Kopf-Arm-Muskel)*
2. *Halsteil des Trapezius (Kapuzenmuskel)*
3. *Pectoralis superficialis (ober-flächlicher Brustmuskel)*
4. *Brustportion des Serratus ventralis (vorderer Sägemuskel)*

Vorderbein - Retraktion (Abb. 17): Latissimus dorsi, zusammen mit dem tie-fen Brustmuskel (Pectoralis profundus) ziehen das Vorderbein nach hinten. Der Rhomboideus und die Halsportion des Serratus ventralis drehen das Schulterblatt nach kranial und wirken deshalb bei der Rückführung der Gliedmaße mit.

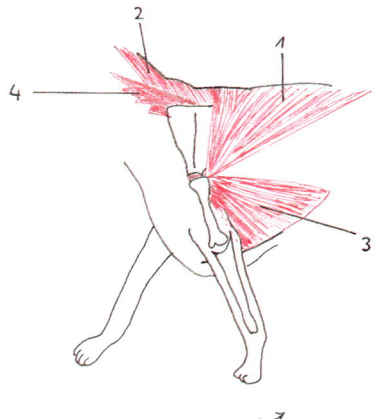

Abb. 17

Beteiligung der Schultergürtelmuskulaur an der Retraktion
1. Latissimus dorsi (großer Ruckenmuskel)
2. Rhomboideus (rautenförmiger Muskel)
3. Pectoralis profundus (tiefer Brustmuskel)
4. Halsportion des Serratus ventralis

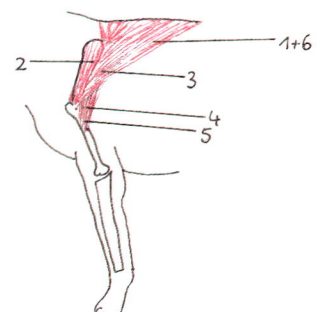

Abb.18

Abduktion des Vorderbeines
1. Brustteil des Trapezius
2. Supraspinatus (Obergrätenmuskel)
3. Infraspinatus (Untergrätenmuskel)
4. Deltoideus (deltaförmiger Muskel)
5. Teres minor (kleiner Rundmuskel
6. Brustteil des Rhomboideus, liegt unter dem Trapezius

Abb. 19

Adduktion des Vorderbeines
1. Pectoralis superficialis
2. Pectoralis profundus

Vorderbein - Abduktion (Abb. 18): Der Brustteil des Trapezius, der Supra- und der Infraspinatus, der Deltoideus und der Teres minor bewirken die Abspreizung.

Vorderbein - Adduktion (Abb.19): Oberflächlicher und tiefer Brustmuskel (Pectoralis superficialis und profundus) und die übrige Schultermuskulatur (Teres major, Subscapularis, Coracobrachialis; diese liegen alle medial und sind deshalb nicht zu palpieren und deshalb auch nicht eingezeichnet) sind für die Adduktion verantwortlich.

Bei fixierter Gliedmaße sind die gleichen Muskeln aber auch in der Lage, den Rumpf nach vorne (Pectoralis profundus, Brustportion des Serratus ventralis, Latissimus dorsi), zur Seite (Pectoralis superficialis), nach unten (Latissimus dorsi) oder nach hinten (Pectoralis superficialis, Halsportion des Serratus ventralis) zu ziehen oder sie können ihn heben oder als Hilfsinspiratoren funktionieren (Brustportion des Serratus ventralis.).

Für die Hebung von Hals und Kopf und das seitwärts Biegen sind Trapezius, Rhomboideus und Halsportion des Serratus ventralis verantwortlich.

Für die Senkung und das zur Seite ziehen von Hals und Kopf ist hauptsächlich der Brachiocephalicus zuständig.

Vorderbein

Hauptaufgaben der Vorderbeinmuskulatur:
1. Im Stehen die Gelenke fixieren und sich damit an der Übernahme der Körperlast zu beteiligen.
2. Bei der Fortbewegung die entsprechenden Gelenks- und Gliedmaßenbewegungen auszuführen.
3. Das Vorderbein und seine Gelenke an Ort und Stelle zur Ausführung von besonderen Manipulationen (z.B. beim Ablegen, Aufstehen, Graben, beim Festhalten von Gegenständen usw.) zu bewegen.

Gelenkfixation und Abfederung: Infraspinatus, Subscapularis, Bizeps brachii, Beuger des Karpalgelenkes, lange Zehenbeuger.

Abheben vom Boden (Abb. 20): Beuger des Schultergelenkes (Deltoideus, Teres major und minor), Beuger des Ellbogens (Brachialis, Bizeps brachii), sowie des Karpalgelenkes und der Zehen.

Protraktion (Abb. 21): Der Brachiocephalicus wird von den Schultergelenkstreckern insofern unterstützt, als sie den Oberarm nach vorne führen und das Niedersetzen dadurch vorbereiten. Genau so wirken auch der Brachialis und der Bizeps, die den Unterarm nach vorne ziehen, während die Beuger des Karpalgelenkes und der Zehengelenke den unteren Teil des Beines entsprechend verkürzen.

Niedersetzen: Extensor carpi radialis, der gemeinsame und der seitliche Zehenstrecker.

Stemmen: Alle Strecker; Zehenbeuger, vorab der tiefe, richten das 1. Zehengelenk und pressen die Sohlenfläche gegen den Boden.

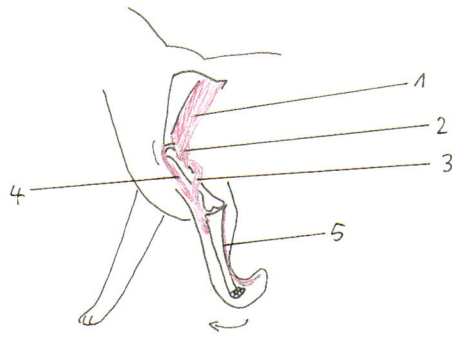

Abb. 20

Abheben des Vorderbeins vom Boden
1. *Deltoideus*
2. *Teres minor*
3. *Brachialis (Armbeuger)*
4. *Bizeps brachii (zweiköpfiger Armmuskel)*
5. *Karpal- und Zehengelenksbeuger*

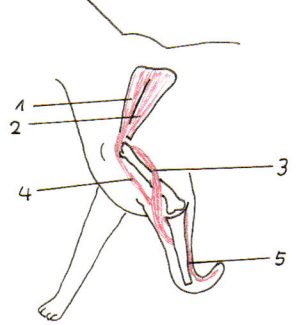

Abb. 21

Protraktion des Vorbeins
1. *Supraspinatus*
2. *Infraspinatus*
3. *Brachialis*
4. *Bizeps brachii*
5. *Karpal- und Zehengelenksbeuger*

Beckengürtel

Statik: Der Psoas minor stellt die untere Verspannung zwischen Wirbelsäule und Becken her.

Krümmung der LWS nach dorsalkonvex: Quadratus lumborum, Iliopsoas, Psoas minor.

Protraktion des Hinterbeines: Der Iliopsoas unterstützt die Hinterbeinmuskulatur in der Hangbeinphase.

Hinterbein

Aufgaben der Hinterlaufmuskulatur:
1. Beim Stehen die Gelenke fixieren und beim Tragen der Körperlast mithelfen.
2. Bei der Fortbewegung die einzelnen Gelenke bewegen.
3. Das ganze Bein und seine Gelenke zur Ausführung besonderer Bewegungen an Ort und Stelle zu bedienen (Ablegen, Aufstehen, Sitzen, sich Kratzen ...).

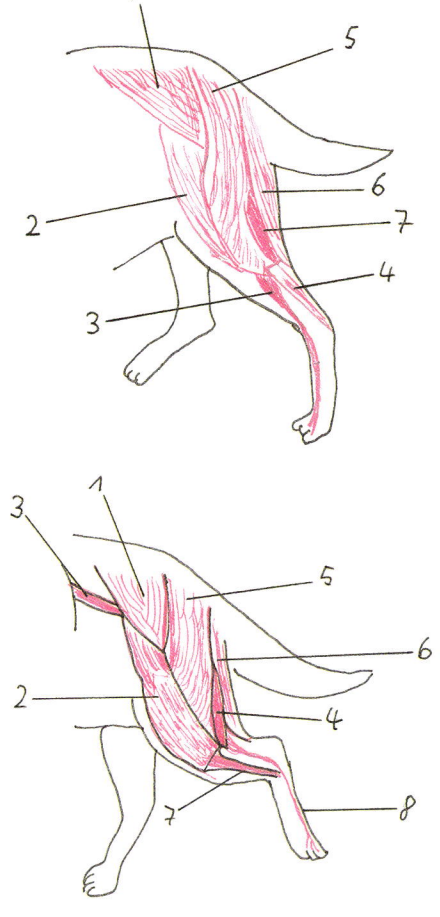

Abb. 22

Vorwärtsstemmen der Hinterbeine
1. Glutaealmuskulatur (Kruppen-muskulatur)
2. Quadrizeps femoris (vierköpfi-ger Oberschenkelmuskel)
3. lange und seitliche Zehenstrecker
4. Trizeps surae (dreiköpfiger Waden-muskel)
5. Bizeps femoris (zweiköpfiger Oberschenkmuskel)
6. Semitendinosus (halbsehniger Muskel)
7. Semimembranosus (halbhäutiger Muskel)

Abb. 23

Abheben des Hinterbeins vom Boden
1. Glutaeus superficialis (oberflächli-cher Kruppenmuskel)
2. Tensor fasciae latae (Spanner der seitlichen Oberschenkelfaszie
3. Iliopsoas (Darmbein-Lenden-muskel)
4. Semimembranosus
5. Bizeps femoris
6. Semitendinosus
7. Tibialis (Schienbeinmuskel)
8. Zehenbeuger

Vorwärtsstemmen (Abb. 22): Die Glutealmuskulatur als Strecker des Hüftge-lenkes, der Quadrizeps femoris als Strecker des Kniegelenkes, der Trizeps surae als Strecker des Sprunggelenkes und die langen und seitlichen Zehenstrecker sowie der tiefe Zehenbeuger, welche die Sohlenfläche gegen den Boden pressen, bewirken das Vorwärtsstemmen. Während der Stemmphase ziehen Bizeps femo-ris, Semitendinosus und Semimembranosus das Kniegelenk nach hinten, strecken dabei das Hüftgelenk und z.T. (durch die Fersenbeinsehnen) das Sprunggelenk.

Abheben (Abb. 23): Glutaeus superficialis, Tensor fasciae latae und Iliopsoas als Beuger des Hüftgelenkes, die Hinterbackenmuskulatur (soweit sie am Unter-schenkel inserieren) als Beuger des Kniegelenkes, der Tibialis anterior als Beuger des Sprunggelenkes, der tiefe und oberflächliche Zehenbeuger eben als Beuger der Zehen. Die Muskeln das Bein rumpfwärts und leiten so zur Hangbeinphase über.

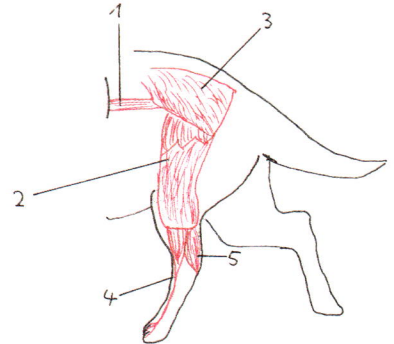

Abb. 24
Protaktion des Hinterbeins
1. *Iliopsoas*
2. *Tensor fasciae latae*
3. *Glutealmuskulatur*
4. *Zehenstrecker*
5. *Trizeps surae*

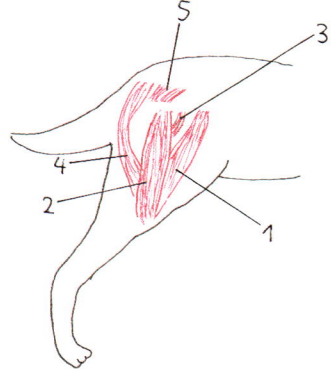

Abb. 25
Adduktion des Hinterbeins
1. *Sartorius*
2. *Gracilis (schlanker Muskel)*
3. *Pectineus (Kammmuskel)*
4. *Semimenbranosus*
5. *Obturatorius externus (äußerer Hüftlochmuskel)*

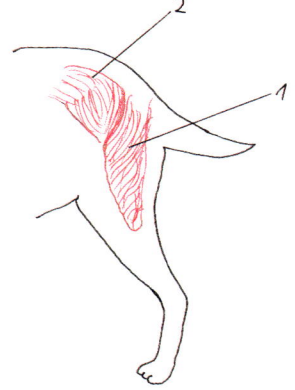

Abb. 26
Abduktion des Hinterbeins
1. *Bizeps femoris*
2. *Glutaealmuskulatur*

Protraktion (Abb. 24): Iliopsoas, Tensor fasciae latae, Glutaeus superficialis, Sartorius.

Strecken der Gelenke als Vorbereitung zum Niedersetzen: Extensor digitalis pedis longus und lateralis strecken die Zehengelenke, anschließend strecken der Quadrizeps und Trizeps surae Knie- und Sprunggelenk.

Auffangen: Alle Strecker, insbesondere der Zehengelenke sowie des Sprung- und Kniegelenkes, wobei dem Quadrizeps als Feststeller des Knies die größte Bedeutung zukommt.

Adduktion (Abb. 25): Adductor, Sartorius, Gracilis, Pectineus, wobei Semimembranosus und Obturatorius mitwirken.

Abduktion (Abb. 26): Bizeps femoris und Glutaeus profundus.

Bewegungsübertragung

Der Bewegungsimpuls geht von der Hinterhand aus, sie schiebt den Körper nach vorne, entwickelt also die Schubkraft. Dadurch, dass sie ihre Gelenke strecken und sich gegen den Boden stemmen, wird der Rumpf, und damit der Schwerpunkt, nach vorne, gewissermaßen den Vorderbeinen zugeschoben.

Durch die komplette Streckung von Sprung-, Knie- und Hüftgelenk stößt sich das Hinterbein aus der Stützbeinphase ab. Durch die Hüftgelenksbeugung wird das Hinterbein nach vorne geführt, die anderen Gelenke des Hinterbeins beugen sich auch. Die Fußung wird durch das Strecken von Knie-, Sprung- und Zehen eingeleitet. Die Streckung bleibt bis zum Abfußen erhalten, zwischenzeitlich streckt sich das Hüftgelenk auch wieder.

Um die Schubkraft verlustfrei auf den Rumpf zu übertragen, ist die Wirbelsäule durch das Kreuzbein fest in den Beckenring integriert. In der Stützbeinphase des Hinterbeins ist der gleichseitige lange Rückenstrecker (Longissimus) angespannt, fixiert dadurch die Wirbelsäule und hält die vordere Rumpfhälfte. Die so entlastete Schultergliedmaße kann nun vorgeführt werden.

Das Vorderbein fängt den Rumpf bei der Vorwärtsbewegung (und beim Sprung) auf, ist aber am Vorwärtsstemmen des Rumpfes, abgesehen vom Klettern, nur unwesentlich beteiligt.

Während der Stützbeinphase rollt das Körpergewicht über das Vorderbein hinweg (wie bei einer Radspeiche). Schulter- und Ellbogengelenk strecken sich dabei und stemmen den Körper nach oben, das Karpalgelenk wird in Hyperextension gedrückt. Am Ende der Stützbeinphase steht die Schultergliedmaße schräg nach hinten unter dem Körper. Die Gelenke des Stützbeines erfahren eine maximale Streckung und das Schulterblatt eine Drehung, wobei das obere Ende (die Basis) nach vorne und andeutungsweise nach unten und das untere Ende nach hinten - oben wandert.

Durch Kontraktion der Schultergürtelmuskulatur und Beugung aller Gelenke, hebt das Bein dann vom Boden ab. In der so eingeleiteten Hangbeinphase zieht der Brachiocephalicus mit Unterstützung von Trapezius und Omotransversarius, das Vorderbein nach vorne. Dabei wird auch das Schulterblatt um sein Drehfeld mitbewegt. Sein unteres Ende erfährt eine Verschiebung nach vorne - oben, seine Basis eine solche nach hinten - unten. Gegen Ende der Hangbeinphase strecken sich die Gelenke, wodurch das Bein wieder lang genug wird, um wieder auf den Boden aufzufußen. Beim Niedersetzen ist das Bein schräg nach vorne gestellt und wird nun wieder zum Stützbein.

I.6. KRANKHEITEN

I.6.1. ERKRANKUNGEN DER MUSKULATUR

WIE ENTSTEHEN MUSKELPROBLEME?

Die erste Schutzreaktion der Muskulatur auf ein Trauma (Überdehnung, Überanstrengung, Biss, Tritt ...) ist die Kontraktion. Durch den Zusammenzug des Muskels soll verhindert werden, dass er beschädigt wird und reißt. Genau an der Stelle der Schutzkontraktion entwickelt sich eine Verspannung, der Muskel kann sich nicht mehr entspannen, was man an der entsprechenden Stelle als festen Knoten fühlt. Diese verspannte Muskelfaser ist nicht mehr einsatzfähig, weshalb andere Fasern für sie einspringen müssen. Diese Fasern überlasten dann wiederum, sie verspannen und es müssen andere Muskelfasern einspringen ... Irgendwann ist der komplette Muskel betroffen und es springt ein anderer Muskel ein. Der Teufelskreis geht weiter, bis sich die Verspannung dann deutlich bemerkbar macht. Ein verspannter Muskel wird außerdem nicht mehr richtig durchblutet und bildet sich zurück (er atrophiert).

Dieser Schutzreflex der Muskulatur ist für viele unterschiedliche Symptome zuständig.

Ein *Muskelkrampf* ist die plötzlich einsetzende, starke Verspannung der Muskulatur. Der komplette Muskel ist hart.

Ursachen: Elektrolytmangel, Durchblutungsstörungen, Unterkühlungen, Stoffwechselstörungen (Diabetes, Tetanie) und lokale Überanstrengung.

Therapie: Eis, vorsichtige Dehnung, weiche Knetungen und Schüttelungen (siehe Massage).

Unter *Muskelhartspann* versteht man eine erhöhte Muskelspannung (die mit ein bisschen Übung fühlbar ist). Hartspann verursacht Muskelschmerzen durch Reizung des Muskels oder der Nervenversorgung.

Ursachen: Degenerative Gelenkveränderungen, Mikrotraumata durch Fehl- oder Überbelastung, »Erkältungen« durch Zugluft oder vegetative/psychosomatische Gründe (»gespannte Aufmerksamkeit«).

Therapie: Wärmeanwendung, weiche und dehnende Knetungen, Tapotement und Vibrationen (siehe Massage). Nach 3-4 Behandlungen kann es zu einer Schmerzreaktion kommen, die normal und nicht unerwünscht ist. Leichte Dehnungen sind möglich, Reizstrom kann nach Absprache mit dem Tierarzt oder dem Therapeuten ebenfalls angewendet werden.

Eine *Myogelose* ist ein tastbarer Irritationspunkt, ein Knoten in der Muskulatur, der auf Druck schmerzhaft ist. Eine Myogelose kann aktiv sein, dann löst sie Schmerzsyndrome aus (z.B. Lahmheiten) oder sie kann latent sein, d.h. sie reagiert erst auf Palpation mit lokalem oder ausstrahlendem Schmerzsyndrom (das Tier weicht dann beim Abtasten aus). Myogelosen werden im Spätstadium weitgehend therapieresistent, weil sie sich oft bindegewebig abkapseln. Sie müssen also frühzeitig behandelt werden!

Ursachen: Muskuläre Überanstrengung, Nässe, Unterkühlung, Erkältung, Stoffwechselerkrankungen oder Fehlstatiken des Körpers.

Therapie: Sie können den reflektorischen Hartspann der umliegenden Muskulatur beseitigen. Der Therapeut rückt einer Myogelose mit der Gelotripsie (spezielle Massagetechnik) zu Leibe.

Muskelquellungen oder -verklebungen sind Eiweißausscheidungen oder Ödeme in der Muskelfaser oder im Zwischengewebe. Das führt zu einer Abdrückung der Mikrozirkulation, es kommt zu einer Reizung der Schmerzrezeptoren und dadurch zu einem schmerzhaften Krampf. Der Muskel wird nicht richtig durchblutet ... Ein Teufelskreis, der zur Ischämie (Minderdurchblutung) und Muskeldegeneration führen kann. Für den Laien ist eine Muskelquellung nicht fühlbar, aber sie ist für den Patienten bei Berührung äußerst schmerzhaft.

Ursache: Schlechte Durchblutung durch zu wenig Bewegung.

Therapie: Lösung einzelner Gewebsschichten voneinander durch Knetungen, Verschiebungen und Zirkelungen.

MUSKELTRAUMATA

Ein Trauma ist eine Verletzung oder eine Gewalteinwirkung. Hier trägt der Schutzreflex nicht mehr.

Ein *Muskelriss* ist in frischem Zustand als schmerzhafte Delle im angespannten Muskel zu fühlen.

Ursachen: Schnitt, Stich, Schuss oder Quetschung. Eine andere Ursache ist die Zerreißung, durch plötzliche, maximale Kontraktion, besonders wenn die Antagonisten gleichzeitig stark angespannt sind, durch Schlag/Tritt auf den kontrahierten Muskel oder durch unphysiologische Muskelbelastung, z.B. bei Schnellkraftleistung (z.B. Springen) ohne ausreichende Aufwärm- und Dehnphase. Auch durch Dehnungsübungen ohne Aufwärmung kann es zu einem Muskelriss kommen.

Therapie: Anfangs kann nur der Tierarzt helfen, da oft genäht werden muss! Unterstützend kann man Kälte anwenden, später (nach 1-4 Wochen) kann ein Physiotherapeut Lymphdrainage, Elektrotherapie und Ultraschall machen. Noch später, wenn der Tierarzt grünes Licht gibt, sind lockernde Handgriffe und passive Dehnungen, um Verklebungen und Verwachsungen vorzubeugen, möglich und dann aktive Bewegungsübungen und schneckenförmige Friktionen. Bei zu früher Belastung (auch durch die Therapie!) kommt es zu Vernarbungen und Verklebungen in der Muskulatur, was später zu vorprogrammierten Zerrungen führt.

Die *Muskelzerrung* ist eine schmerzhafte Überdehnung oder leichte Einrisse der Muskelfaser und der bindegewebigen Anteile. Es kommt zu Funktionsausfall und Schonhaltung.

Ursachen: Lokale Überlastung, ungenügende Vorbereitung oder ungewohnte Bewegungsmuster, Vorschädigungen der Muskulatur wie Narben (z.B. auch durch einen falsch behandelten Muskelriss), Muskelhartspann, Muskelkater u.ä.

Therapie: Zu Beginn Ruhe, lokale Kälte, Kompressions- und Funktionsverbände, Ultraschall. Etwas früher als beim Riss sind vorsichtige Knetungen und Lymphdrainage (Therapeut) erlaubt, später darf dann auch lokal Wärme angewendet werden.

WICHTIG:

Nach Beendigung der Ruhephase ist eine gesteigerte funktionelle Behandlung zur möglichst raschen und folgenlosen Ausheilung notwendig.
Dazu gehören:

> aktives Bewegungstraining,
> Dehnungen,
> Lockerungsübungen und
> Schwimmen.

Das gilt bei jeder Muskelverletzung - aber wirklich erst nach der Ruhephase!

Wer kennt ihn nicht, den *Muskelkater*? Steife, harte, geschwollene und bei Druck und Bewegung schmerzhafte Muskulatur macht (nicht nur) den Tieren für ein paar Tage das Leben schwer, vergeht dann aber wieder von allein.

Ungewohnte oder zu starke Beanspruchung einzelner Muskelgruppen sind die Auslöser. Die Ursachen sind kleinste Verletzungen an den überstrapazierten Muskelfasern und nicht, wie landläufig geglaubt wird, eine Übersäuerung der Muskulatur. Dort, wo die kleinen Risse sind, wird das Sarkolemm undicht, Kalzium dringt in die Muskelfaser ein und es wird eine Entzündungsreaktion ausgelöst, die für den »Kater« verantwortlich ist.

Besser als die Behandlung ist die Vorbeugung: Wenn man vorsichtig mit dem Training beginnt und das Pensum langsam steigert, wenn man dem Tier die Gelegenheit gibt, sich gründlich aufzuwärmen, wenn man das Tier nach dem Training dehnt und massiert, lässt sich der Muskelkater verhindern.

Falls es aber trotz aller Vorsicht zu Muskelkater gekommen ist, hilft eine »Ruhepause«. Das heißt aber nicht, dass Sie Ihren Hund ein paar Tage einsperren. Bewegung muss sein, kurze und langsame Spaziergänge! Kühlung hilft im Akutstadium manchmal, manchmal allerdings auch Wärme. Da ist Ihr Einfühlungsvermögen gefragt. Was verträgt Ihr Hund in diesem Moment besser? An Massagegriffen kommen weiche Verwindungen, Schüttelungen, Knetungen in Frage. Nach einer Ruhephase hilft passives Dehnen und Bewegen.

Wenn der Muskel abbaut, an Masse verliert und nicht mehr richtig funktioniert, spricht man von einer *Muskelatrophie*.

Ursachen: Minderdurchblutung (Ischämie) und damit eine schlechte Versorgung des Muskels; »Stilllegung« der Muskulatur durch Lähmungen oder Knochenbrüche; Bewegungseinschränkungen z.B. durch Arthrosen oder Neuralgien (Nervenschmerzen).

Therapie: Zur Behandlung ist ein Physiotherapeut notwendig, da intensive Maßnahmen angesagt sind. Tonisierende (spannungserhöhende) Knetungen, Klopfungen, Übungen, evtl. Lymphdrainage, Hydrotherapie, Ultraschall, Muskelgymnastik (Schwellstrom) und Reizstrom mit Übungen, stehen als Mittel zur Verfügung. Da muss man schon ganz genau wissen, was man erreichen möchte und wie man dosiert.

Von einer *konstitutionellen Muskelschwäche* spricht man, wenn das Tier »in seinen Bändern hängt«, weil es insgesamt unbemuskelt ist. Eine konstitutionelle Muskelschwäche führt früher oder später zu fixierten Körperfehlhaltungen oft mit knöchernen Schäden an Wirbelsäule und Gelenken (Arthrosen, Spondylosen).

Ursache: Körperliche Inaktivität oder wirklich ernsthafte Erkrankungen.

Therapie: Massage zur Beseitigung der muskulären Insuffizienz, Übungsbehandlungen und auch sonst viel Bewegung (aber nicht zu plötzlich, sonst droht Muskelkater) helfen, wenn keine Grunderkrankung vorliegt.

I.6.2. Störungen des Bewegungsapparates

Auch wenn ich auf diesen Seiten einige Tipps zur »Diagnose« gebe, gehen Sie zur Abklärung trotzdem bitte immer zum Tierarzt! Wer weiß schon, woher die Verspannungen kommen, die sein Tier hat? Vielleicht hat es eine Arthrose, Spondylose, OCD? Natürlich wird ihm eine Massage trotzdem gut tun, aber nicht wirklich helfen.

Physiotherapie ist prima! Ohne sie würde manche Verletzung gar nicht ausheilen, aber man kann auch Schaden damit anrichten (das ist ein Grund, weshalb die Ausbildung zum Menschen-Physiotherapeuten auch drei Jahre dauert!). Lassen Sie sich deshalb bitte immer grünes Licht von Ihrem Tierarzt geben, damit Ihr Hund von Ihrer Behandlung auch wirklich profitiert.

ENTZÜNDUNGEN (ALLGEMEIN)

Eine Entzündung ist eine Abwehrreaktion des Organismus und seiner Gewebe gegen verschiedenartige Schädigungen. Sie äußert sich durch:

1. Rötung
2. Schwellung
3. erhöhte Wärme
4. Schmerz
5. gestörte Funktion

Woher diese Schädigungen kommen, kann unterschiedliche Ursachen haben. Ein Trauma, Hitze, Kälte, Viren, Bakterien und anderes können eine Entzündung auslösen.

Die erste Reaktion des Körpers auf eine Zell- und Gewebsschädigung, gleich welcher Art, ist die Vermehrung der weißen Blutkörperchen(= Leukozyten) -> Leukozytose, dann werden die Immunglobuline (Antikörper) erhöht. Fieber und Abgeschlagenheit ist meistens die Folge.

PRELLUNGEN

Eine Prellung (Kontusion) ist eine Gewebequetschung, die je nach Stärke Haut, Bindegewebe, Muskeln, Faszien und Sehnen, Gelenkkapsel, Bänder, Knorpel und Knochen trifft. Die Kontusion verursacht Druck- und Bewegungs-, aber auch Spontanschmerzen. Die Schmerzen verursachen eine Funktionsstörung. Es kann zu einer nicht entzündlichen Schwellung durch Austritt von Gewebewasser oder Blut (Bluterguss) kommen.

Die Ursache ist ein Trauma. Das kann ein Schlag, ein Stoß, ein Sturz, ein Fall, der Aufprall von Gegenständen oder eine Einklemmung sein.

Therapie: Ruhigstellung, Kälteanwendung, evtl. Druckverband, dehnende Maßnahmen zur Lockerung der Muskulatur, später auch durchblutungsfördernde Maßnahmen.

KNOCHENBRUCH

Man kann Schädigungen des Knochens in verschiedene Kategorien unterteilen. Zum einen gibt es den Bruch, die *Fraktur*, als die vollständige Durchtrennung des Knochens und der Knochenhaut. Bei einer *subperiostalen Fraktur* ist der Knochen gebrochen, aber die Knochenhaut bleibt ganz. Eine *Fissur* ist ein Spalt oder ein Riss im Knochen.

Ein Bruch kann geschlossen sein, das heißt, die Haut ist unverletzt, ein Bruch kann aber auch offen sein, dann ist die Haut durchstoßen.

Die Ursachen können Traumata oder Ermüdung (nach langdauernden Anstrengungen) sein. Es gibt aber auch so genannte spontane Frakturen infolge von zerstörenden Prozessen im Knochen, z.B. Tumore.

Sichere Zeichen, dass eine Fraktur vorliegt, sind abnorme Beweglichkeit (»Gelenk«, wo normalerweise keins ist), Deformität, Geräusche bei der Bewegung und natürlich das Röntgenbild.

Es können sich »Nebenerscheinungen« wie Schwellung, Bluterguss, Schmerz und Bewegungseinschränkung (die Entzündungszeichen also) einstellen.

Komplikationen: Nerven- und Gefäßschäden, Muskel- und Sehnenverletzungen, Verletzungen der inneren Organe, Infektionen, Störung der Knochenbildung (Knochen wächst nicht zusammen), Durchblutungs- und Stoffwechselstörungen an Knochen und Weichteilen, Gelenkversteifungen.

Therapie: Die Bruchenden werden gerichtet, wenn nötig und anschließend eingegipst (Ruhigstellung) oder es werden Metallimplantate eingesetzt, wenn die Fraktur kompliziert war. Bei ganz glatten Brüchen gibt es manchmal nur kurze oder gar keine Ruhigstellung und sofortige aktive Übungsbehandlung.

Physiotherapie: Während der Ruhigstellung: Bewegen der gesunden Extremitäten, Massage des gesamten Körpers, außer an der gebrochenen Extremität, Bewegen der freien Gelenke. Nach der Ruhigstellung: Schwimmen, Eis, Massage unter Auslassung der Bruchstelle, Isometrische Spannungsübungen

ACHTUNG BEI KNOCHENBRÜCHEN:

- **Keine passive Bewegung!** (Ausnahme: solange ein Gips da ist)
- **Keine Heißluft!**
- Es dürfen nach der Behandlung keine Schmerzen, Schwellungen oder Ergüsse auftreten!

GELENKERKRANKUNGEN
Luxation (Verrenkung)

Bei einer Luxation sind die gelenkbildenden Knochen gegeneinander verschoben. Die Gelenkkapsel und die Bänder sind teilweise oder vollständig gerissen. Ist die Verrenkung nur unvollständig, spricht man von einer Subluxation.

Die Symptome einer Verrenkung sind Schmerzen und Schwellung der Gelenkumgebung, eine Funktionseinschränkung oder Blockierung des Gelenkes und Verformung oder Fehlstellung der Gelenkenden.

Ursachen: Trauma, Gelenkdysplasie, krankhaft veränderte Gelenkanteile, schwache Bänder oder Muskulatur.

Therapie: Möglichst sofortige Reposition (Einrenkung) vom Tierarzt, anschließende Ruhigstellung für 2-6 Wochen.

Physiotherapie: Nach der Ruhigstellung dehnende und lockernde Maßnahmen, Massagen, Dehnungen, Manuelle Therapie, Kräftigung.

Blockierung

Von einer Blockierung oder Blockade spricht man, wenn der Bewegungsablauf im Gelenk, besonders in den Wirbelgelenken, gestört ist oder wenn es zu einer funktionellen Fehlstellung eines Wirbels gekommen ist. Eine Blockierung kann man wieder lösen.

Wenn es zu einer Blockierung gekommen ist, verliert die Wirbelsäule ihre normale Beweglichkeit. Außerdem kann eine Blockierung Auswirkungen auf die Nerven haben, die zwischen zwei Wirbeln austreten.

Bei Blockierungen versucht ein Tier, die fehlende Flexibilität der Wirbelsäule zu kompensieren und auftretenden Schmerzen auszuweichen. Es verändert seine Körperhaltung, was zu einer Mehrbelastung anderer Wirbelsäulenabschnitte und der Gelenke an den Beinen führt. Es kann zu weiteren Blockierungen und zu Verspannungen und somit zu einer Verschlimmerung kommen.

Auf dem Röntgenbild ist eine Blockierung nicht unbedingt festzustellen, da es sich oft nur um minimale Verschiebungen handelt, die ein Gelenk nicht mehr so richtig funktionieren lassen. Diagnostizieren kann sie dann nur jemand, der viel Erfahrung hat. Vom Deblockieren ganz zu schweigen! Im Praxisteil finden Sie zu jedem Wirbelsäulenabschnitt eine Liste, was alles ausfallen kann, wenn ein Wirbel blockiert ist.

Genau das kann auch alles ausfallen, wenn ein Laie versucht einen Wirbel einzurenken, der gar nicht »ausgerenkt« war, ihn damit also in eine Blockierung befördert. Lassen Sie also bitte selbst die Finger davon und überzeugen Sie sich bei Ihrem Chiropraktiker, Osteopathen oder Physiotherapeuten davon, dass er eine solide Ausbildung hat.

Symptome: Rückenschmerzen, Schmerzen bei bestimmten Bewegungen (je nachdem wo eine Blockierung sitzt), Muskelverspannungen, Lahmheiten (auch Passgang), gesteigerte Berührungsempfindlichkeit bestimmter Körperstellen, Bewegungsunlust und Leistungsminderung bei Jagd- oder Rennhunden. Auch wenn Ihr Hund plötzlich anders sitzt oder sich nur noch auf eine Seite legt, kann eine Blockierung vorliegen. Leckekzeme an Pfoten und Beinen, Ohr- und Analdrüsenentzündungen, die immer wiederkehren, häufige Verdauungsprobleme oder Harntröpfeln können ebenfalls auf eine Blockierung (allerdings auch auf Bandscheibenschäden) hinweisen.

Ursachen: Trauma, Überlastung, Bewegungsmangel, Alter (Verschleiß) und sportliche Überlastung.

Therapie: Deblockierung durch den Fachmann, aber oft helfen auch Massagen und Dehnungen einem fehlgeleiteten Wirbel wieder auf den richtigen Weg.

Arthrose (Arthrosis deformans)

Arthrosen sind Verschleißerscheinungen der Gelenkflächen, welche sich als Reaktion auf ein Missverhältnis zwischen Leistungsfähigkeit und Beanspruchung des Gelenkknorpels entwickeln.

Durch Behinderung der Ernährung des Knorpels oder durch eine falsche Zusammensetzung der Synovia (Gelenkflüssigkeit) kommt es zur Auflösung der Knorpelsubstanz.

Damit verliert der Knorpel seine Elastizität und innere Festigkeit. Die geschädigten Knorpelstellen fasern sich auf (1. Grad »Eisbär«), zerfallen schollig (2. Grad »Eisberg«) und lösen sich ab (3. Grad »Glatze«). In den Lücken bildet sich Knochen.

An den Gelenkrändern und Knorpel-Knochen-Grenzen bilden sich Zacken und Wülste (Osteophyten). Manchmal lösen sich die Randosteophyten und damit gibt es freie Gelenkkörper (»Gelenkmäuse«).

Die Kapsel verdickt sich, es kommt zu Veränderungen der versorgenden Gefäße und die Kapsel beginnt zu schrumpfen, weil sie nicht mehr genügend ernährt wird. Die Folgen sind Fehlstellungen, Kontrakturen, Instabilitäten, manchmal Ergüsse und vor allen Dingen eine Atrophie (Rückbildung) der Muskulatur.

Symptome: Arthrosen beginnen schleichend. Anfangs sind die Tiere nur steif. Später kommt es zu »Anlauf- oder Einlaufschmerzen«, d.h. am Anfang einer Bewegung sind Schmerzen vorhanden, die Tiere laufen sich aber ein. Nachdem der Belastungsschmerz dazu kommt, hat das Tier irgendwann dauernd Schmerzen, selbst im Ruhezustand. Die Schmerzen sind oft witterungsabhängig. Das Tier ist schneller müde, läuft ungern auf unebenem Boden und fängt an zu humpeln.

Gelenkgeräusche wie Knarren, Knirschen (»Sand im Getriebe«) sind manchmal zu hören. Die Konturen des betroffenen Gelenkes verändern sich, es kommt zu Ergüssen, Bewegungseinschränkungen und Insuffizienzen des Bänder- und Muskelapparates.

Röntgenbefund: Höhenminderung des Gelenkspalts (Knorpel ist auf Röntgenbildern nicht sichtbar, deshalb sieht man normalerweise einen breiten Gelenkspalt, da der Knorpel aber verschwindet, wird der Gelenkspalt schmaler); Knochenwülste; Knochenbildung, wo eigentlich Knorpel sein sollte; »Geröllzysten«: bei Überbeanspruchung kann Knochen abgebaut werden, es kommt dann zu Hohlräumen im Knochen.

Ursachen:
1) Über- oder Fehlbelastung bestimmter Knorpelteile
      z.B. bei HD,
      bei schlecht verheilten Brüchen,
      bei Abweichung der Gelenkachsen / Fehlstellungen der Beine.
2) Überbeanspruchung des kompletten Gelenkes
      z.B. durch Leistungssport,
      durch Übergewicht.
3) Qualitätsverlust des Gelenkknorpels
      durch Schädigung des Schmiermechanismus, z.B. bei Arthritis
      und Ergüssen, die immer wiederkehren,

durch genetisch bedingte Minderbelastbarkeit
(z.B. Achondroplasie = Störung der Knorpelbildung),
durch innersekretorische Störungen wie eine Fehlfunktion der Schild-
drüse, der Hypophyse (Hirnanhangdrüse) und der Keimdrüsen.
4) Zerstörung des Gelenkknorpels
durch Entzündungen, die den Knorpel unmittelbar zerstören,
z.B. Gelenkrheumatismus und eitrige Entzündungen.

Therapie:
1. allgemein: Gewichtsabnahme, Kälte und Nässe meiden, Bewegungsübungen.
2. medikamentös: Schmerzmittel, Knorpelaufbaupräparate, Cortison.
3. operativ: »Gelenktoilette« (alles was nicht ins Gelenk gehört wird entfernt, Knorpel wird geglättet ...), künstliche Gelenke, Gelenkversteifungen, Gold-implantate ...

Physiotherapie
Traktionen, Isometrie, Schwimmen, Wärme im chronischen Stadium, Kälte bei aktivierter Arthrose (Erguss), Elektrotherapie, Bäder, Massage, Schüttelungen, manuelle Therapie.

Arthritis
Eine Arthritis ist eine Gelenkentzündung mit den typischen Entzündungszeichen. Das Gelenk ist rot (was man bei einem langhaarigen oder dunkelhäutigen Hund nicht sieht), geschwollen (Erguss), erwärmt, schmerzhaft und bewegungseinge-schränkt.

Ergusstypen
1. Seröser Erguss
Serum ist die Blutflüssigkeit mit geringen Zellbeimischungen. Es handelt sich also um einen wässrigen Erguss, z.B. nach Prellungen, Verstauchungen, bei gelenknahen Tumoren, bei allergischen Reaktionen, bei Arthrose, bei rheuma-tischen Erkrankungen.
2. Serofibrinöser Erguss
Fibrin ist ein Faserstoff des Blutes, es ist ein nicht wasserlösliches Eiweiß. Bei einer ausgeprägten Gelenkentzündung.
3. Eitriger Erguss
»Pyarthros« bei bakteriellen Entzündungen.
4. Blutiger Erguss
»Hämarthros«, durch Trauma oder Tumore.

Infektarthritis
Die Infektarthritis ist eine eitrige Gelenkentzündung.

Ursachen:
  Staphylokokken, Streptokokken, Kolibakterien.
    Direkte Keimbesiedlung (Gelenkpunktion, offene Verletzung, OP).
    Einbruch gelenknaher Entzündungsprozesse (Knochenmarksentzündung).

Therapie:
1. Gelenkpunktion zur Erregerbestimmung
2. bei einer Eiteransammlung -> Spül-Saug-Drainage
3. Antibiotika
4. Ruhigstellung des Gelenkes

Osteochondrosis dissecans (OCD)

Bei der OCD kommt es zu subchondralen Nekrosezonen (subchondral = unter dem Knorpel; Nekrose = Gewebstod) an den Gelenkflächen (meist an den konvexen). Das nekrotische Knochenstück verhärtet sich und wird von einem Bindegewebswall vom gesunden Knochen abgegrenzt. Unter dieser Belastung löst sich das Knochenstück aus dem Verband und wird ins Gelenk abgestoßen »Gelenkmaus«). Es kommt zu Schmerzen, evtl. zu einem Erguss und zur Gelenksperre.

Solange das Dissekat oder die »Gelenkmaus« an Ort und Stelle liegt, gibt es kaum oder nur wenig Beschwerden. Nach Ablösung der »Gelenkmaus« kann es zu heftigen Beschwerden kommen. Manchmal klemmt die »Maus« auch ein. Bei großem Mausbett besteht die Gefahr der frühzeitigen Arthrose, weil die Gelenkfläche verkleinert wird.

Ursache: nicht bekannt
Therapie: OP

Dysplasie

Eine Dysplasie ist eine Unterentwicklung des Gelenkes. Die Gelenkpfanne kann zu flach oder zu steil sein oder einen zu kurzen Erker haben oder der Gelenkkopf kann abgeplattet, unterentwickelt oder in einer falschen Stellung sein.

Bei der Hüftdysplasie ist der Oberschenkelkopf in der fehlentwickelten Pfanne schlecht fixiert, dadurch kommt es zu einer Auswalzung des Knorpelrings, der zur Vergrößerung der Hüftpfanne dient. Die Hüftkopf kann dann »herausspringen« (luxieren).

Um sicher zu sein, dass es sich um eine Dysplasie handelt, muss ein Röntgenbild oder Ultraschall gemacht werden. Physiotherapeutisch kann man leider nichts unternehmen. Man kann nur die Muskelverspannungen und -verkürzungen behandeln und versuchen, die Schmerzen zu lindern.

BANDVERLETZUNGEN
Zerrung

Eine Zerrung ist eine Überdehnung, die zu keinen Rissen in den Bändern geführt hat. Die Zerrung kann ohne Folgen abheilen.

Ursache: Gelenkverdrehungen oder Überschreiten der physiologischen Gelenkbeweglichkeit.

Therapie: Ruhigstellung, Kälte, Druckverband, später Hyperämisierung.

(Über-)Dehnung

Eine Überdehnung (Distorsion) beinhaltet Teileinrisse eines Bandes oder Auflockerung von Sehnenfasern. Das Band ist aber nicht komplett gerissen!

Bei einer Distorsion kommt es zu diffusem Spontanschmerz, Druck-, Dehnungs- und Bewegungsschmerz. Es kommt zu einer eingeschränkten Funktion, sowie zu Schwellungen, Ödemen und Blutergüssen. Außer den Bändern können auch Muskeln, Sehnen und Nerven betroffen sein

Ursachen: Wie bei der Zerrung.

Therapie: Ruhigstellung für 2-6 Wochen. Anschließend Bewegungsübungen und Muskelaufbau.

Ruptur

Die Ruptur ist die Durchtrennung des Bandes oder der Bandausriss am knöchernen Ansatzpunkt. Die Symptome können denen einer Distorsion gleichen, aber das Gelenk kann auch völlig instabil sein.

Ursache: Wie oben.

Therapie: OP bei schweren Rissen, sonst Ruhigstellung; anschließend Kräftigung.

ERKRANKUNGEN DER SEHNEN

Eine **Tendopathie** ist eine nicht entzündliche, degenerative Erkrankung der Sehne, die sich in Druckschmerz und Herabsetzung der Belastbarkeit äußert. Sie ist die Folge degenerativer Veränderungen, die Sehne wird brüchig. Sie bildet oft die Voraussetzung für eine Ruptur, also einen Sehnenriss.

Die **Tendoperiostose** ist nichts anderes als eine Knochenhautentzündung, dort wo die Sehne in den Knochen übergeht. Diese Erkrankung schmerzt bei Belastung, bei Druck oder unter Zug. Durch den Schmerz kommt es häufig zu einer Kontraktur des betroffenen Muskels.

Ursache: Überbeanspruchung; degenerative Veränderungen im Bereich des Sehnenansatzes. Das führt zu einer Veränderung in der Elastizität des Knorpels. Es kann zu einer Ruptur oder zu einem Knochensporn (Überbein) kommen.

Therapie: Cortisoninfiltration durch den Tierarzt, Ruhigstellung, Friktionsmassagen, Ultraschall.

WIRBELSÄULEN-ERKRANKUNGEN

Bandscheibenschäden

Eine Bandscheibe besteht aus dem Bandscheibenring und dem Bandscheibenkern. Die Ernährung der Bandscheibe erfolgt über die »Schwammmethode«, deshalb ist gleichmäßige Be- und Entlastung notwendig, d.h. Bewegung! Bei zu viel Belastung funktioniert der Pumpmechanismus nicht mehr richtig und es wird mehr Flüssigkeit abgegeben als aufgenommen und es kann zu Bandscheibenschäden kommen.

Ursache: Der Alterungsprozess der Bandscheibe beginnt mit dem Wasserverlust des Gallertkerns, der Bandscheibenraum wird niedriger und die Bandscheibe verliert ihre Pufferwirkung. Außerdem wird der Faserring durch den Wasserverlust rissig und bekommt Lücken, durch welche Teile des Kerns herausquellen können. Der Kern kann sich vorwölben (Bandscheibenvorwölbung = Protrusio) oder kann ganz herausquellen (Bandscheibenvorfall = Prolaps = »Dackellähme«).

Durch den Höhenverlust des Bandscheibenraumes kommt es zur Lockerung der Bänder, das Segment (zwei Wirbel und eine Bandscheibe) wird instabil. Die beiden Wirbel können sich gegeneinander bewegen und es kommt zu Zug- und Dehnungsreizen an der Knochenhaut der Wirbelkörper. Dadurch werden knöcherne Randzacken gebildet (Spondylose), die sich evtl. treffen und das Segment verknöchern (Versteifung).

Stadien:
1. Stadium: Instabilität
Ein Wirbel kann vor- oder zurückgleiten, dadurch kommt es zu Fehlstellungen in den kleinen Wirbelgelenken. Es kann zu einer Spondylarthrose (Arthrose der kleinen Wirbelgelenke) kommen. Schmerzen.

2. Stadium: Knochenreaktion
Ziel ist die erneute Stabilisation
a) Verschmälerung des Raumes zwischen den Wirbeln (Chondrose)
b) Randzacken (Spondylose)
c) Verdichtung der Wirbeldeckplatten (Osteochondrose)
d) Spondylarthrose
e) Spangenbildung

3. Stadium: Versteifung
Durch die Spangenbildung der Randzacken versteift das Segment. Es ist in diesem Bereich dann zwar keine Bewegung mehr möglich, aber die Schmerzen sind damit dann auch verschwunden. Man spricht von einer wohltuenden Versteifung.

Therapie:
1. Medikamentös: Schmerzmittel, Muskelentspannende Medikamente.
2. physiotherapeutisch: Massage, KG, die die reaktiven hypertonen Kontrakturen der Rückenstreckermuskeln beseitigt und eine Druckentlastung auf Bewegungssegmente- besonders bei Wurzelreizsyndrom -> Lahmheit- bewirkt, Traktionen, Wärme, Kräftigung.

3. Bei Bandscheibenvorfällen gibt es auch die Möglichkeit von Operationen. Allerdings sind diese immer riskant und deshalb wird erst ein konservativer Behandlungsversuch gestartet. Wenn Ihr Tier allerdings eine Blasen- und Mastdarmlähmung (»Cauda-Syndrom«), muss es unbedingt sofort operiert werden.

BINDEGEWEBSERKRANKUNGEN
Tendomyosen
Formen: Myotendopathie und Insertionstendopathien.

Symptome: Schmerzhafte Sehnen und Muskulatur und oft auch Schleimbeutel. Auf Druck deutlicher Schmerz. Später kommt es zu Kalzifizierungen in der Sehne. Durch infibrilläre Stoffwechselstörung verlieren Fibrozyten ihre elastische Fähigkeit und werden häufig durch starres Bindegewebe ersetzt.

Ursachen: Mikrotraumata, Fehl- und Überbelastung, neurale und psychische Faktoren, Temperatur- und Witterungseinflüsse.

Therapie:

Akut: Eis, entlastende Verbände, Relaxation der Muskulatur durch klassische Massage, manuelle Entstauungsmaßnahmen u.U. Elektrotherapie, Krankengymnastik.

Chronisch: Tapes, hyperämisierende Maßnahmen, klassische Massage, insbesondere Friktionen, Krankengymnastik, U-Schall.

Abb. 27

II. DIE BAUSTEINE DER PHYSIOTHERAPIE

GRUNDSÄTZE DER BEHANDLUNG

Auf ein paar Dinge sollten Sie achten, wenn Sie anfangen, Ihr Tier zu behandeln:

1. Arbeiten Sie in voller **Konzentration** mit Ihrem Tier, bitte keine Unterhaltungen nebenbei. Ihr Tier hat es verdient, dass Sie es mit Interesse und Zuwendung therapieren. Außerdem sind Sie bei einer Unterhaltung abgelenkt, machen die doch ungewohnten Übungen vielleicht nicht ganz richtig oder bemerken die ersten Schmerzanzeichen Ihres Hundes nicht. Und Sie wollen doch helfen, oder? Verschieben Sie also die Behandlung, wenn Familienmitglieder oder Besuch »stören«. Und wenn mal jemand zuschauen möchte, dann bitten Sie ihn, sich möglichst unauffällig irgendwo hin zu setzen und wirklich nur zu gucken.

2. Die **Fingernägel** sollten Sie sich kürzen, wenn Sie sonst sehr lange Nägel haben. Bei vielen Übungen kommen Sie mit den Fingernägeln ins Gewebe (z.B. bei Massagen, aber auch wenn Sie fixieren müssen) und das kann wehtun oder wenigstens sehr unangenehm sein. Ihr Hund lässt sich womöglich nicht so auf die Therapie ein, wie er sollte und die ganze Behandlung ist für die Katz'.

3. Suchen Sie sich einen **ruhigen** Behandlungsort und eine ruhige Behandlungszeit, damit Ihr Hund und Sie entspannen können. Es hat keinen Zweck, wenn alle paar Minuten jemand vorbei geht, wenn das Telefon dauert klingelt oder draußen gerade Spektakel ist.

4. Lust zu der Behandlung hat Ihr Hund sicher auch nicht, wenn eigentlich gerade Fütterungszeit ist oder wenn Sie normalerweise um diese Zeit mit ihm spazieren gehen. Also achten Sie aufs **Timing**.

4. Versuchen Sie, ständigen **Hautkontakt** zu Ihrem Vierbeiner zu halten, denn das bringt schon viel Ruhe in Ihre Behandlung. Anfassen, loslassen, anfassen macht nervös. Eine Hand sollte möglichst immer am Tier bleiben. Oder wenn ein Griffwechsel notwendig ist, machen Sie ihn mit Ruhe und langsam.

5. **Schimpfen** Sie nicht, zwingen Sie nicht! Wenn Ihr Hund keine Ruhe hat, ist es eben gerade nicht der richtige Zeitpunkt für eine Behandlung. Und wenn

sich Ihr Hund irgendeine Behandlungsform nicht gefallen lassen will, ist es vielleicht nicht die richtige und er bekommt Schmerzen dadurch. Überlegen Sie also, bevor Sie schimpfen, warum sich Ihr Hund im Moment verhält, wie er es nicht soll.

Wenn Sie gleichmäßig, ruhig und weich arbeiten, wenn Sie immer auf die Reaktionen Ihres Tieres achten und die »Dosierung« daran abstimmen, wird Ihre Therapie Erfolg haben, egal bei welcher Behandlungsgtechnik.

II.1. KRANKENGYMNASTIK

DEHNUNGEN
Die Dehnfähigkeit der Muskulatur ist notwendig, damit sich Ihr Hund optimal und ökonomisch bewegen kann. Außerdem führt verkürzte Muskulatur nicht nur zu Bewegungseinschränkungen, sondern auch zu Gelenkblockaden und natürlich zu Schmerzen.

ACHTUNG BEI DEHNUNGEN:

🔊 Vor der Dehnung aufwärmen! Sonst kann es zu Zerrungen oder Rissen der Muskulatur kommen!

🔊 Nie gegen Widerstand arbeiten! Zieht der Hund das Bein zurück oder äußert irgendwie sein Unbehagen, war der Dehnschmerz zu heftig und man erreicht genau das Gegenteil, keine gedehnte, sondern verkürzte Muskulatur.

🔊 Nie federn, rucken oder zu stark ziehen! Sonst kann der Dehnungsreflex einsetzen, der dafür sorgt, dass die Muskulatur, als Schutz vor einem Riss, kontrahiert.

🔊 Nie über die natürliche Gelenkbeweglichkeit hinausgehen! Das kann sonst zu Instabilitäten mit nachteiligen Folgen (Schmerz, erhöhte »Abnutzung«) führen! Bei einer Überdehnung kann es auch wieder zu Zerrungen oder Rissen kommen. Denken Sie auch daran, dass manche Gelenke (z.B. das Ellbogengelenk) knöchern gegen eine Überstreckung geschützt sind, bei Gewaltanwendung, um vielleicht doch noch ein bisschen weiter zu dehnen, kann es deshalb bei diesen Gelenken zur Knochenhautreizung oder gar zu kleinen Brüchen kommen.

Wirkung

Eine vernünftige Dehnung erhöht die Beweglichkeit von Weichteilen und Gelenken. Muskeln, Sehnen und Bänder werden elastischer, dadurch kommt es seltener zu Verletzungen, die Muskulatur ermüdet langsamer und Muskelkater kann vermieden, zumindest reduziert werden. Außerdem löst sich so manche Blockade, wenn die falschen Muskelzüge aufhören und die richtigen wieder einsetzen. Dehnungen verbessern die Koordination und das Körperbewusstsein (womit oft große, schwere Hunde Probleme haben). Außerdem wirken Dehnungen allgemein entspannend.

Kontraindikationen

Wenn Ihr Hund sowieso schon überbeweglich (hypermobil) ist, dürfen Sie nicht zusätzlich noch dehnen, sonst führt das noch zu weiteren Instabilitäten und eine Arthrose ist vorprogrammiert. Hatte Ihr Hund gerade ein Trauma, vielleicht mit Band- oder Muskelverletzungen? Dann dürfen Sie auch nicht dehnen. Konsultieren Sie im Zweifelsfalle immer Ihren Tierarzt, wenn Sie physiotherapeutisch arbeiten wollen.

Indikationen

Ist Ihr Hund unbeweglich (hypomobil) oder hat verkürzte Muskulatur, weil er vielleicht eine Arthrose hat, dann sind Dehnungen angesagt. Zur Vorbereitung zum Sport selbstverständlich auch.

Durchführung

Denken Sie immer daran, dass Sie mit Gewalt viel kaputt machen können. Seien Sie also bitte vorsichtig. Dehnen Sie langsam und nicht ruckartig, denn nur dann wird der Eigenreflex der Muskulatur vermieden!

Arbeiten Sie allerdings gegen den Widerstand des Tieres oder federn Sie bei der Bewegung, setzt der Eigenreflex ein und die Muskulatur verspannt noch mehr! Außerdem ist es sinnvoll, die Endstellung etwa 30 Sekunden zu halten, weil sich der Muskel erst dann entspannt. Also keinen falschen Ehrgeiz. Die Beweglichkeit kommt von allein, wenn Sie regelmäßig, d.h. zwei- bis dreimal pro Woche, dehnen.

Und auch auf die Gefahr, mich zu wiederholen: Überdehnen Sie nicht. Das macht nur Ärger.

Vor der Dehnung wärmen Sie die Muskulatur Ihres Hundes auf. Entweder durch eine Wärmeanwendung (siehe dort), durch eine entspannende Massage oder durch Bewegung.

Zuerst gehen Sie in eine Dehnstellung, die für Ihren Hund noch leicht zu erreichen ist, bis zu einem Punkt, wo Sie eine leichte Spannung spüren. Dort lassen Sie den Zug ein wenig nach, halten dann 15 Sekunden und lockern die Dehnung ganz.

Als Nächstes gehen Sie wieder zu dem Punkt, an dem Sie die erste leichte Spannung spüren. Halten Sie die Dehnungsstellung solange, bis Sie ein Nachgeben der Muskulatur spüren, mindestens 20 Sekunden. Dann können Sie durch leichtes, stetiges Weiterführen der Extremität die Dehnung verstärken bis Sie wieder leichte Spannung spüren. Das können Sie 2-3-mal wiederholen, wobei die letzte Dehnungsstellung etwa 30 Sekunden gehalten wird. Gehen Sie bitte mit keiner Dehnung über 3 Minuten Gesamtdauer hinaus. Überdehnen Sie nicht, vermeiden Sie Hast und ruckartige Bewegungen und ziehen Sie nicht unnötig (wiederhole ich mich etwa?).

... und dehnen Sie bitte nie gegen Widerstand!

Es gibt Muskulatur, die über mehrere Gelenke verläuft. Um diese Muskeln zu dehnen, müssen Sie über die proximalen Gelenke den Muskel vordehnen. Die endgültige Dehnung geschieht dann über das distale Gelenk. Aber wie das genau geht, beschreibe ich im Praxisteil bei der entsprechenden Muskulatur. Der Rest der Dehnung funktioniert letztendlich wie bei eingelenkigen Muskeln auch. Also Voreinstellung, 15 Sekunden halten, lösen. Dann die Vordehnung einstellen, das distale Gelenk wird bis zur ersten leichten Spannung weiterbewegen, halten, bei einer spürbaren Lockerung weiterdehnen. Die letzte Position wird wieder eine halbe Minute lang gehalten *(Abb. 28.a-c)*.

Abb. 28.a - Dehnung: Ausgangsstellung

Abb. 28.b - Dehnung

Abb. 28.c - Endstellung, verstärkt

Spontane Dehnung
Wenn sich Ihr Hund während der Dehnungsphase plötzlich streckt, ist das ein klares Zeichen, dass er die Dehnung genießt und benötigt. Nach einer solchen spontanen Dehnung brauchen Sie die Dehnung nicht weiterzuführen. Ihr Hund hat Ihnen die Arbeit abgenommen ...

TRAKTION
Bei der Traktion werden die Gelenkflächen eines Gelenkes durch Zug voneinander entfernt. Und zwar rechtwinklig zum konkaven Gelenkpartner! Man erreicht dadurch eine Dehnung der Weichteile (Kapseln, Bänder, Muskeln), eine Spannungsänderung der Muskulatur (erhöht sich kurzzeitig) und eine Vergrößerung, wenigstens Erhaltung der Gelenkbeweglichkeit. Es gibt drei Stufen:

Stufe 1: **Lösen:**
Es wird gerade mal so viel Zug gegeben, dass sich das Gelenk löst, aber noch keine Abstandsentfernung der Gelenkflächen spürbar ist.

Stufe 2: **Straffen:**
Der Zug wird ein bisschen erhöht (bis zur spürbaren Grenze des Bewegungsraumes), die Weichteile um das Gelenk herum werden gestrafft. Auch das ist schmerzlindernd.

Abb. 29.a - Traktion: Griff bei der Traktion

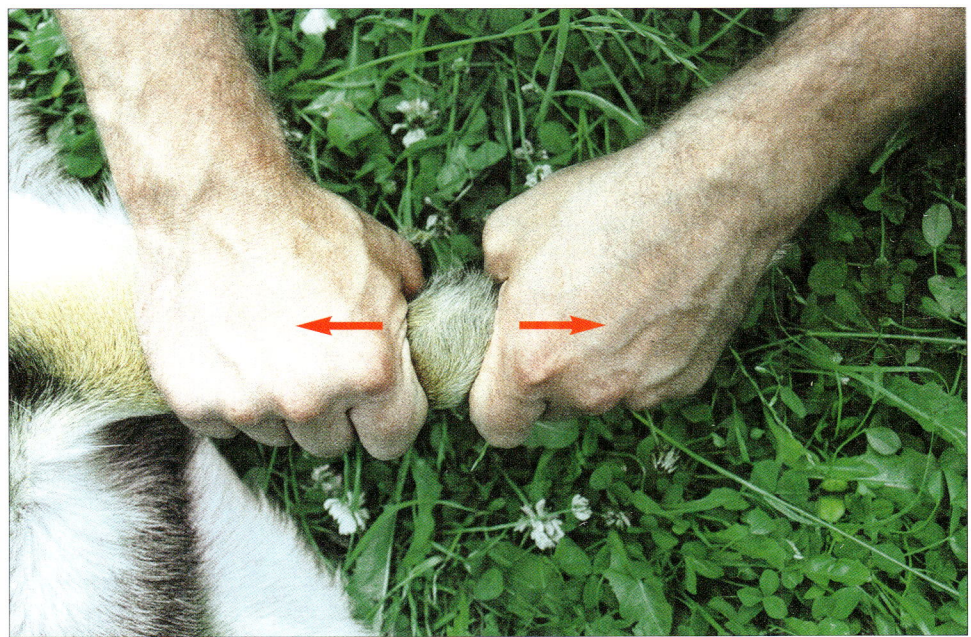

Abb. 29.b - Zug bei der Traktion

Stufe 3: Dehnen:

Der Zug wird noch mal erhöht (bis zum Beginn der Gegenspannung), damit sich verkürzte Strukturen (Sehnen, Bänder, Muskeln, Kapsel) dehnen. Dafür ist Erfahrung notwendig! Also bitte nicht einfach so anwenden, sondern von einem Therapeuten zeigen lassen und es möglichst selbst erfühlen. Sie können Ihrem Tier sonst schaden, wo Sie doch eigentlich helfen wollen. Wenn diese 3. Stufe aber richtig angewandt wird, dient sie zur Spannungsänderung der Muskulatur und natürlich zur Mobilisation des Gelenkes und der Muskulatur.

Nicht angewendet werden darf die Traktion bei Knochenbrüchen, Weichteilverletzungen, Überbeweglichkeiten (Hypermobilität), Gelenksinfektionen, Lähmungserscheinungen und natürlich, wenn es Ihrem Tier richtig unangenehm ist oder Schmerzen bereitet.

Der Zug auf das Gelenk wird 7-10 Sekunden gehalten und nach einer kurzen Pause 7-10-mal wiederholt *(Abb. 29.a+b)*.

QUERREIBEN

Das Querreiben ist eine sehr schonende Technik, um eine schmerzhaft eingeschränkte Beweglichkeit zu behandeln. Die Muskelspannung wird gesenkt und die Durchblutung des Muskels wird verbessert. Dadurch ist das Querreiben schmerzlindernd, aber auch mobilisierend.

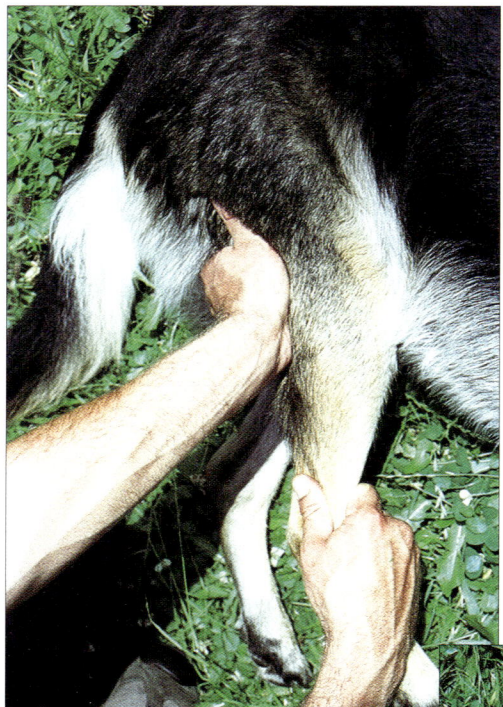

Abb. 30.a
Ausgangsstellung beim Querreiben

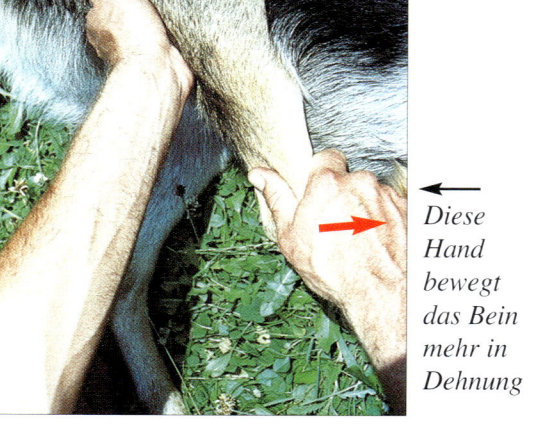

Abb. 30.b
Reiben quer zum Faserverlauf
und vorsichtiges Weiterdehnen

→

Die Hand drückt
nach unten, zum Boden

←
Diese
Hand
bewegt
das Bein
mehr in
Dehnung

Der Muskel, der behandelt werden soll, wird in eine schmerzfrei zu erreichende Dehnungsstellung gebracht und dort gehalten. Dann wird mit dem Handballen bei gleichmäßigem Druck langsam und flächig, quer zum Faserverlauf gerieben. Wenn sich die Muskelspannung sicht- oder spürbar senkt, wird weiter in die Dehnstellung gegangen.

Falls Ihr Hund Schmerzen durch die Behandlung bekommt, dürfen Sie nicht weiterbehandeln! Und direkt über Osteosynthesematerial (wenn Knochenbrüche mit Platten, Nägel, Schrauben versorgt wurden) sollten Sie auch nicht querreiben *(Abb. 30.a+b)*.

TAPPING
Tapping ist eine Maßnahme, um die Muskulatur zu stimulieren, wobei der Therapeut klopfende, streichende oder wischende Techniken einsetzt.

1. Klopftapping:
Mit den Fingerspitzen, der Handkante, der Handwurzel oder der Hohlhand wird schnell und kurz auf den Muskelbauch oder auf den Übergangsbereich zur Sehne geklopft. Das Klopfen erfolgt längs des Muskelfaserverlaufs und nach proximal, bzw. nach zentral. Dadurch hilft man der Muskulatur bei der Kontraktion, weil der Muskeleigenreflex aktiviert wird *(Abb. 31.a-d)*.

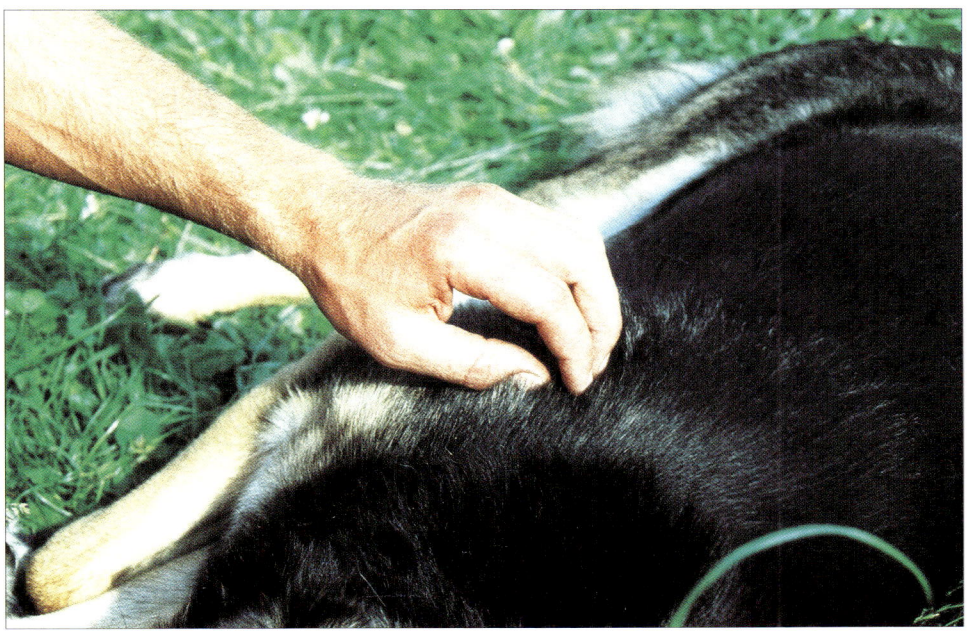

Abb. 31.a - Klopftapping mit den Fingerspitzen

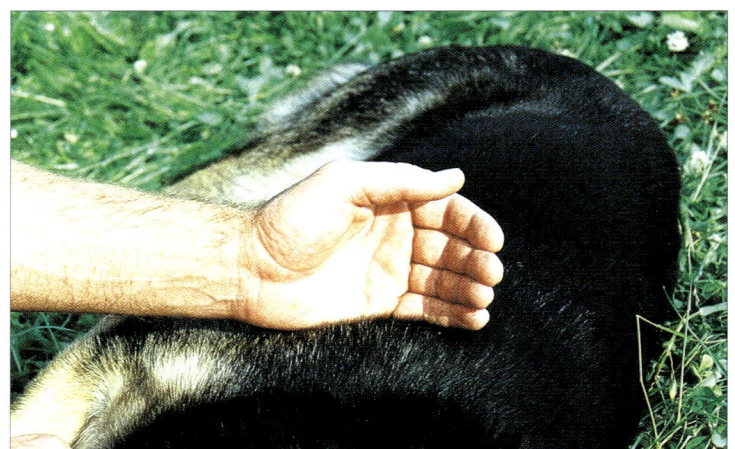

Abb. 31.b
Klopftapping mit
der Handkante

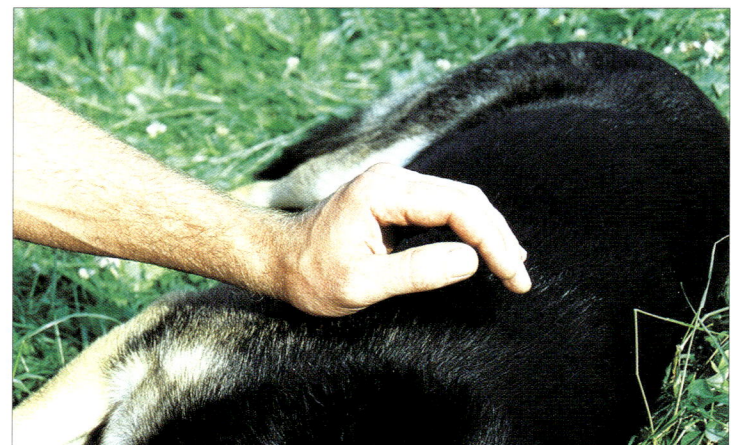

Abb. 31.c
Klopftapping mit
der Handwurzel

Abb. 31.d
Klopftapping mit
der Hohlhand

2. Streichtapping:

a) <u>tiefes Streichen:</u> Mit Fingerkuppen wird langsam und tief in die Muskulatur eingedrungen und kurz in Muskelfaserverlauf gezogen. Auch das führt zu einer Muskel»aufladung« *(Abb. 31.e).*

b) <u>weiches, großflächiges Streichen:</u> Wird mit flacher, weich angepasster Handfläche in ruhigem Tempo, nach distal bzw. nach peripher ausgeführt. Die Muskelspannung wird herabgesetzt *(Abb. 31.f).*

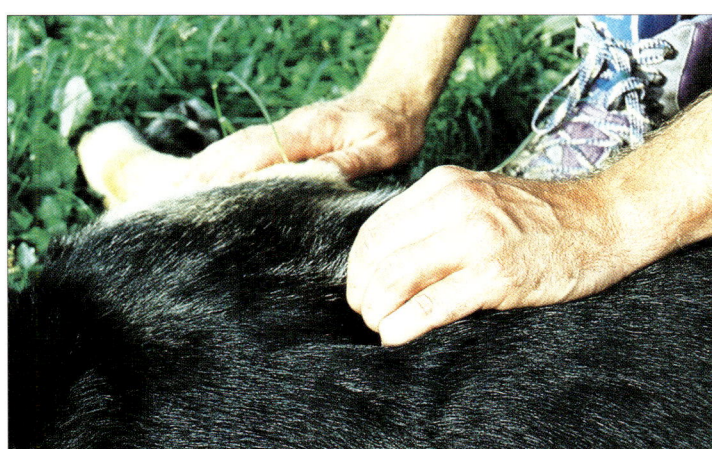

Abb. 31.e
tiefes
Streichtapping

Abb. 31.f
weiches
Streichtapping

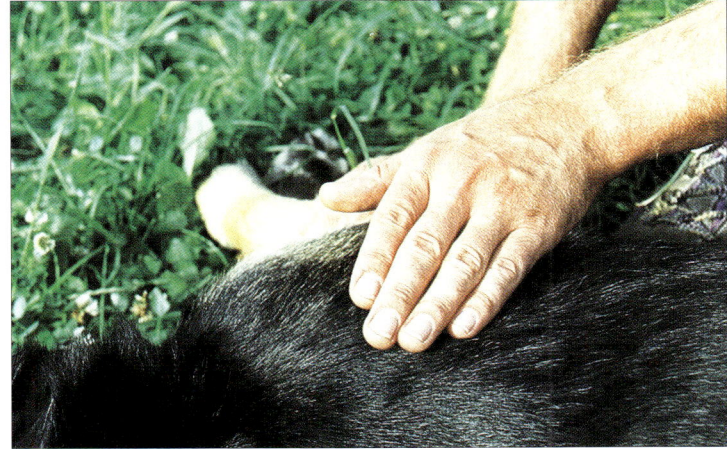

II.2. BEWEGUNGSTHERAPIE

Bewegung tut gut - nicht nur dem Hund. Bewegung ist für (fast) alles gut. Wir unterscheiden zwischen passivem und aktivem, »freiem« Bewegen. Passives Durchbewegen ist schmerzlindernd und beweglichkeitsfördernd. Das freie Bewegen ist das Laufen, Springen, Toben, das Ihr Hund von sich aus tut. Die Gelenkbeweglichkeit wird erhalten und erweitert, weil die Elastizität der Weichteile erhalten bleibt, es dient der Kräftigung (Stabilisation), die Muskel- und allgemeine Ausdauer wird verbessert und das Bewegungsempfinden wird erhalten. Das freie Bewegen hat aber auch Einfluss auf die gesamte Durchblutung, die Verdauung, die Koordination, das Gleichgewicht ... kurzum auf den ganzen Organismus. Ohne Bewegung geht nichts im Körper. Sorgen Sie also immer für ausreichend Bewegung. Und das kann heißen, dass Sie stundenlang mit Ihrem Hund spazieren gehen müssen, wenn Sie einen Jagdhund haben und ihn nicht entsprechend »nutzen«, ebenso geht Ihnen das als Windhund-, Husky- und Hütehundbesitzer. Diese Hunde wurden für einen bestimmten Zweck gezüchtet, ohne Aufgabe, und erst recht ohne genügend Bewegung, können sie ganz schön garstig werden. Im Zweifelsfalle hütet ein Border Collie auch Ihre kleinen Kinder ... und das kann ziemlich zwicken ... Aber das nur nebenbei.

Das passive Bewegen führen *wir* aus. Dazu übernehmen wir die Extremität und bewegen das entsprechende Gelenk, soweit wie es geht. Das bedeutet, dass wir entweder das »physiologische« oder das »pathologische« Ende erreichen. Das physiologische Bewegungsende erreichen wir bei einem Tier, das gar nichts hat. Das ist das natürliche Ende. Beim pathologischen Bewegungsende kommen wir gar nicht erst bis zum Schluss, da das Tier entweder vorher die Muskulatur anspannt, weil es Angst vor Schmerzen hat, oder weil Kapsel, Bänder, Knochen schon so angegriffen sind, dass die vollständige Bewegung strukturell nicht mehr möglich ist.

Bei einem Hund, der nichts hat, werden wir nicht passiv bewegen, Wozu auch? Er erreicht sein Bewegungsende durch ganz normale Tätigkeiten wie sitzen, liegen, laufen, springen. Wenn Ihr Hund aber Gelenkprobleme hat, wird ihm das passive Bewegen gut tun, wenn wir seine Schmerzgrenze akzeptieren! Arbeiten Sie niemals über die Schmerzgrenze hinaus! Ihr Hund wird Ihnen zeigen, wann es reicht. Sie müssen nur hinfühlen und hingucken. Vielleicht zuckt er mit dem Bein, vielleicht zieht er es weg. Vielleicht guckt er Sie nur vorwurfsvoll an: »Ey Herrchen, du tust mir weh!«. Sie kennen Ihr Tier, Sie können die Reaktion hoffentlich einschätzen. Und fangen Sie bitte auch nicht mit der vollen Bewegung an, sondern machen Sie zuerst ganz leichte, kleine Bewegungen. Arbeiten Sie mit einer ganz leichten Traktion, damit die Gelenkkörper nicht aufeinander reiben, federn Sie nicht nach (wegen des Muskel-Eigenreflexes, siehe dort), arbeiten Sie langsam und rhythmisch, damit sich Ihr Hund wirklich entspannen kann und nicht dagegen spannt und steigern sich auf das volle Bewegungsausmaß. Wichtig ist auch, dass Sie alle für das entsprechende Gelenk mögliche Bewegungsrichtungen bewegen *(Abb. 32.a+b)*.

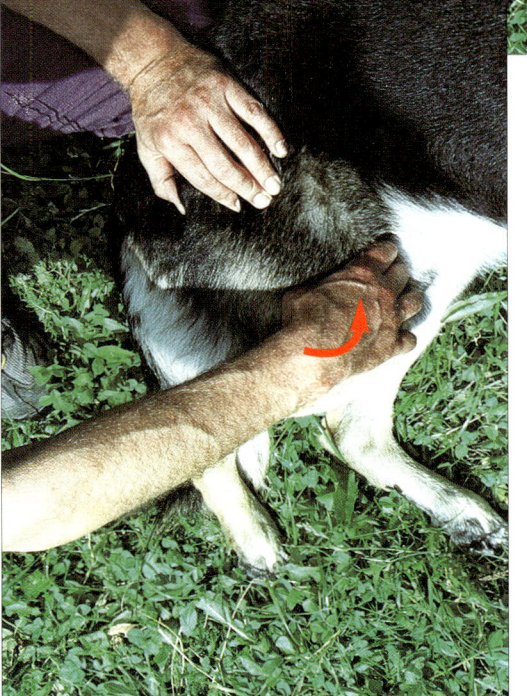

Abb. 32.a
Passives Bewegen in dieStreckung,
das Bein wird nach hinten geführt.

Abb. 32.b
Passives Bewegen in die Beugung

»GYMNASTIK«

Gymnastik, wie wir sie von uns Menschen kennen, so mit Kniebeugen, Liegestützen oder auch krankengymnastischen Übungsbehandlungen, können wir mit unseren Hunden natürlich nicht machen. Selbst wenn wir ihnen verständlich machen könnten, was wir von ihnen wollen, würden sie bald die Lust daran verlieren. Es wäre langweilig, sinnlos. Also müssen wir irgendetwas finden, was ihnen Spaß macht, damit sie dabei bleiben. Ich habe ein paar »Übungen« zusammengestellt, die Ihrem Hund gar nicht als solche vorkommen, eher als Spiel. Und als solches sollten auch Sie die ganze Sache sehen. Wie immer bei der Arbeit mit Tieren: keinen falschen Ehrgeiz!

Wirkung

»Gymnastik« (ich bleibe einfach mal bei dem Ausdruck) fördert einerseits die Beweglichkeit von Weichteilen und Gelenken, baut aber andererseits die Muskulatur gezielt auf und stabilisiert dadurch überbewegliche und schwache Gelenke. Außerdem wird die Ausdauer gefördert und die Koordination und das Körperbewusstsein geschult. Dafür, dass Sie fast keine Arbeit damit haben, kann man schon eine ganze Menge damit erreichen, nicht wahr? Das ist ja das Schöne an diesen »Übungen«: Sie können die Krankengymnastik für Ihren Hund nebenher beim Spazieren gehen erledigen und Ihr Hund bekommt die Gymnastik, die er braucht.

Richtige Ausrüstung

Sie brauchen keine besondere Ausrüstung. Ein passendes, nicht zu eng verschnalltes Halsband oder Brustgeschirr und eine Leine reichen. Wenn Sie einen von diesen wundervollen Hunden haben, die aufs Wort gehorchen, und wenn Sie Ihren Hund sogar schicken können und er Ihre Gesten versteht, brauchen Sie gar keine Ausrüstung. Und mein Neid ist Ihnen sicher!

SPAZIERGÄNGE

Spaziergänge sind Klasse, das habe ich oben schon geschrieben. Durch das einfache Geradeauslaufen erreichen Sie schon allerhand. Und wenn Sie eine abwechslungsreiche Gegend mit Bergen oder Hügeln, Wald, einem Teich oder einem Fluss haben, haben Sie den perfekten »Gymnastiksaal« vor Ihrer Tür.

Berge

Berge, selbst kleine Hügel, trainieren die Muskelkraft, die Kondition und die Beweglichkeit. Wenn Sie mit Ihrem Hund bergauf gehen, verlagert sich der Schwerpunkt Ihres Hundes automatisch nach hinten und die Hinterbeine werden mehr beansprucht und damit gekräftigt. Beim Bergabgehen ist das Gewicht mehr auf den Vorderbeinen, diese werden also gekräftigt. Die Hinterhand muss weit untertreten, damit werden die Gelenke der Hinterbeine entsprechend mobilisiert. Dadurch, dass die Hinterbeine weiter unter den Schwerpunkt treten, wölbt sich der hintere Rücken und dieser Bereich wird ebenfalls mobilisiert.

Teiche, Flüsse, Bäche ...

Haben Sie eine Wasserratte? Dann haben Sie ein hervorragendes, physiotherapeutisches Mittel zur Verfügung. Sie brauchen kein Bewegungsbad für Hunde oder einen Aquatrainer (ein Laufband im Wasser), wenn Sie ein natürliches Gewässer in der Nähe haben. Ihr Hund wird sich darin auch viel wohler fühlen, als im künstlichen Becken. Der einzige Nachteil ist, dass es im Winter kalt ist, dabei macht dem Hund nicht mal die Wassertemperatur zu schaffen, sondern die Umgebungstemperatur *(Abb. 33)*.

Kaltes Wasser ist okay, wird sogar therapeutisch genutzt, nur muss sich der Hund hinterher schnell aufwärmen können. Aber im Frühling, Sommer und Frühherbst gibt es nichts Besseres.

Wasser besitzt eine Auftriebskraft, das wissen Sie natürlich. Aber wissen Sie auch, dass der Körper nur noch 10% seines ursprünglichen Gewichtes wiegt, wenn nur noch der Kopf aus dem Wasser schaut? Wenn Ihr Hund dick ist oder Gelenkprobleme hat, ist Wasser die Gelegenheit, sich schonend zu bewegen, egal ob schwimmend oder im Wasser gehend, wenn die Wassertiefe zum Schwimmen nicht ausreicht. Sogar bei manchen Lähmungen kann sich ein Hund im

Abb. 33 - Toben im Wasser macht Spaß und ist gesund

Wasser wieder bewegen - und dadurch Kraft aufbauen. Wenn Sie Ihren gelähmten Hund zu Wasser lassen, müssen Sie aber mit hinein. Auch wenn das Wasser trägt, so sehr dann doch nicht. Sie müssen Ihn halten, wenigstens bis er eine gewisse Routine und ausreichend Kraft bekommen hat.

Der nächste Vorteil des Wassers ist, dass es Reibungswiderstand besitzt. Das Gewicht ist zwar von den Gelenken genommen, aber um die Beine zu bewegen, müssen sich die Tiere mehr anstrengen, als an der frischen Luft - und das kräftigt.

Wenn es sich ermöglichen lässt, gehen Sie ruhig drei- bis viermal pro Woche mit Ihrem Hund ans Wasser. Mal lassen Sie ihn schwimmen, mal nur im brusthohen Wasser laufen. Sie können Stöckchen hineinwerfen und apportieren lassen.

Wenn Ihr Hund eine Arthrose hat, sollte das Wasser nicht zu kalt sein, bei Herzerkrankungen nicht zu warm. In letzterem Fall sollten Sie mit dem Tierarzt absprechen, ob Ihr Hund überhaupt ins Wasser darf, denn durch den Wasserdruck werden die Blutgefäße komprimiert und das führt zu einer Mehrbelastung des Herzens. Was ja durchaus gewollt sein kann, aber klären Sie das bitte vorher. Auch wenn Ihr Hund Asthma hat, Nieren- und Blasenstörungen oder ein geschädigtes Lymphsystem sollten Sie mit Ihrem Tierarzt reden oder den Hund erst gar nicht ins Wasser lassen.

Aber sonst ist Schwimmen oder die Bewegung im Wasser eigentlich für alles gut. Bei Wirbelsäulenerkrankungen, Arthrosen, nach Brüchen oder anderen Traumata, bei Lähmungserscheinungen, bei Herzerkrankungen, die nicht akut sind und bei chronischen Atemwegserkrankungen ist Wasser eine wunderbare Therapie.

Abb. 34 - Auch Spielen gymnastiziert und kräftigt

Spielen beim Spazieren gehen

Bringen Sie ein bisschen Abwechslung in Ihre Spaziergänge. Dem Hund macht es Spaß und ganz nebenbei übt er sich auch noch. Lassen Sie ihn über Mauern oder Baumstämme balancieren. Dabei muss er die Beine konzentrierter setzen, das fördert das Körper- und Bewegungsgefühl, die Muskulatur wird auf ungewohnte Weise angesprochen, die Haltemuskulatur des Rückens wird gekräftigt, weil der stabilisieren muss und auch in den Beinen kräftigen sich Muskeln, die sonst weniger zu tun haben. Lassen Sie ihn über oder unter Baumstämmen hinweg klettern. Durch die extremen Bewegungen (Beine höher heben, kriechen oder robben) arbeiten sonst seltener genutzte Muskelgruppen, die Beweglichkeit wird gefördert, weil die Beingelenke stärker genutzt werden und sich der Rücken stärker bewegen muss. Lassen Sie ihn über niedrige Baumstämme springen, auch das kräftigt die Hinterbeine und hält geschmeidig. Lassen Sie ihn im Slalom um Bäume laufen, durch die wechselnden Seitbiegungen wird die Wirbelsäule mobilisiert und die Rückenmuskulatur kräftigt sich. Verstecken Sie sich und lassen sich suchen. Dabei wandert die Nase normalerweise nach unten - was der Wirbelsäulenbeweglichkeit zugute kommt. Werfen Sie Stöckchen und lassen sie apportieren, das Tragen kräftigt die Schulter- und Nackenmuskulatur. Wenn Ihr Hund fangen kann, werfen Sie ihm Bälle zu. Auch das kräftigt den Schulter- und Halsbereich, aber dazu darf Ihr Hund dort keine Probleme haben. Das ist nur zur Vorbeugung.

LAUFEN AM FAHRRAD

Für das Mitlaufen am Fahrrad sollte Ihr Hund eine gewisse Grundkondition des Herz-Kreislauf- und Atemsystems und der Muskulatur und stabile Knochen besitzen. Für Welpen ist das also nichts, warten Sie mit einem jungen Hund bis er ein bis eineinhalb Jahre alt ist, dann ist er ausgewachsen. Aber auch erwachsene Hunde müssen erst trainiert werden, bevor sie mitlaufen können, das geschieht durch Spaziergänge oder durch Schwimmen. Wenn Ihr Hund aber über die Fähigkeit verfügt, eine längere Strecke zu traben (ohne hinterher Probleme zu haben, versteht sich), können Sie ihn so leicht weiterkonditionieren. Für Lauf- und Jagdhunde ist das Laufen am Fahrrad oft die einzige Möglichkeit, genügend Bewegung zu bekommen. Aber wie schon gesagt, er muss fit sein dafür.

Biegungen

Wenn Ihr Hund in Biegungen läuft, vielleicht weil er im Affenzahn um Sie herumläuft, um Sie zum Mitlaufen animieren will oder weil er Slalom um Baumstämme, Stangen oder Ihre Beine läuft, dehnt er die eine und kräftigt die andere Seite. Wieder ein schönes Training, nur leider wird sich Ihr Hund nicht longieren lassen, wie Pferde es tun. Aber zu einem Slalom können Sie ihn motivieren. Vielleicht bekommen Sie ihn aber auch tatsächlich beim Spielen dazu, im Kreis um Sie herum zu laufen. Wichtig ist nur, dass er wirklich »rund« läuft und nicht nur nach innen guckt, aber seinen Rücken gerade lässt. Biegung heißt eben, dass er sich von der Nasen- bis zur Rutenspitze auf einer Bogenlinie befindet.

Wenn ich gleich von einer inneren und einer äußeren Seite rede, ist mit innerer Seite die Seite gemeint, die sich auf der konkaven, mit äußerer, die sich auf der konvexen Seite des Bogens befindet.

Bei Biegungen wird die Muskulatur der äußeren Seite gedehnt, dort muss sich Ihr Hund ja auch länger machen, Schulter und Becken werden quasi auseinander-

gezogen. Wohingegen die innere Seite kürzer und gekräftigt wird.

Betroffen von der Dehnung, bzw. Kräftigung ist die Rücken-, Bauch- und seitliche Rumpfmuskulatur. Das innere Hinterbein muss mehr Gewicht aufnehmen, weil es weiter unter den Schwerpunkt tritt als das äußere und wird dadurch gestärkt.

Seitwärts gehen

Ihr Hund geht sicher nicht aus eigenem Ansporn seitwärts, aber sie können ihn in die Richtung »schieben«. Dazu drücken Sie Ihre Fingerspitzen in die Schulter- und in die Beckenmuskulatur. Die Fingerspitzen sind wichtig, das ist nämlich unangenehm und er weicht diesem

Abb. 35 - Für eine Leckerei biegt sich fast jeder Hund

Druck aus, wenn Sie die flache Hand nehmen, würde er Gegendruck aufbauen und Sie bräuchten viel mehr Kraft. Üben Sie, indem Sie erst nur am Becken und dann nur an der Schulter drücken. Er weicht dann einmal nur mit den Hinterbeinen, dann nur mit den Vorderbeinen aus. Versuchen Sie anschließend, vorne und hinten gleichmäßig zu drücken. Nach mehrmaligem Üben (Nicht verzweifeln, wenn es nicht sofort klappt. Ihr Hund muss erst mal lernen, was Sie von ihm wollen) wird Ihr Hund tatsächlich einen Schritt von Ihren Finger weggehen, dazu wird er mit den Beinen kreuzen, um sie dann wieder »geordnet« hinzustellen. Bei dem Bein, das übersetzt, wird die innen am Bein gelegene (mediale) Muskulatur (Adduktoren), bei dem Bein, das nach außen tritt, die äußere (laterale) Muskulatur (Abduktoren) gekräftigt. Die Beweglichkeit der Schulter- und Hüftgelenke und des Rumpfes wird gefördert. Wenn Ihr Hund dann auch noch in die Richtung guckt, in der Sie sitzen oder stehen und drücken, ist gleichzeitig eine Biegung mit dabei und der Effekt noch größer.

Sie können natürlich auch nur am Becken drücken. Die Vorderbeine werden dann ziemlich fest stehen bleiben, während die Hinterbeine marschieren. Die

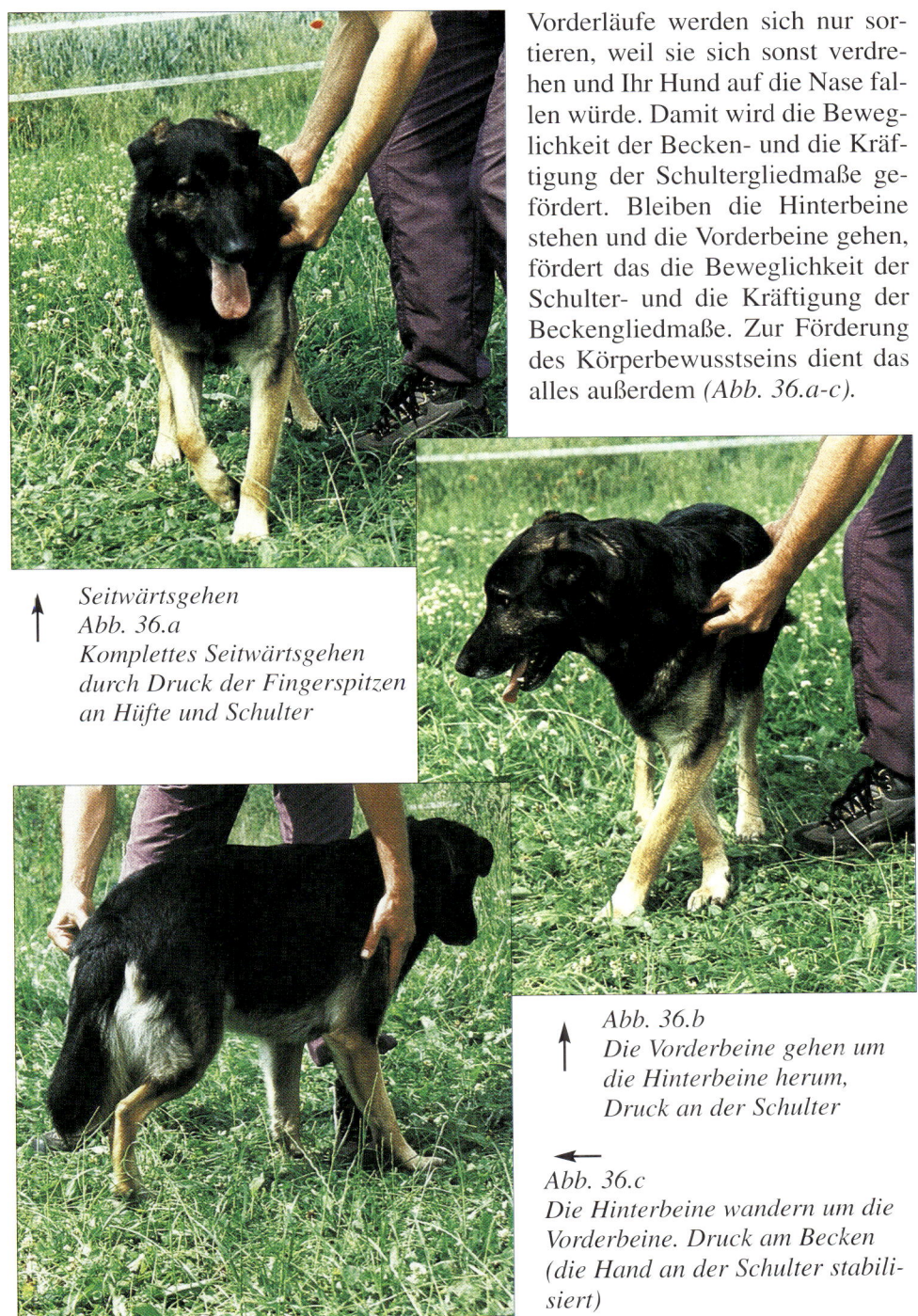

Vorderläufe werden sich nur sortieren, weil sie sich sonst verdrehen und Ihr Hund auf die Nase fallen würde. Damit wird die Beweglichkeit der Becken- und die Kräftigung der Schultergliedmaße gefördert. Bleiben die Hinterbeine stehen und die Vorderbeine gehen, fördert das die Beweglichkeit der Schulter- und die Kräftigung der Beckengliedmaße. Zur Förderung des Körperbewusstseins dient das alles außerdem *(Abb. 36.a-c)*.

↑ *Seitwärtsgehen*
Abb. 36.a
Komplettes Seitwärtsgehen durch Druck der Fingerspitzen an Hüfte und Schulter

↑ *Abb. 36.b*
Die Vorderbeine gehen um die Hinterbeine herum, Druck an der Schulter

← *Abb. 36.c*
Die Hinterbeine wandern um die Vorderbeine. Druck am Becken (die Hand an der Schulter stabilisiert)

Abb. 37 - Rückwärtsgehen durch Druckimpulse auf das Brustbein

RÜCKWÄRTS GEHEN

Auch rückwärts wird Ihr Hund nicht unbedingt freiwillig gehen. Wenn Sie Ihn vorne an der Brust mit Ihren Fingerkuppen »pieken«, können Sie ihn aber zum Zurückgehen animieren. Wenn Ihr Hund gerade zurückgeht, und nur dann, stärkt diese Übung die Beckengliedmaße. Und da auch das wieder eine ungewohnte Übung ist, wird das Körperbewusstsein geschult und die Konzentration gefördert.

STANGEN

Ob Sie nun Plastik- oder Holzstangen benutzen (sie sollten etwa 8-10 cm dick sein, man kann auch PVC-Rohre benutzen, die etwa 7 cm dick und gut 1,5 m lang sind) oder ob Sie die natürlichen Gegebenheiten eines Waldes nutzen (d.h. Baumstämme und Äste), ist egal. Stangenarbeit fördert die Koordination, das Gleichgewicht und die Trittsicherheit. Außerdem muss das Tier die Beine höher heben und kräftigt damit alle für den Bewegungsablauf nötigen Muskeln. Die Stangen können quer übereinandergelegt werden und der Hund muss seinen Weg durchfinden. Das geht im Unterholz des Waldes wieder gut. Die Aufmerksamkeit, geistige Flexibilität und Intelligenz werden zusätzlich geschult. Wenn Sie die Stangen sternförmig auslegen, kommt wieder eine Biegung mit ins Spiel. Wenn Sie das eine Ende der Stangen dazu noch hoch legen, haben Sie die Möglichkeit zwischen verschiedenen Höhen zu wählen. Gleichgewicht und Koordination werden beim Stern stärker beansprucht als bei »Reihen«.

HALTEN

Das Gegenteil der Bewegung ist das Halten. Einem Menschenpatienten kann ich als Therapeut verbal das Kommando geben: »So, nun halten Sie mal feste dagegen und lassen sich nicht wegdrücken.« Oder: »Bremsen Sie die Bewegung mal gaaanz laaangsam ab« oder: »Spannen Sie mal Ihre Oberschenkelmuskulatur an.« Dem Hund kann ich das natürlich auch sagen, aber in den seltensten Fällen wird er entsprechend reagieren. Mir ist das jedenfalls noch nicht passiert.

Abbremsen oder bewusst anspannen ... das klappt nicht. Aber dagegen zu halten, dazu bekommen wir unser Tier. Dazu erst einmal ein Selbstversuch: Stellen Sie sich aufrecht hin und bitten jemanden, Sie zu schubsen. Was passiert? Sie machen einen Schritt in die Richtung, in die Sie geschubst wurden, um sich aufzufangen. Wenn Sie diesen jemanden bitten, Sie diesmal nicht ruckartig zu schubsen, sondern sanft in eine Richtung zu drücken, passiert etwas ganz anderes: Sie bleiben stehen und stemmen sich dagegen. So lange, bis der Druck so stark ist, dass er Ihre Kraft übersteigt. Der, der Sie gedrückt hat, brauchte gar nichts zu sagen. Sie hielten automatisch dagegen, klar, Sie wollten ja nicht auf die Nase fallen. Ihr Hund möchte das auch nicht!

Wenn Sie drücken, drücken Sie sanft und steigern Sie den Druck langsam. Schleichen Sie sich ein. Testen Sie aus, wie viel Druck Ihr Hund ausgleichen kann. Die Übung macht nämlich wirklich nur Sinn, wenn er sich dagegenstemmt. Weicht er aus, ist Ihre Kraft also zu groß, bringt diese ganze Übung nichts. Halten Sie den Druck etwa 10 Sekunden und lösen Sie dann genauso langsam, wie Sie ihn aufgebaut haben. Im günstigsten Fall bauen Sie über 10 Sekunden die Kraft auf, halten 10 Sekunden und lösen wieder 10 Sekunden. Das ist eine halbe Minute Arbeit!

Nutzen können Sie das Halten (Isometrie) zum Kraftaufbau, zur gezielten Kräftigung ganz bestimmter Muskelgruppen, aber es hilft auch die Muskelspannung zu regulieren. Wenn Ihr Hund Verspannungen hat, helfen gezielte isometrische Übungen, um diese Muskulatur zu lockern.

Ach, übrigens. Haben Sie schon mal versucht, einem Welpen das Kommando »Sitz« beizubringen? Ja? Auch durch den Tipp, ihm auf den Po zu drücken bis er sich endlich setzt? Können Sie sich dran erinnern, wie viel Kraft Sie dazu brauchten, weil er sich immer dagegen stemmte? Das ist eine ganz natürliche Reaktion von ihm.

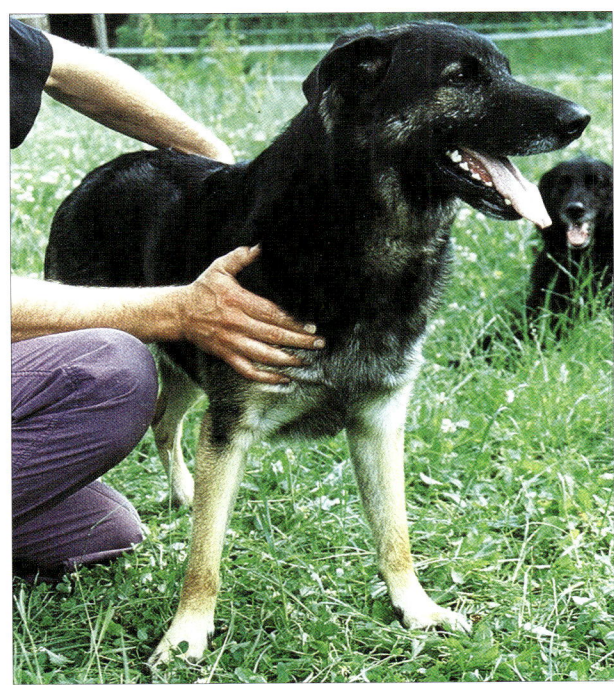

Abb. 38 - Stabilisierungsübung für den Rücken. Diagonaler Druck mit den flachen Händen am Becken und an der Schulter

II.3. DIE MASSAGE

KLASSISCHE MASSAGE

Jeder, der eine gute Massage kennt, lässt sich gern massieren. Selbst wenn es manchmal auch ein wenig schmerzt, spürt man trotzdem, wie gut es tut, »durchgeknetet« zu werden. Tieren geht das nicht anders!

Oft beginne ich meine Behandlung mit einer Massage, nicht nur, weil sie schön lockert, sondern auch weil sie beruhigt und Vertrauen aufbaut. So mancher Hund, der anfangs griffig oder aufgedreht war, schlief bei einer Massage fast ein und ließ mich anschließend auch alles andere mit ihm machen. Wenn es für ihn auch unverständlich war, vielleicht sogar zwickte. Wichtig für diese Erfolge war und ist, dass die Massage einem Tier nie weh tut! Wohlschmerz darf sein, aber sobald ein Tier irgendwie seinen Schmerz äußert, ist die Grenze überschritten. Also beginne ich immer fast streichelnd und taste mich vorsichtig heran. Ich fühle allerdings oft auch schon an der Beschaffenheit der Verspannungen, wie schmerzhaft sie sind, was mir die Arbeit, das Herantasten erleichtert. Aber auch Sie werden im Laufe der Zeit ein Händchen und das Gefühl für eine richtig dosierte Massage bekommen.

Wirkungen

Eine Massage wirkt natürlich auf die Skelettmuskulatur. Sie reguliert die Muskelspannung und den Muskelstoffwechsel und wirkt schmerzlindernd.

Abb. 39

Außerdem beeinflusst die Massage lokal, also dort, wo behandelt wird, die Blut- und Lymphgefäße: Der Stoffaustausch zwischen Blutbahn (Arterien) und Gewebe wird erhöht, venöse Stauungen und Ödeme werden abgebaut und im intakten, gesunden Lymphsystem hat die Massage eine entstauende und anregende Wirkung.

Allgemein verbessert die Massage die Blutzirkulation im Kreislauf, u.a. werden dadurch Blutergüsse und Stoffwechselablagerungen (Gelosen) im Gewebe abgebaut. Das Vegetative Nervensystem wird beeinflusst, und zwar wird der parasympathische Teil angeregt, der Teil, der für Ruhe und Schlaf zuständig ist! D.h. der Blutdruck sinkt, der Puls wird ruhiger, die Atmung langsamer ... Das Tier entspannt und auch die Psyche kann sich mal erholen.

Außerdem kann man über bestimmte Haut- und Muskelbezirke (Derma- und Myotome) durch eine Massage auf innere Organe (Segmentmassage, Bindegewebsmassage) einwirken.

Kontraindikationen
Es ist wichtiger zu wissen, wann Sie nicht behandeln dürfen, als zu wissen, wann eine Massage angesagt ist. Ignorieren Sie die Kontraindikationen, können Sie echte Probleme hervorrufen!

1. Generelle Kontraindikationen
Sie sollten nie bei Entzündungen und Geschwüren im Bereich der Haut, Unterhaut, Muskulatur, Sehnen, Schleimbeutel, Gefäße, Nerven, Knochen und Gelenke massieren, weil Sie sonst eine Verstärkung der Probleme riskieren. Wenn Sie den betroffenen Bereich großräumig meiden, dürfen Sie aber den restlichen Körper behandeln. Genauso ist es bei Verletzungen mit Blutergüssen, wie Frakturen, Luxationen und Distorsionen, Gelenkergüssen und Muskelrissen. Auch nach Operationen und bei lokalen, gutartigen Tumoren (Lipome, Myome, Warzen ...) sollten Sie den betroffenen Bereich auslassen.

Bei Herzinsuffizienz und einem schlechten Allgemeinzustand (nach Krankheit, durch Abmagerung ...) würde das Herz überbelastet, bei fieberhaften Erkrankungen droht ein Temperaturanstieg, bei Krebs rufen Sie Metastasen hervor, wenn Sie massieren.

In der 2. Hälfte der Trächtigkeit sollten Sie mit einer Massage ganz vorsichtig sein, den Bauch und auch den Rücken nur »streicheln«, sonst könnte eine Fehl-, Frühgeburt eingeleitet werden. Und wenn Ihre Hündin zum Abort neigt, sollten Sie von Beginn der Trächtigkeit gar nicht mehr massieren.

Wenn irgendwo ein Nerv eingeklemmt ist, Ihr Hund Lähmungserscheinungen oder irgendwelche Gefäßerkrankungen (auch Thrombosen) hat oder eine Operation aufgrund eines Bandscheibenvorfalles hatte, sollten Sie mit Ihrem Tierarzt und einem Physiotherapeuten reden, ob und wo Sie behandeln dürfen. Halten Sie sich bitte Ihrem Tier zuliebe dran.

2. Zeitlich begrenzte Kontraindikationen

Hatte Ihr Hund eine Gelenkoperation sollten Sie vier Wochen warten, bis Sie wieder massieren, nach Beinbrüchen drei Monate, bei Brüchen der Wirbelsäule vier Monate und bei Bandscheibenvorfällen sechs Monate. Reden Sie auch hier mit Ihrem Physiotherapeuten, was sie stattdessen für Ihr Tier machen können.

Vorsicht geboten ist bei ansteckenden Erkrankungen (Hautpilze, Leptospirose, Viruserkrankungen wie Coronavirose oder Parainfluenza ...) und Hautparasiten! Ohne Desinfektion und andere Kleidung kann man die Erkrankung, bzw. die Parasiten weiterschleppen!

Indikationen

So, und alles, was Sie nicht nicht behandeln dürfen, dürfen Sie behandeln. Hä? Also, bei allen Erkrankungen, die jetzt noch über bleiben, dürfen Sie massieren, z.B. bei Muskelerkrankungen und -problemen, wie Muskelhartspannung, Muskelquellung und -verklebung, Myogelosen, Muskelkater und Muskeltrauma (Muskelriss und -zerrung, nur wenn kein Bluterguss vorliegt oder nach einer vom Tierarzt bestimmten Wartezeit). Außerdem dürfen Sie bei Prellungen, Verstauchungen, Verrenkungen (Luxationen), Blockierungen massieren. Ebenso bei Spondylosen, Osteochondrosen, Arthrosen und allen anderen nicht entzündlichen Gelenk- und Wirbelsäulenerkrankungen. Also eigentlich immer, wenn die Erkrankung eben nicht kontraindiziert ist!

Aufbau einer Ganzmassage

Ich beginne bei einer Ganzmassage immer auf der rechten Seite. Das ist nicht nur eine Gewohnheit, sondern es ist für das Herz schonender, wenn man auf der herzfernen Hälfte startet. Bei einem Gesunden (egal ob Tier oder Mensch) ist es egal, wo man anfängt, aber gibt es Probleme mit dem Herzen, muss man rechts anfangen! Wenn Sie sich von vornherein angewöhnen, rechts zu beginnen, kann nichts passieren.

Legen Sie Ihren Hund am besten auf die Seite, zuerst auf die linke, damit Sie rechts massieren können. Fangen Sie mit der Rückenbehandlung an. Anschließend fangen Sie am Kopf an, gehen über den Hals zur Schulter über, massieren das Vorderbein, Brust, Bauch, Kruppe und das Hinterbein. Zum Schluss der kompletten Behandlung, also nachdem Sie Ihren Hund auf die rechte Seite gelegt und die linke behandelt haben, kommt die Rute. Sie können aber auch am Hals beginnen und den Kopf, ebenso wie die Rute, bis zum Schluss aufsparen, denn eine rechts - links - Teilung ist beim Kopf noch nicht nötig. Abgesehen davon kann man ihn im Sitzen besser behandeln *(Abb. 40)*.

Dauer

Möchten Sie Ihrem Hund eine komplette Massage gönnen, so wie ich sie oben beschrieben habe, benötigen Sie, je nach Größe des Hundes, etwa 40-50 Minuten.

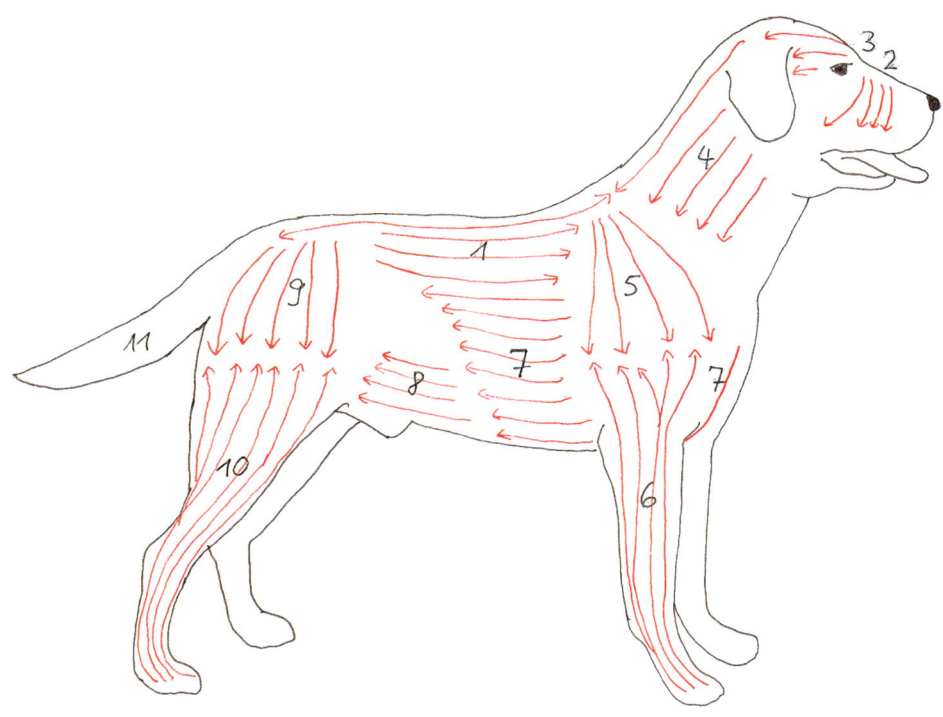

Abb. 40 - Ablauf einer Ganzkörpermassage

Für eine Teilmassage müssen Sie zwischen 15 und 25 Minuten einplanen. Je nachdem, was Sie behandeln wollen und ob die Massage nur ein Teil einer Therapie ist, oder ob Sie »nur« massieren.

Dosierung

Ich betone immer, dass Sie auf Ihr Tier achten sollen, aber um Ihnen den Anfang zu erleichtern: Stellen Sie sich eine Skala von 1-10 vor. Stärke 1 ist nur eine ganz leichte Berührung, die man gerade mal so spürt. Stärke 3 ist eine normale Berührung, so als wenn man seine Hand einfach hinlegt. Stärke 5 ist ein deutlicher Druck. Stärke 7 ist schon so fest, dass es ein wenig weh tut, also Wohlschmerz. Stärke 9 ist Schmerz und Stärke 10 ist unerträglich. Mit Stärke 9 und 10 arbeiten wir selbstverständlich nicht! Probieren Sie die Skala ruhig aus. Erst an sich, dann an anderen. Menschen haben den Vorteil, dass sie sich äußern können und nach mehrmaligem Üben haben Sie die verschiedenen Druckstärken gespeichert. Und Sie haben gemerkt, dass jedes Wesen eine andere Schmerzskala hat ... Deshalb sage ich auch nicht: Stärke 1 ist der Druck mit soundsoviel Gramm, Stärke 10 mit soundsoviel Kilo. Jeder reagiert anders, jeder Mensch, jedes Tier. Das kommt auf das Schmerzempfinden an, darauf ob das Tier festes oder schlappes Bindegewebe hat, ob es ein kleines oder großes Tier ist und ... Also achten Sie trotz Skala, trotz Druckstärken, auf Ihr Tier.

TRAINING UND KRÄFTIGUNG IHRER HÄNDE

Die Hände sind für einen Physiotherapeuten die wichtigsten Instrumente. Sie müssen gut funktionieren, d.h. sie müssen beweglich und sensibel, dabei aber kräftig sein. Außerdem müssen beide Hände zusammenarbeiten, Sie müssen also mit beiden Händen etwa gleich geschickt sein. Das lässt sich üben. Beziehen Sie doch mal Ihre Hand, mit der Sie nicht so aktiv sind, öfter mit ein. Angenommen Sie sind Rechtshänder, dann putzen Sie sich doch mal mit links die Zähne, schließen mit links die Türen auf, öffnen die Hundefutterdosen mit links, streicheln Ihren Hund mit der linken Hand (für Linkshänder gilt das natürlich andersherum!). Anfangs werden Sie sich ungeschickt anstellen, aber Sie werden immer sicherer werden. Ich spreche aus Erfahrung. Ich bin Rechtshänder und hatte mal für drei Wochen meinen rechten Arm in Gips, da war ich noch keine Physiotherapeutin, das war eine Tortur! Aber als der Gips dann ab kam, war ich mit links richtig geschickt.

Sensibilität

Einerseits müssen Sie die unterschiedlichen Gewebezustände ertasten können. Liegt eine Verspannung vor, eine Myogelose, eine Verklebung? Und andererseits müssen Sie die Griffe richtig dosiert einsetzen können. Für Letzteres ist die Druckstärkenskala eine gute Übung.

Um die unterschiedlichen Gewebsveränderungen erfühlen zu können, brauchen Sie Erfahrung. Die kommt mit der Zeit, je mehr Sie massieren, desto schneller fühlen Sie auch die Unterschiede.

Ein ver-spannter Muskel ist nichts anderes als ein sehr fest an-gespannter Muskel. Um diesen Unterschied zu spüren, setzen Sie sich hin und strecken Sie Ihr Bein aus. Es sollte aber wirklich passiv sein. Fassen Sie jetzt Ihren Oberschenkelmuskel an (den Quadrizeps femoris, falls es Sie interessiert). Kneten Sie ihn ein bisschen, schütteln Sie ihn. Wie fühlt es sich an? Schön locker, fast ein wenig wie Pudding müsste sich der Muskel anfühlen (es sei denn, Sie sind Fußballer oder so, dann lässt er schon gar nicht mehr richtig los, der Muskel). Nun heben Sie Ihre Ferse etwas vom Boden ab, lassen das Bein aber gerade, das Knie gestreckt. Jetzt befühlen Sie wieder den Oberschenkelmuskel. Und? Wie fühlt er sich jetzt an? Der Muskel ist härter geworden, er lässt sich nicht mehr so leicht kneten und durchschütteln, nicht wahr? Ähnlich fühlt sich ein verspannter Muskel an, er ist einfach nicht mehr so elastisch *(Abb. 41.a+b)*.

Eine Myogelose ist ein Knoten im Muskel, sie kann kugelförmig, aber auch flach sein. Haben Sie Knetgummi zuhause? Oder backen Sie gerade Kuchen?

Wie fühlt sich ein verspannter/ange-spannter Muskel an?

Abb. 41.a
So ist der Oberschenkelmuskel locker

Abb. 41.b
... und so ist er angespannt. Wenn Sie jetzt tasten, bekommen Sie einen ungefähren Eindruck davon, wie sich ein verspannter Muskel anfühlt.

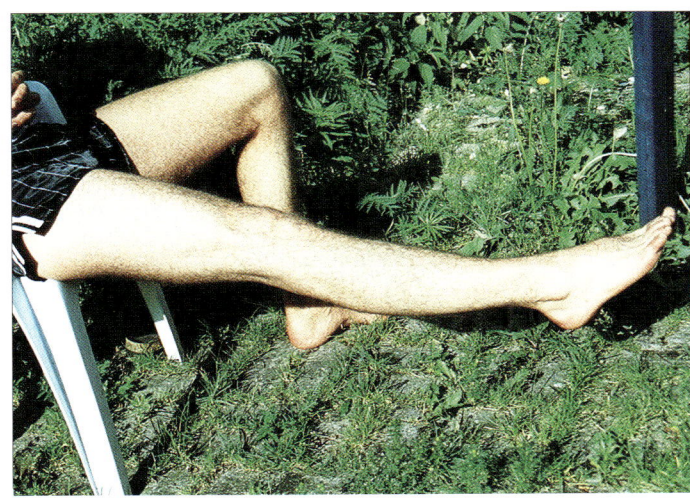

Dann nehmen Sie eine Hand voll Teig oder Knete und stecken ein Ein-Cent-Stück hinein, danach eine trockene Linse oder Erbse. Eine Myogelose ist zwar nicht ganz so hart, sie ist festelastisch, aber eine Vorstellung können Sie so schon bekommen, wie sich solch ein Muskelknoten anfühlen kann.

Zwischen den Gewebeschichten befinden sich Faszien und Bindegewebe, die dafür sorgen, dass das Gewebe aufeinander gleiten kann. Bei einer Verklebung funktioniert das nicht mehr, das Gewebe ist wirklich miteinander verklebt. Wie sich so etwas anfühlt, können Sie wieder schön an sich selbst ausprobieren. Setzen Sie sich wieder hin (wahrscheinlich sitzen Sie sowieso), legen Sie beide Hände seitlich an Ihren einen Oberschenkel, die Daumen liegen oben, und nun ziehen Sie Daumen und Finger aufeinander zu, der Muskel bleibt dazwischen, nicht rausflutschen lassen. Dann schieben Sie den Muskel mit dem Daumen auf die Finger zu, die Finger bleiben passiv. Sie sollen sich nicht kneifen. Aber es tut trotzdem ganz schön weh, oder?

Außerdem lassen sich die Daumen nicht flüssig schieben, sie stoppen zwischendurch und irgendwie fühlt sich das alles komisch an ... Natürlich gibt es Menschen, die in diesem Bereich keine Verklebungen haben. Wenn Sie zu den Glücklichen zählen, »leihen« Sie sich einfach einen anderen Oberschenkel, Sie müssen bestimmt nicht lange suchen, bis jemand »Aua« schreit und Ihnen auf die Finger haut.

Beweglichkeit

Wenn Sie Klavier oder klassische Gitarre spielen, haben Sie sicher keine Probleme mit Ihrer Fingerbeweglichkeit. Aber auch wenn Sie das nicht tun, bekommen Sie Ihre Finger beweglich.

1. Strecken Sie Ihre Finger und spreizen Sie sie, soweit Sie können, so als wollten Sie eine Oktave umspannen. Dann schließen Sie Ihre Hand zur Faust. Wiederholen Sie diese Übung mehrmals mit beiden Händen.

2. Legen Sie die Hände auf eine Unterlage, mit der Handfläche nach unten. Nun heben Sie jeden Finger einzeln ab und legen ihn wieder hin. Der Ringfinger wird Ihnen anfangs sicher ein paar Probleme machen, aber Übung macht ja bekanntlich den Meister. Lassen Sie sich von Ihrem sturen Ringfinger nicht unterkriegen.

3. Halten Sie Ihre Hände wieder vor sich, so dass Sie auf die Handflächen schauen. Nun kreisen Sie mit dem Daumen im Uhrzeigersinn und dann umgekehrt. Anschließend lassen Sie auch jeden anderen Finger einzeln kreisen.

Kräftigung

1. Nehmen Sie in jede Hand einen Tennisball, Äpfel tun es notfalls auch, und drücken Sie sie fest zusammen. Lockern und wiederholen. Sie können natürlich auch Orangen per Hand ausdrücken, dann haben Sie hinterher leckeren Saft. Aber nehmen Sie dabei nicht nur Ihre Arbeitshand! Gerade für Ihre linke Hand, wenn Sie Rechtshänder sind, ist dieses Training wichtig.

2. Suchen Sie sich ein festeres Gummiband, das auch nicht zu lang ist, und legen Sie es sich über die Finger. Je höher es liegt, desto größer wird der Widerstand. Dann öffnen und schließen Sie die Finger gegen diesen Druck *(Abb. 42.a)*.

3. Nehmen Sie das Gummiband von eben und legen es zusätzlich über den Daumen. Spreizen Sie nun den Daumen ab *(Abb. 42.b)*.

Kräftigung mit Gummiband

Abb. 42.a
für die Finger

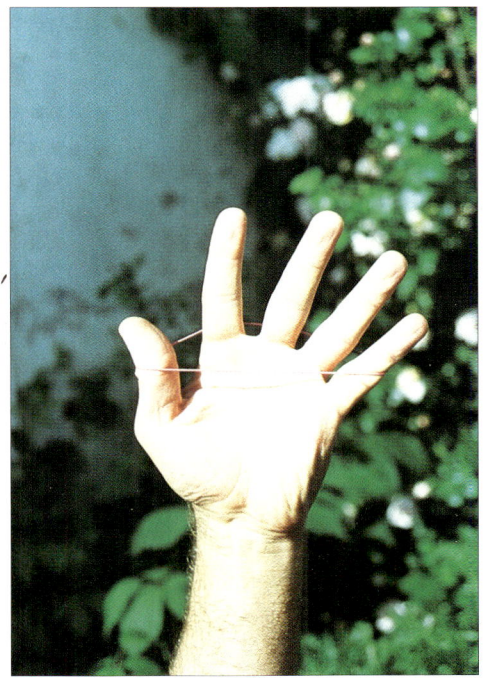

Abb. 42.b
für den Daumen

HANDGRIFFE

In der Massage gibt es Handgriffe mit unterschiedlicher Wirkung. Manche Handgriffe sehen erst einmal ganz ähnlich aus, aber jeder Handgriff hat seine Eigenheit. Auch hier ist es vielleicht von Vorteil, erst einmal an Ihrem Partner, Ihrer Partnerin, oder so, zu üben. Ihr Partner, Ihre Partnerin, wird es genießen und so manch wertvollen Tipp geben können.

1. Effleurage (Streichung)

Die Effleurage ist der am häufigsten angewandte Griff bei der Massage. Die Streichung wird immer als Erstes angewendet, denn sie ähnelt dem Streicheln und wird deshalb das Tier nicht erschrecken. Die Streichung dient aber auch bei Tieren, die sich daran gewöhnt haben, massiert zu werden, zur ersten Kontaktaufnahme am Beginn jeder Behandlung. Sie wird als Zwischengriff zur Reizmilderung während der Massage und als abschließender Griff jeder Massagetherapie angewendet.

Die Streichung wirkt beruhigend, entspannend, schlaffördernd, reizmildernd und erwärmend (hyperämisierend), wie auch venös und lymphatisch entstauend. Der arterielle Zustrom wird verbessert, was zu einer Verbesserung der Gewebeernährung führt. Außerdem werden die sensiblen Nerven angesprochen.

Unterscheiden kann man Einhandstreichungen und Hand-über Handstreichungen, die sich letztendlich wirklich nur durch die Anzahl der beteiligten Hände

unterscheiden. Man kann immer mit nur einer Hand arbeiten, aber bei großen Hunden oder bei langen Strecken (der Rücken z.B.) kann man gut mit beiden Händen streichen. Es sollten ja sowieso beide Hände am Tier sein, wieso also nicht massierend *(Abb. 43. a+b)*.

Hand-über Handstreichung

Abb. 43.a Anfang (oben)

Abb. 43.b und über Kreuz (rechts)

Diese Streichungen sind dem Streicheln ähnlich, das erwähnte ich schon, und genauso werden sie auch ausgeführt. Es kommen großflächige, streichende Bewegungen zum Einsatz, wobei sich die Hand (oder die Hände) dem zu massierenden Körperteil kontinuierlich anschmiegt *(Abb. 44.a-c)*.

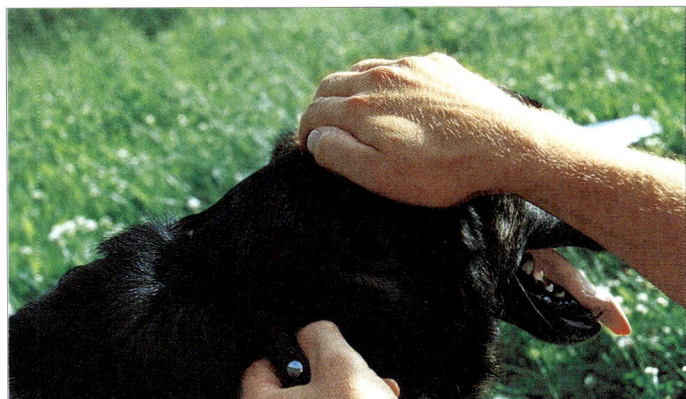

Einhandstreichung

Abb. 44.a
flach angepasste
Hand (hier am Kopf,
aber sonst überall am
Körper möglich)

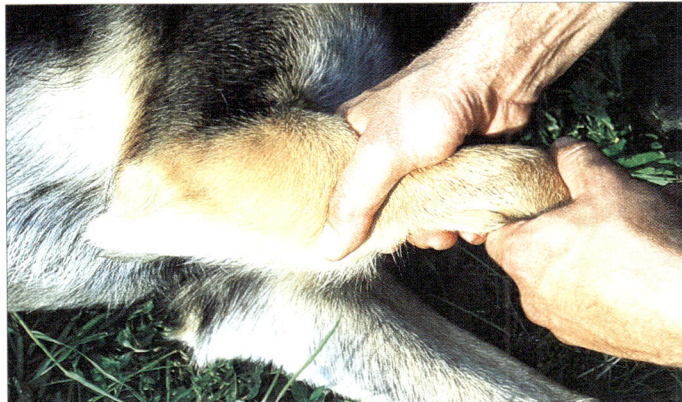

Abb. 44.b
Variante am
Vorderbein

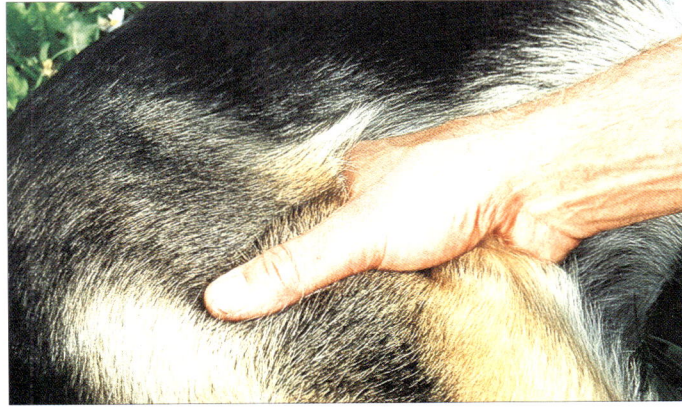

Abb. 44.c
Variante am
Hinterbein

Außerdem gibt es noch die Knöchelstreichung. Dabei machen sie lockere Fäuste und legen die Fingerknöchel und -glieder flach auf die Haut auf. Nun üben Sie leichten Druck aus und schieben die Muskulatur und die Haut ein wenig vor den Fingern her *(Abb. 45. a+b)*.

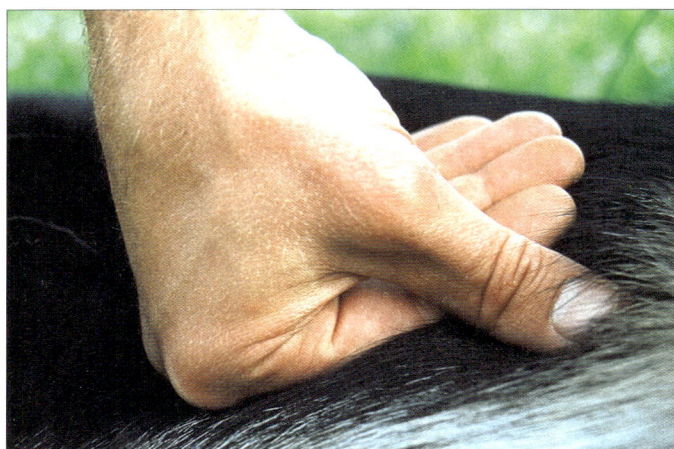

Bei der Knöchelstreichung gibt es zwei Möglichkeiten:

Abb. 45.a
»Plättgriff«

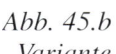

Abb. 45.b
Variante

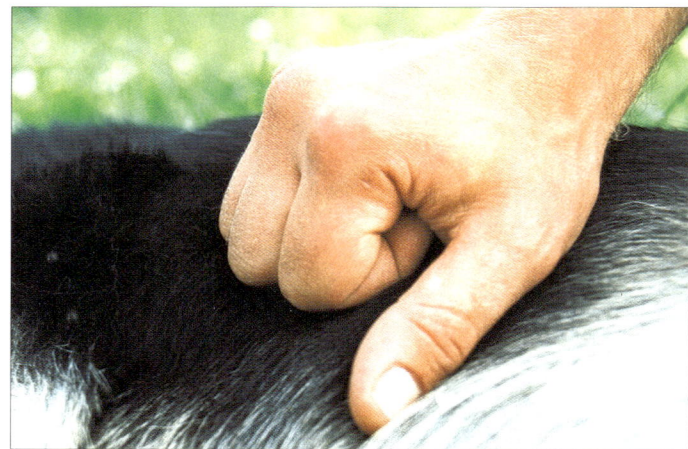

»Gestreichelt« wird mal mit, mal gegen den Haarstrich. Normalerweise dürfte es Ihrem Tier nichts ausmachen, gegen den Strich behandelt zu werden, wenn doch, dann müssen Sie ein wenig improvisieren. Bei einer Rückenbehandlung streichen Sie z.B. von der Kruppe zum Widerrist, also gegen den Strich. Sie können aber auch am Widerrist anfangen und zur Kruppe streichen, besser ist es zwar umgekehrt, aber bevor Sie Ihren Hund ärgern, machen Sie es lieber so. Nur zum Abschluss der Behandlung streichen Sie die Beine noch mal von unten nach oben aus, damit es nicht zu venösen Stauungen kommt, falls Ihr Hund dazu neigt!
Druckstärke: 3-5

2. Petrissage (Knetung)

Die Knetung folgt meist nach der Streichung, weil auch die Knetung ein relativ weicher Griff ist, obwohl man damit schon tiefer ins Gewebe kommt als mit der Effleurage.

Mit den unterschiedlichen Griffen der Petrissage löst man Haut- und Muskelverspannungen und Verklebungen in und zwischen den Gewebeschichten und man dehnt die verschiedenen Gewebe (Haut, Muskulatur ...). Außerdem wirken Knetungen durchblutungsfördernd und hyperämisierend und sie wirken auf den Stoffwechsel, indem sie ihn anregen, Stoffwechselschlacken lösen und deren Abtransport fördern. Durch Knetungen hat man Einfluss auf die Muskelspannung, je nach Durchführung und Intensität der Griffe bauen sie den Tonus auf oder ab. Durch die Reize in den Rezeptoren (na, wissen Sie noch: Golgi-Apparat und Muskelspindeln?) fördern Knetungen auch die Körperwahrnehmung.

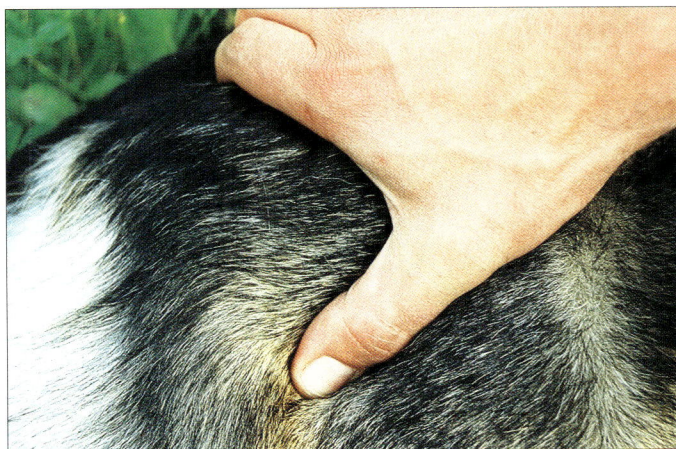

Daumenknetung mit nur einem Daumen

*Abb. 46.a
Anfangstellung*

*Abb. 46.b
Ausführung*

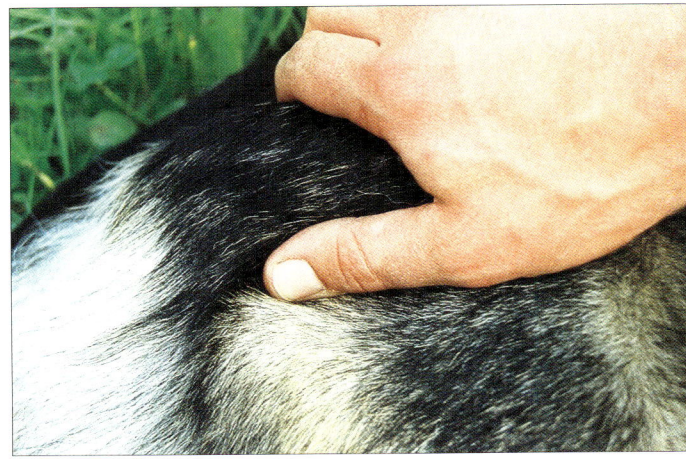

Zur Petrissage gehören recht unterschiedliche Griffe, die manchmal nicht mal nach »kneten« aussehen. Bei den »echten« Knetungen können Daumenknetung und Einhandknetung unterschieden werden. Bei der Daumenknetung liegen beide Daumen mit ihren Kuppen nebeneinander und führen halbkreisförmige Bewegungen mit Druck nach außen und auf den darunterliegenden Knochen aus. Die Daumen können einzeln, aber auch beide abwechselnd arbeiten *(Abb. 46. a-d).*

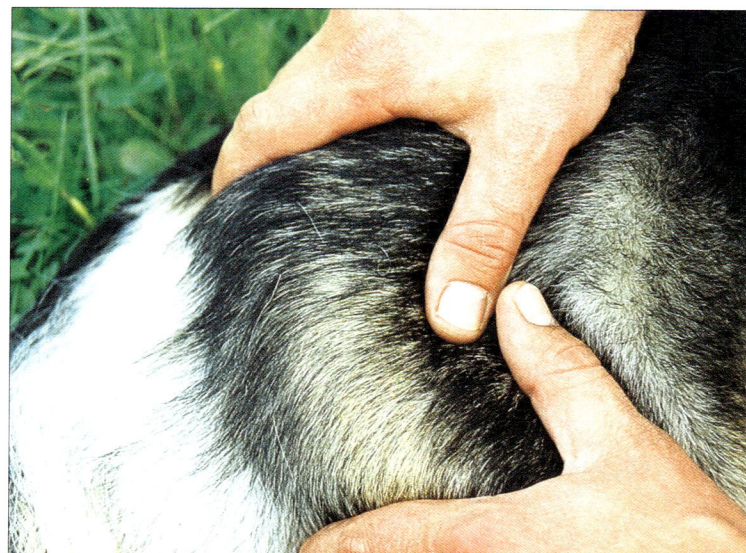

Abb. 46.c
Anfangsstellung
mit beiden
Daumen

Abb. 46.d
Ausführung mit
beiden Daumen

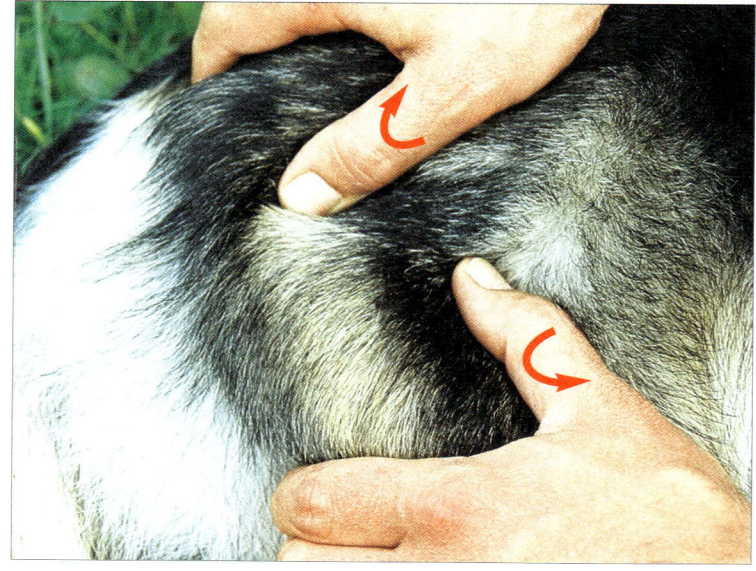

Bei der Einhandknetung liegen beide Hände am Körper, aber mit nur einer wird gearbeitet, mit welcher bleibt Ihnen überlassen. Nehmen wir mal an, Sie möchten mit der rechten Hand kneten, dann legen Sie diese flach auf, die Finger sind geschlossen, der Daumen ist abgespreizt. Nun drücken Sie mit den Fingern die Haut und die Muskulatur auf den Daumen zu und kneten sie richtig durch *(Abb. 47.a +b).*

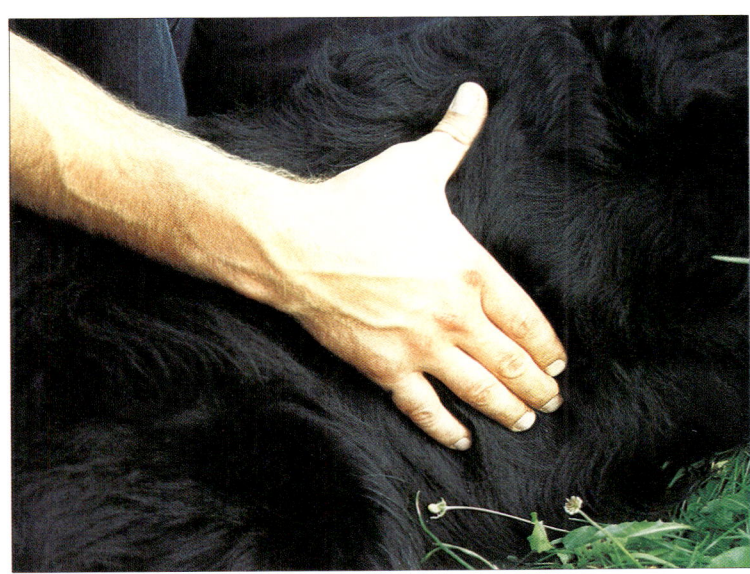

*Abb. 47.a
Einhand-
knetung*

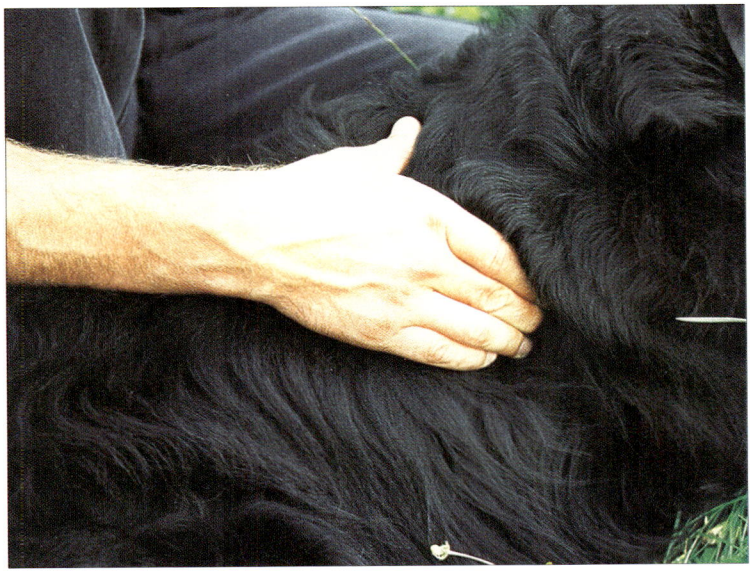

*Abb. 47.b
Einhand-
knetung*

Eine Verwindung wird mit den Fingerspitzen oder beiden Händen ausgeübt. Nehmen Sie den Muskel bei der Fingerspitzenverwindung zwischen Daumen- und Fingerkuppen. Der Muskel wird dabei s-förmig gefasst und quer oder schräg zum Muskelverlauf s-förmig bewegt, indem sich die Hände in entgegengesetzter Richtung gegeneinander verschieben. Die Handverwindung funktioniert genau so, nur dass der Muskel zwischen Finger und Handballen gefasst wird (Abb. 48.a-d).

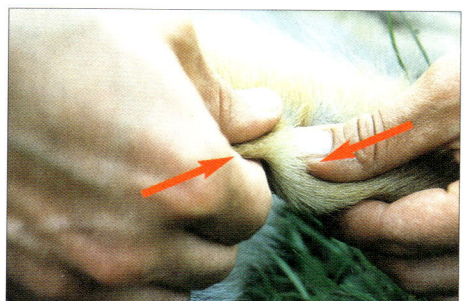 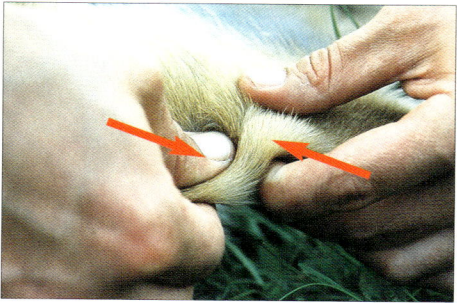

Abb. 48. a + b - Fingerspitzenverwindung

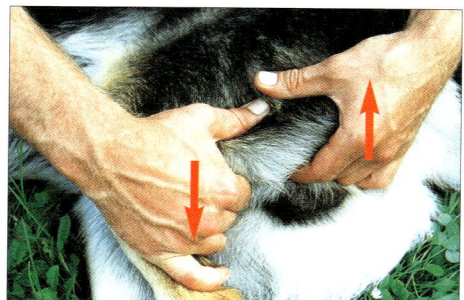 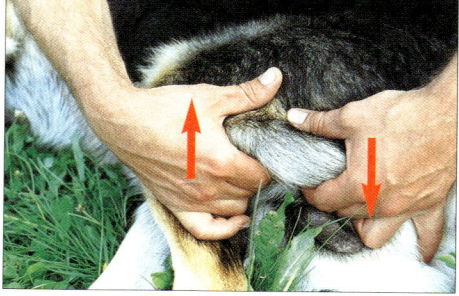

Abb: 48. c + d - Handverwindung

Bei den Walkungen arbeiten Sie mit flachen Händen. Sie legen wieder beide Hände auf, obwohl nur mit einer gearbeitet wird. Versuchen Sie mit Ihrer Arbeitshand so viel Haut wie möglich zu fassen und ziehen sie dann mit den Fingern Richtung Handballen. Anschließend drücken Sie sie kräftig mit dem Handballen und dem Daumen Richtung Finger (Abb. 49.a-c).

Versuchen Sie bei allen Formen der Petrissage, den Muskel ganz zu umfassen bzw. den Muskel wirklich zu erwischen und nicht einfach nur über die Haut zu rutschen. Am besten klappt das, wenn Sie sich anfangs ganz bewusst an drei Phasen halten. In der ersten Phase heben sie den Muskel an. In der zweiten Phase kneten, verwringen oder walken sie ihn. In der letzten Phase lassen sie wieder los, um dann von vorne zu beginnen.

Walkung

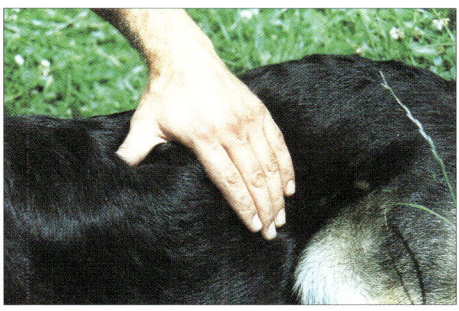

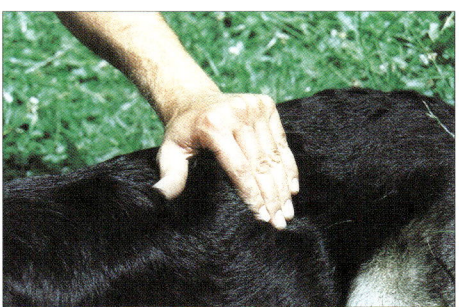

Abb. 49.a - Ausgangstellung, man versucht, so viel Gewebe wie möglich zu fassen

Abb. 49.b - man zieht die Finger auf den Handballen zu

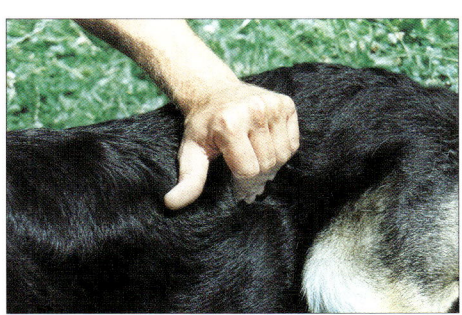

Abb. 49.c
man drückt mit dem Handballen gegen die Finger

Ach so, und üben Sie keine starke Knetungen im Nierenbereich aus, weil zu starke Massage in diesem Bereich Nierenschmerzen hervorrufen können.

Druckstärke 4-6

3. Friktion (Reibung oder Zirkelung)

Zirkelungen sind kleine kreis- oder schneckenförmige Bewegungen mit den Fingerkuppen, die auf Haut oder Muskulatur wirken, je nachdem mit welchem Druck Sie arbeiten. Wenn Zirkelungen von einem Therapeuten angewendet werden, sind sie manchmal schmerzhaft (Therapeuten können gezielt mit dem Gegenschmerz arbeiten! Aber nur Therapeuten!), bei Ihnen sollten sie es nicht sein! Auch ohne Schmerz sind Friktionen durchblutungsfördernd, beseitigen Verklebungen und Stoffwechselablagerungen im Bindegewebe und im Muskel (Gelosen und Myogelosen) und fördern die Körperwahrnehmung.

Setzen Sie den Mittelfinger in einem flachen Winkel auf, der Ringfinger liegt als Unterstützung dabei. Geben Sie nach und nach so viel Druck auf den Finger, bis das Gewebe erreicht ist, das Sie erreichen wollen, also entweder Haut oder Muskel. Dann ziehen Sie Ihre Kreise im Gewebe (!), Ihre Finger bleiben dabei auf

Friktion

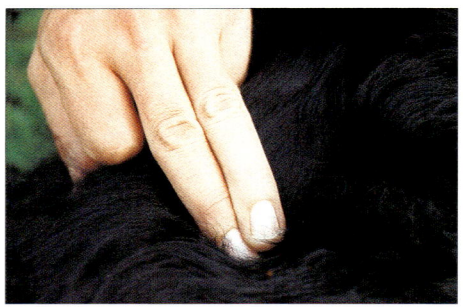

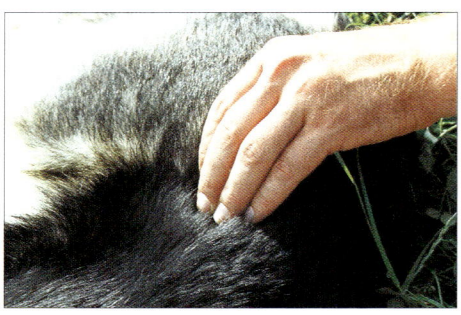

Abb. 50.a
Die übliche Art mit dem Mittelfinger,
der vom Ringfinger unterstützt wird

Abb. 50.b - Alternative in
»Pfötchenstellung«, die weichere
Ausführung für empfindliche Körper-
stellen (z.B. um die Augen herum)

ihrem Platz. Sie rutschen nicht über die Haut! Am besten wirkt eine Friktion, wenn Sie mit an- und abschwellendem Druck arbeiten, das erhöht die Durchblutung. Bei einer Friktion ist der Muskelverlauf egal, da ja nur sehr kleinflächig gearbeitet wird *(Abb. 50.a+b)*.

Druckstärke: 4 (Haut) - 6 (Muskel)

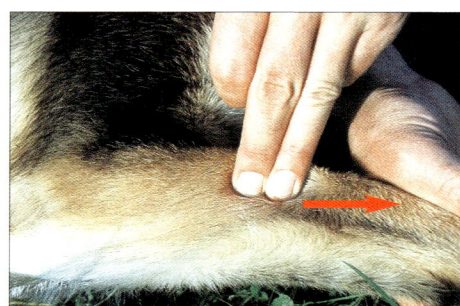

Unterhautfaszienstrich

Abb. 51.a
Ziehen im Verlauf der Faszien
(zwischen den Muskeln)

4. Unterhautfaszienstrich

Der Unterhautfaszienstrich funktioniert ähnlich wie die Friktion. Es werden Mittel- und Ringfinger aufgesetzt, wobei nur der Mittelfinger arbeitet. Der Winkel ist ein bisschen steiler als bei der Friktion *(Abb. 51.a)*. Es werden bei der Unterhauttechnik keine Kreise, sondern Striche gezogen. Mit diesen Stichen löst man Verklebungen zwischen der Haut und der Unterhaut und bei einem kräftigeren Druck zwischen der Unterhaut und den Muskeln. Bei einer verwandten Technik, der Faszientechnik, löst man Verklebungen zwischen den Muskelbäuchen, aber

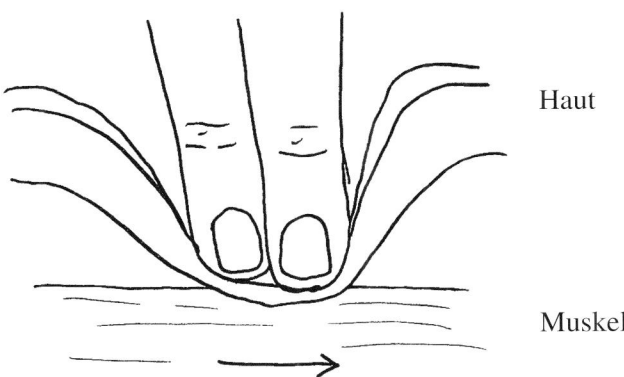

Abb. 51.b - So tief geht der Unterhautfaszienstrich

dafür muss man sich in der Anatomie schon sehr genau auskennen und die Beschreibung würde den Rahmen dieses Buches sprengen.

Diese Technik nimmt man auch, wenn man Narben behandelt, denn Narben verkleben oft mit dem Gewebe darunter und verursachen dadurch starke Probleme (Schmerzen, Hypomobilität). Die Striche zur Narbenbehandlung sind nur kurz, ca. 3 cm lang. Man kann an der Narbe ansetzen und wegziehen, man kann auf die Narbe zuziehen und man kann einen Strich auf der Narbe machen. Bei Bauchnarben ist natürlich Vorsicht geboten, bei zu starkem Druck manipuliert man die Innereien und das wollen wir ja nicht!

Druck: Hauttechnik: 4-5, Unterhaut- und Narbentechnik: 6 (beim Bauch 3-4!)

5. Tapotement (Klopfungen)

Klopfungen sind senkrecht auf den Körper treffende, sanfte und rhythmische Schlagbewegungen. Sie sind je nach Stärke muskelaktivierend (kräftige Hackungen) oder muskelentspannend, sie fördern die Durchblutung und den Abtransport von Stoffwechselschlacken. Auf dem Brustkorb eingesetzt wird der Sekrettransport verbessert (nicht bei Asthma anwenden!!!), ansonsten wird nicht auf knöchernen Strukturen sondern wirklich nur auf dickeren Muskeln gearbeitet!

Man unterscheidet *Klatschungen*, *Klopfungen* und *Hackungen*. Klatschungen werden mit der hohlen (nicht mit der flachen Hand!) *(Abb. 52.a+b)*, Klopfungen mit der locker geschlossenen Faust *(Abb. 52.c+d)* und Hackungen mit der Handkante ausgeführt. Bei der Hackung fällt die Hand beim Auftreffen auf die Muskulatur in Supinationsstellung. Sie müssen die Hand beim Auftreffen also so drehen, dass die Handfläche nach oben zeigt) *(Abb. 52.e+f)*. Das ist mit ein bisschen Übung verbunden, aber Sie haben ja hoffentlich einen geduldigen menschlichen Partner ...

Die Hände sind bei allen drei Formen immer relativ locker, werden nie versteift. Sie werden abwechselnd »fallengelassen«, denn auch wenn die Hackung Hackung heißt, wird nie »gehackt«, der Unterarm wird locker fallengelassen. Man beginnt mit 2-3 Schlägen und steigert sich auf bis zu 6 Schlägen pro Sekunde. Länger als zwei Minuten brauchen Sie das Tapotement nicht einzusetzen!

Stärke: 3-6, wobei Hackungen immer »aggressiver« wirken.

Tapotement

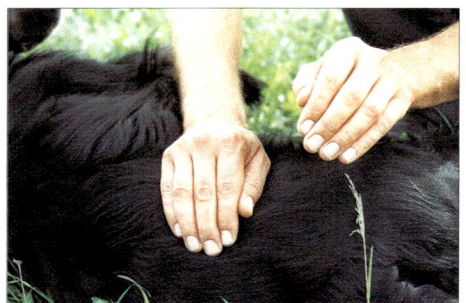 

Abb. 52. a+b - Klaschung mit der Hohlhand

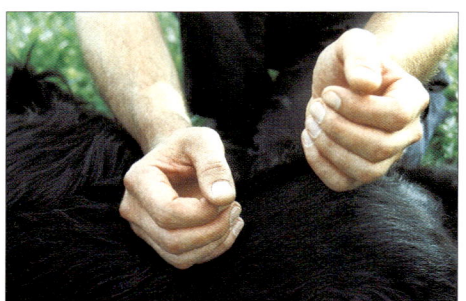 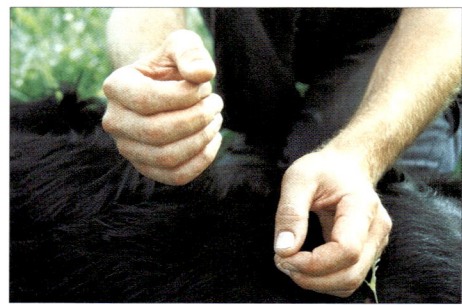

Abb. 52. c+d - Klopfung mit der locker geschlossenen Faust

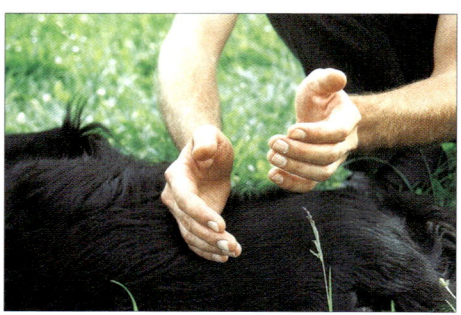 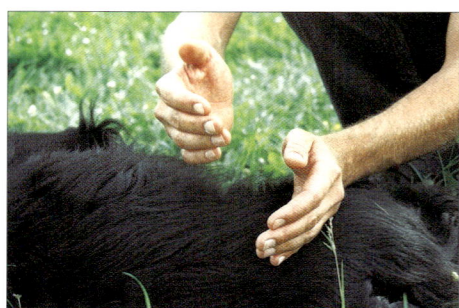

Abb. 52. e+f - Hackung mit der Handkante

6. Vibrationen (Erschütterungen)

Vibrationen sind schnelle, feine, lokale Zitterbewegungen. Vibrationen senken die Muskelspannung und wirken auch allgemein entspannend und beruhigend. Am Bauchraum können Vibrationen auch zur Milderung von Bauchschmerzen und am Brustkorb bei Lungenerkrankungen zur Atemtherapie und Schleimlösung eingesetzt werden, aber bitte nur nach Absprache mit dem Tierarzt!

Bei der Vibration wird die ganze flache Hand aufgesetzt, es kommt keine großräumige Bewegung zustande, sondern die Erschütterung wird in Richtung auf den darunterliegenden Knochen weitergeleitet *(Abb. 53.a+b)*.

Druck: 2-4

Vibration

Abb. 53.a
Ausführung

Abb. 53.b
Solche Bewegungen macht die Hand dabei (aus dem Arm heraus)

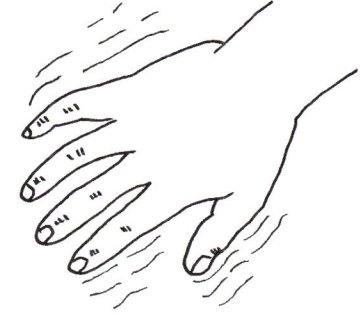

Es gibt noch eine Sonderform, die Schüttelung. Bei der Schüttelung kommt es zu lockeren Schüttelbewegungen der Extremitäten oder einzelner Muskelgruppen.

Bei der Muskelschüttelung wird die Hand einige Zentimeter hin und her bewegt, natürlich auch mit Druck auf den darunterliegenden Knochen. Bei nur einem Griff pro Sekunde wird die Haut noch mit über das restliche Körpergewebe geführt und der Griff wirkt lindernd, bei 3 Griffen pro Minute oder noch mehr

gleiten die Hände über die Haut und der Griff ist sehr stimulierend. Setzen Sie ihn nur vorsichtig ein, denn bei langem Fell kann es auch schon mal ziepen. Und achten Sie auch sonst, wie immer, auf die Reaktion Ihres Hundes *(Abb. 54.a)*.
Druck: 3-6

Bei der Extremitätenschüttelung wird das Bein mit der einen Hand an der Pfote gefasst und mit der anderen am Lauf unterstützt und locker geschüttelt, entweder von rechts nach links oder von oben nach unten. Es handelt sich nur um winzig kleine Bewegungen, eher ein Zittern *(Abb. 54.b)*.

BEWEGUNG UND MASSAGE
Durch eine Kombination von Bewegung und Massage kann man besonders bei Arthrosen eine Schmerzlinderung in der Muskulatur und den Gelenken erreichen.

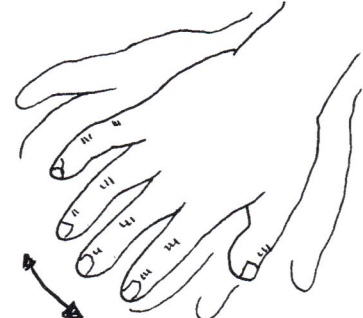

Schüttelung
Abb. 54.a - Muskelschüttelung

Abb. 54.b - Extremitätenschüttelung

Während man ein Gelenk passiv durchbewegt, wird der Agonist massiert. Am besten eignen sich die Knet- und Walkgriffe dafür. Wichtig ist, dass rhythmisch gearbeitet wird und man versucht, dem vollen Bewegungsausschlag immer näher zu kommen.

Kontraindikationen: Wie bei der Massage

Indikationen: Muskuläre Bewegungseinschränkungen, z.B. Arthrosen, aber auch alle anderen Indikationen der Massage.

Tiefenmassage

Die Tiefenmassage können Sie erst anwenden, wenn Sie Gefühl für Gewebsveränderungen bekommen haben. Man dringt nämlich mit den Fingerkuppen langsam in die notwendige Tiefe auf die ertasteten, veränderten Gewebsbezirke. Fühlen Sie noch keine Unterschiede, hat das alles noch keinen Zweck. Sind Sie auf der Gewebsveränderung angelangt, halten Sie den Druck über längeren Zeitraum, dann fangen Sie an, die Gewebsschichten langsam gegeneinander zu verschieben. Es kommt zu einer Regulation der muskulären Fehlspannungen durch einen Deh-

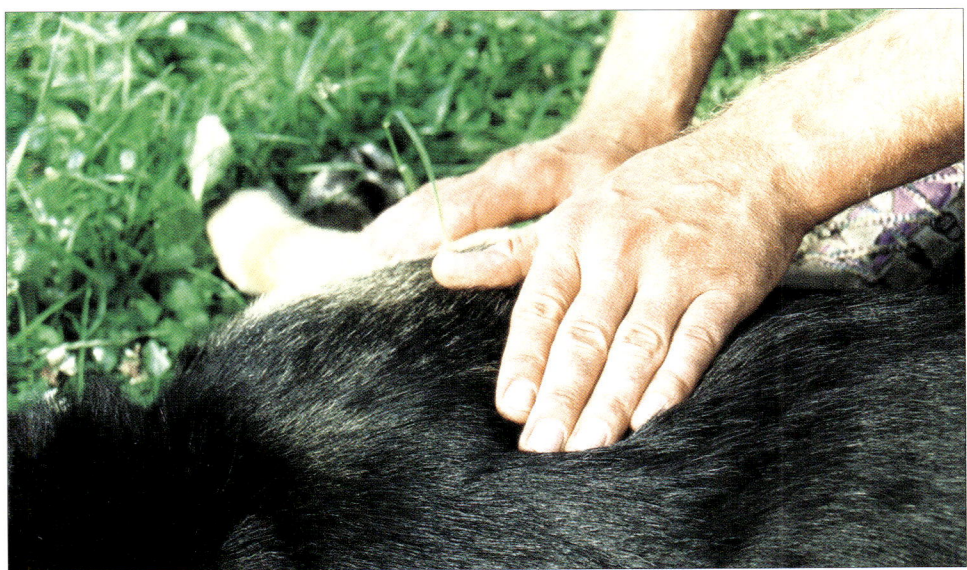

Abb. 55 - Tiefenmassage

nungsreiz und zur Lösung von verklebten Gewebsschichten. Der Druck ist mit 6-8 recht hoch. Also bitte erst mit Erfahrung anwenden!!! *(Abb. 55)*.

Es gibt (angeblich) keine Kontraindikationen, aber halten Sie sich vorsichtshalber an die der klassischen Massage!

Bindegewebsmassage (BGM)

Die BGM ist eine Behandlungsmethode, die auf die Organe Einfluss nimmt. Und zwar gibt es einen Reflexbogen zwischen Haut und Organen. Wenn also ein Organ erkrankt, reagiert auch die dazu gehörende Hautregion. Über Einwirkung auf diesen Bereich nehmen wir dann Einfluss auf das Organ.

Die BGM ist allerdings eine Wissenschaft für sich und viel zu umfangreich, um hier behandelt zu werden. Ich führe sie nur auf, damit Sie wissen, dass es sie gibt und weil ich viel mit einer Sonderform der BGM arbeite, die auch Sie gut anwenden können: Die flächige BGM.

Bindegewebswäsche oder flächige BGM

Unter flächiger BGM versteht man ein weiches, oberflächliches Durcharbeiten des Bindegewebes, es ist sozusagen ein »Hautrollen«.

Wirkung

Die flächige BGM regt den Stoffwechsel an und entschlackt, sie verbessert die Ernährung (Trophik) der Haut und Unterhaut, sie wirkt dämpfend auf den Sympathikus (Der Teil des Nervensystems, der für die »Jagd« zuständig ist) und deshalb entspannend und sie wirkt auf die Organe (auch über den Haut-Organ-Reflexbogen).

Kontraindikationen

Wie bei der klassischen Massage. Bei eingetretener Trächtigkeit sofort keine BGM mehr anwenden!

Indikationen

Bei Herzbeschwerden, Atembeklemmung und Magenbeschwerden kann man die flächige BGM einsetzen, ebenso bei Gelenkschmerzen und Bewegungsstörungen bei rheumatischen Erkrankungen (auch wenn es entzündlich ist!). Und natürlich können Sie die flächige BGM anwenden, wenn Sie irgendetwas erreichen wollen, was unter »Wirkung« aufgeführt ist.

Behandlung

Wie Sie Ihren Hund lagern, ist diesmal egal, wenn er nur einigermaßen entspannt ist. Sie können nämlich, wie bei der klassischen Massage, erst eine Seite komplett behandeln, Sie können aber auch z.B. erst ein Teil des Kreuzbeines und dann das andere Teil behandeln, sozusagen von einer Seite zur anderen springen.

Sie legen die Finger beider Hände an den jeweiligen Knochenrand. Die Finger (die Daumen bleiben erst mal wo sie sind) nehmen Sie dann 5-8 cm vom Knochenrand weg und legen sie flach auf die Haut. Anschließend ziehen Sie diesen (Unterhaut-) Bezirk an den Knochenrand heran, es bildet sich eine Falte. Nun schieben Sie diese Falte mit den Daumenkuppen wieder zurück, wobei die Finger völlig passiv und locker bleiben müssen (nicht kneifen!). Die Länge des Verschiebeweges hängt natürlich von der Gewebespannung ab, je höher diese ist, desto kürzer ist der Weg *(Abb. 56.a+b)*. Wiederholen Sie jede Folge 3-5-mal.

Dauer
Die Behandlungsdauer anfangs 20 Minuten, später kann sie dann kürzer werden.

Bürstenmassage
Die Bürstenmassage ist ganz einfach. Nehmen Sie eine Wurzelbürste für Pferde oder eine feste Waschbürste für Gemüse o.ä. und bürsten Sie Ihren Hund. Natürlich immer in Strichrichtung! Das ist alles. Die Bürstenmassage dient hauptsächlich der vermehrten Hautdurchblutung, aber es werden auch oberflächliche Muskelschichten erreicht, und der Entspannung. Wenn Ihr Hund »dünnhäutig« ist, bürsten sowieso nicht so mag, sollten Sie diese Art nicht unbedingt anwenden.

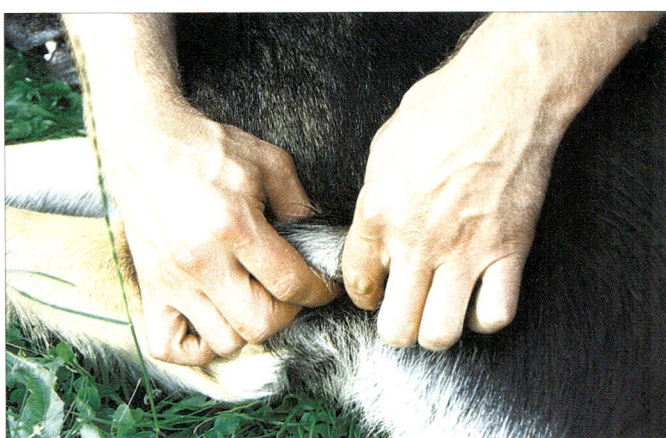

*Flächige
Bindegewebsmassage*

*Abb. 56.a
Greifen einer Hautfalte*

*Abb. 56.b
Die Daumen schieben
die Falte und die
Finger wandern
weiter. Die Falte
muss aber bestehen
bleiben! Sie dürfen
nur nicht kneifen.*

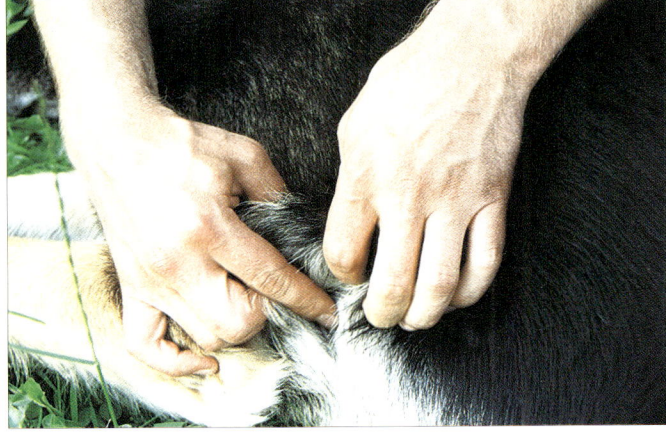

II.4. WASSER-, WÄRME- UND KÄLTEANWENDUNGEN

DIE WASSERHEILKUNDE

Wasser wird schon seit Jahrtausenden zu Heilzwecken genutzt. Aber erst durch Vincent Prießnitz, einem schlesischen Bauern und Naturheilkundigen, der von 1799 bis 1851 lebte, und Pfarrer Sebastian Kneipp, der von 1821 bis 1897 in (Bad) Wörrishofen lebte, bekam die Wasseranwendung einen neuen Aufschwung. Durchgesetzt haben sich aber hauptsächlich Kneipps Methoden, weil diese milder waren als Prießnitz' doch recht schroffe Behandlungen.

Mittlerweile ist anerkannt, dass die Wasserheilkunde medizinisch wirksam und erfolgreich ist. In den letzten Jahren gerät sie allerdings wieder ein wenig in den Hintergrund, denn was wir Menschen an uns nicht selbst erfahren, vergessen wir recht schnell. Und leider ist die Wasseranwendung eine Therapieform, die von

Abb. 57

den Ärzten nur noch selten verordnet wird, nicht weil sie nicht wirkt, sondern weil die Politik komische Streiche spielt.

Wirkungen

Je nach Anwendung kann Wasser die Körpertemperatur erhöhen oder absenken. Es regt die Organfunktion, den Stoffwechsel und die Durchblutung an. Das Immunsystem wird angekurbelt, d.h. der Organismus härtet ab und wird widerstandsfähiger gegen Krankheitskeime. Auf das Nervensystem kann Wasser erregend (Sympathikus, wird durch Kälte beeinflusst) oder beruhigend (Parasympathikus, wird durch Wärme beeinflusst) wirken. Wasser hat noch andere Wirkungen, die aber letztendlich von der Temperatur abhängen. Die Wirkungen von Wärme und Kälte sind unten beschrieben.

Grundregel

Arbeiten Sie niemals kalt auf kalt! Ist Ihr Tier kalt oder friert es, hat es kalte Beine oder ein anderes kaltes Körperteil, verabreichen Sie ihm keine kalte Wasseranwendung. Aber schließen Sie daraus bitte nicht, dass Sie die kalten Körperteile mit etwas Heißem zusammenbringen müssen. Die Erwärmung muss langsam erfolgen, d.h. die Wassertemperatur sollte lauwarm sein (so zwischen 30 und 36 °C) oder das Tier hat vorher Bewegung und erwärmt sich dadurch.

Eine ansteigende oder warme Anwendung verlangt als Abschluss eine kalte. Die vorher in der Wärme erweiterten Gefäße müssen sich wieder zusammenziehen.

WASSERTEMPERATUREN

kalt:	bis 15 °C
kühl:	15 - 30 °C
lau / indifferent:	30 - 35 °C
warm:	35 - 39 °C
heiß:	ab 39 °C (ab etwa 50° riskieren Sie Hautverbrennungen, aber bis 45 - 46 °C sollte bei einem Hund unkritisch sein)

Reaktionslage

Auf die Wasseranwendung reagiert jedes Wesen anders. Deshalb ist es unerlässlich, dass Sie Ihr Tier streng beobachten, während Sie es behandeln. Wenn Sie herausgefunden haben, welche Temperatur Ihr Hund am besten verträgt, kann sich das trotzdem noch mal ändern. Und zwar aus folgenden Gründen:
1. Das Wärmebedürfnis nimmt im Alter zu. Kalte Anwendungen werden vielleicht nicht (mehr) so gut vertragen.

2. Nach Operationen, Unfällen oder schweren Krankheiten sollten Sie nur milde Anwendungen durchführen, d.h. das Wasser nicht extrem kalt oder warm, einschleichend arbeiten (Temperatur indifferent beginnen und dann steigern oder senken), nicht zu lange behandeln usw.

3. Das Gleiche gilt, wenn Sie ein Tier behandeln wollen, das unter Stress leidet oder unterernährt, kreislaufgeschwächt oder blutarm ist. Senioren sollten auch nur milde behandelt werden.

4. Bei Gefäßerkrankungen oder auch bei Diabetes hat sich die Reizlage des Tieres verändert. Die Gefäße können nicht mehr so schnell auf die Temperaturreize reagieren, weil Sie unelastisch geworden sind. Auch hier müssen Sie sich einschleichen.

Anwendungsformen
GÜSSE
Ablauf
Vor Anwendungsbeginn sollten Sie die nötigen Eimer oder Gießkannen mit Wasser der gewünschten Temperatur oder den Wasserschlauch, wenn Sie ihn brauchen, und Handtücher bereitstellen oder -legen. Wenn Sie einen Wasserschlauch benutzen wollen, nehmen Sie möglichst die Düse vorne ab, sonst ist der Druck zu hart. Der Druck ist gut, wenn Sie den Schlauch senkrecht und die Öffnung nach oben halten, und der Wasserstrahl etwa eine Handbreit hervorsprudelt *(Abb. 58)*.

Abb. 58 - Druck des Wasserstrahls

Das bedeutet, dass sich die Schlauchöffnung bei der Anwendung etwa 10 cm vom Körper entfernt befinden muss.

Wie Sie den Schlauch halten, ist eigentlich egal. Es muss sich nur ein Wassermantel um den begossenen Körperteil bilden. Möglich ist einerseits die »Kletterhaltung«: Der Schlauch wird dabei fast senkrecht gehalten, die Mündung zeigt schräg nach oben und man schiebt den Schlauch sozusagen vor sich her. Andererseits kann man die Schlauchmündung aber auch nach unten richten. Machen Sie es so, wie Sie am besten damit klarkommen, aber versuchen Sie, einen Wassermantel zu bilden (Abb. 59). Gießkannen eignen sich hervorragend für die Güsse, da sie von Natur aus schon einen weichen Wasserstrahl haben.

Abb. 59 - Wassermantel

Gegossen wird immer zum Herzen hin und in einer bestimmten Linienführung. Die Güsse werden langsam, beständig und ruhig vorgenommen. Man fängt immer unten an der Außenseite einer Pfote an, geht außen am Bein hoch und geht innen am Bein wieder herunter, um innen an der Pfote aufzuhören. Ein Guss wird beendet, wenn Sie eine Hautrötung des begossenen Körperteils feststellen können. Nach jeder Gussfolge schauen Sie sich also die Haut Ihres Hundes an! Aber spätestens nach der dritten Gussfolge bei reinen Kaltgüssen und nach der vierten Gussfolge bei Wechselgüssen sollte Schluss sein.

Behandeln Sie mit kaltem Wasser, fangen Sie einschleichend an, d.h. setzen Sie große Körperflächen nicht plötzlich dem kalten Wasser aus. Das wäre eine zu große Belastung für das Herz. Wenn Ihr Hund einer von denjenigen ist, die bei

Wind und Wetter ins Wasser springen, widersetzt er sich zwar diesem therapeutischen Grundsatz, aber er wird dazu ja nicht gezwungen. Die meisten Tiere wissen sehr gut, was sie ihrem Körper zumuten können.

Die Temperatur um das Tier herum sollte nicht zu kalt sein. Bei Minusgraden brauchen Sie Ihren Hund ja nicht gerade hydrotherapeutisch zu behandeln. Denken Sie aber auch daran, dass Hunde ein ganz anderes Wärmeempfinden haben als wir verweichlichten Menschen. Sie vertragen Kälte viel besser als wir. Eine überhitzte Badestube würde ihnen nicht behagen. Ab 12-15° Außentemperatur brauchen Sie sich keine Gedanken zu machen. Zugluft sollten Sie allerdings unbedingt vermeiden!

Nach der Behandlung rubbeln Sie Ihren Hund nicht trocken, sondern trocknen nur langhaarige Hunde so weit, dass das Fell nicht mehr tropft. Nicht die Haut rubbeln! Gehen Sie mit ihm toben (10-15 Minuten), damit er sich dabei wieder richtig aufwärmt.

 Güsse werden, wenn nichts anderes vermerkt ist, mit kaltem (oder kühlem) Wasser ausgeführt!

Rückenguss
Der Rückenguss ist einer der stärksten Kneipp'schen Güsse und sollte nicht bei Hunden mit Herzerkrankungen oder Kreislaufstörungen angewandt werden.

Der Rückenguss kann nur mit kaltem Wasser, aber auch als Wechselguss gemacht werden. Beim Wechselguss fangen Sie mit einem warmen Guss an und hören mit einem kalten Guss auf.

Indikationen
Der Rückenguss dient zur Anregung und zum Training von Atemfunktion und Kreislauf bei organisch gesunden Hunden. Er regt den Stoffwechsel und die Durchblutung an, hilft bei Erschöpfungszuständen und dient zur Tonisierung der Rumpfmuskulatur.

Ausführung
Der Hund muss bei dieser Gießfolge stehen. Fangen Sie am rechten Hinterlauf an, und zwar außen an der Pfote. Führen Sie den Wasserstrahl außen am Bein bis zum Beckenkamm hoch und führen ihn innen wieder zur Pfote hinunter. Nun gehen Sie zur linken Seite. Fangen Sie wieder an der Pfote außen an, gehen bis zum Beckenkamm, aber dann nur bis etwa zur Mitte des Oberschenkels wieder hinunter.

Danach gehen Sie zur rechten Vorderpfote, steigen am Außenrand ein und führen den Wasserstrahl außen am Lauf bis zur Schulter. Hier verweilen Sie etwa 8 Sekunden und lassen einen Wassermantel fallen. Von dort gehen Sie mit dem Schlauch über die Mitte der rechten Rückenhälfte bis unterhalb des Hundepos und wechseln dann die Seite. Steigen Sie wieder an der Außenseite der linken

Vorderpfote ein und wandern hoch bis zur Schulter. Dort verweilen Sie 5 Sekunden und lassen wieder eine Wasserplatte fallen. Halten Sie den Schlauch für 5 Sekunden auf die rechte Schulter, gehen zur linken zurück und harren dort weitere 5 Sekunden aus. Führen Sie jetzt den Schlauch über die linke Rückenhälfte, über die Kruppe und an der Innenseite des linken Beins bis zur Pfote hinunter.

Vorderguss (entspricht dem Oberguss beim Menschen)
Auch der Vorderguss ist als Wechselguss möglich, bei dem zuerst warm, dann kalt gegossen wird.

Indikationen:
Wie eigentlich jeder Guss dient auch der Vorderguss zur Abhärtung, zur Anregung von Atmung, Kreislauf und Durchblutung und zur Erfrischung bei Übermüdung und Erschöpfung. Bei Erkältungsanfälligkeit kann er zur Vorbeugung, bei Erkältungen, Bronchitis und Asthma zur Behandlung genutzt werden. Ein kalter Vorderguss tonisiert die Vorderbein-, Schulter-, Brust- und Rumpfmuskulatur.

Ausführung
Ihr Hund muss bei diesem Guss stehen. Sie beginnen an der rechten Vorderpfote außen und steigen außen am Lauf bis zur Schulter auf und steigen innen am Bein wieder bis zur Pfote ab. Nun fangen Sie an der linken Vorderpfote wieder außen an, gehen außen am Bein etwa bis zum Ellbogen und von dort auf die Unterbrust, dort kreisen Sie mit dem Wasserschlauch mehrere Male (3-5 x). Nun führen Sie den Schlauch, ohne ihn abzusetzen, von der Unter- zur Vorderbrust. Dabei müssen Sie vielleicht die Hand wechseln. Führen Sie den Schlauch über die Vorderbrust an den Halsansatz und dann rechts am Hals vorbei zum Widerrist. Dort lassen Sie einen Wassermantel über beide Seiten laufen (für etwa 8 Sekunden). Setzen Sie die Vorderpfote Ihres Hundes über den Schlauch, damit Sie ihn nicht im Schlauch einwickeln und erwürgen und wandern mit dem Wasserstrahl auf der rechten Rückenseite in kleinen Kreisen bis zum Becken, führen den Strahl in einer geraden Linie zurück zum Widerrist. Sie wechseln am Widerrist auf die linke Seite und machen dort das Gleiche: mit kleinen Kreisen zum Becken und gerade zum Widerrist zurück. Anschließend führen Sie den Schlauch innen am linken Vorderlauf bis zur Pfote.

Wenn Sie nur ein Vorderbein behandeln wollen, reicht es, wenn Sie an der Pfote außen einsteigen, bis zum Widerrist hochwandern, dort den Wassermantel fallen lassen und dann innen am Bein wieder absteigen. Das ist dann einfach ein »Vorderbein«-Guss, der weder Brust- noch Rumpfmuskulatur großartig anspricht.

Hinterguss (entspricht dem Unterguss beim Menschen)
Auch der Hinterguss ist wieder als Wechselguss möglich, bei dem warm angefangen und kalt aufgehört wird.

Indikationen

Wenn Ihr Hund Beschwerden im Magen- und Darmbereich, mit Milz, Leber, Galle oder Bauchspeicheldrüse hat, wenn er unter Verstopfung leidet oder Diabetes (Zuckerkrankheit) hat, können Sie ihm durch einen Hinterguss helfen. Sie können ihn aber auch anwenden, um die Muskulatur zu tonisieren, über die das Wasser gegossen wird, also die Hinterbein-, Becken-, Rumpf- und Bauchmuskulatur.

Die Durchblutung wird natürlich angeregt, nicht nur oberflächlich sondern auch mit Wirkung auf die Beckenorgane.

Ausführung

Ihr Hund muss bei dieser Gießfolge stehen. Führen Sie den Wasserstrahl außen am rechten Hinterbein von der Pfote bis zum Beckenkamm hoch. Nun gehen Sie mit dem Schlauch über die Außenseite der rechten Rückenhälfte bis zum Schulterblattrand. Hier verweilen Sie 8 Sekunden mit kleinen kreisenden Bewegungen. Gehen Sie rechts neben der Wirbelsäule bis zum Becken zurück und führen den Wasserstrahl ab Knie innen am Lauf bis zur Pfote herunter. Links verfahren Sie genauso: Ab Pfote außen am Bein bis zum Beckenkamm, an der Außenseite der linken Rückenhälfte bis zum Schulterblattrand. Hier verweilen Sie 5 Sekunden, wechseln für 5 Sekunden auf die rechte Seite und wechseln wieder zurück zur linken Seite, um dort noch einmal 5 Sekunden zu verweilen. Dann führen Sie den Wasserstrahl links neben der Wirbelsäule zum Becken, um ihn innen am linken Bein wieder abzuleiten.

Sie fangen noch einmal am rechten Hinterbein an, diesmal vorne (kranial) an der Pfote, gehen den Lauf hoch. Etwa am Knie gehen Sie zum Bauch über und führen den Strahl bis zum Rippenbogen. Hier verweilen Sie 8 Sekunden und gehen dann noch über die Leibesmitte zur Innenseite des Beines und zurück zur Pfote. Dann steigen Sie links am Hinterbein auch wieder vorne an der Pfote ein, steigen auf bis zum Knie, gehen zum Bauch über und bis zum Rippenbogen. Dort verweilen Sie 5 Sekunden, wechseln für 5 Sekunden auf die rechte Seite, und verweilen dann links noch mal 5 Sekunden. Gehen Sie mit kreisenden Bewegungen (3-6 x) über den Bauch (vorsichtig bei Rüden!) und dann über die Leibesmitte zur Innenseite des linken Beines und zurück zur Pfote.

Auch hier können Sie den Guss wieder abkürzen, wenn Sie nur lokal behandeln wollen. Gehen Sie dann nur außen bis zum Beckenkamm, verweilen dort 8 Sekunden, lassen dabei einen Wassermantel fallen und gehen dann an der Innenseite wieder runter. Auswirkungen auf die Organe hat das dann zwar nicht, ist aber lange nicht so kompliziert.

Heißer Lumbalguss

Durch den heißen Lumbalguss soll sich eine starke Mehrdurchblutung einstellen. Es ist ein sehr einfacher Guss!

Indikationen

Er hilft bei Verspannungen und Schmerzen im Rücken, u.a. bei Bandscheibenvor-fällen. Also bei allen Problemen im Lendenbereich, die Wärme vertragen.

Ausführung

Der Hund sollte bei dieser Gussfolge möglichst sitzen, damit das Wasser über den Rücken abfließen kann. Der Guss beginnt mit indifferenter Wärme (also etwa 30 °C)! Fangen Sie an der rechten Seite an, aber diesmal erst an der Kruppe. Gehen Sie bis zum Übergang zwischen Lenden- und Beckenwirbelsäule. Dort halten Sie 8 Sekunden und lassen einen Wassermantel über Lendenbereich und Kruppe fließen (deshalb der Sitz, im Stand würde das Wasser nur seitlich über den Rumpf abfließen).

Dann wechseln Sie für 8 Sekunden auf die linke Seite. Sie bauen aber immer einen neuen Wassermantel auf. Wechseln Sie wieder zur rechten Seite und steigern dabei leicht die Temperatur. Das geschieht solange, bis Sie die Erträglich-keitsgrenze erreicht haben. Wenn Ihr Hund also unruhig wird, gehen Sie auf der linken Seite bis zum Hundepo runter und beenden den Guss. Gehen Sie auch nicht über maximal 45 °C hinaus!

BÄDER

Neben den normalen Wannenbädern, in denen Ihr Hund bis zum Hals im Wasser steht, gibt es noch das Bewegungsbad (oder eben auch den Teich), das Stanger-bad, ein Bad in dem mit Reizstrom behandelt wird, und die Unterwasserdruck-strahlmassage. Bei den Bädern gibt es neben der Temperatur noch andere Fakto-ren, die beachtet werden müssen.

Der hydrostatische Druck, der Druck des Wassers, führt zu einer Kompression der Blutgefäße, die eine venöse Blutverschiebung zum Herzen hin bedingt. Da-durch kommt es zu einer Mehrbelastung des Herzens. Wenn das Wasser sehr warm war, erweitern sich die Blutgefäße und sobald das Tier aus dem Wasser kommt, versackt das ganze Blut peripher. Es kommt zu einem Kreislaufkollaps. Deshalb duschen Sie Ihren Hund nach einem Bad bitte kalt ab.

Die Auftriebskraft des Wassers sorgt dafür, dass ein Körper nur noch 10 % sei-nes ursprünglichen Gewichtes wiegt, wenn er bis zum Hals im Wasser ist. Das wird im Bewegungsbad (natürlich auch im natürlichen Gewässer) zur Gelenkent-lastung bei Arthrosen oder übergewichtigen Tieren genutzt. Aber auch gebroche-ne Extremitäten können im Wasser eher belastet werden.

Den Reibungswiderstand des Wassers nutzen wir in der Therapie ebenfalls. Durch ihn kommt es trotz Entlastung der Gliedmaßen zu einer Kräftigung.

Dann gibt es noch zusätzliche mechanische Faktoren, wenn Ihr Hund z.B. eine Unterwasserdruckstrahlmassage bekommt, der Applikationsdruck des Wasser-strahls. Die können Sie ihm leider nicht selber verpassen, weil dazu eine spezielle Wanne mit Schlauch notwendig ist. Aber auch Abreibungen und Bürstungen können Sie Ihrem Hund in der Wanne »verpassen«. Das Temperaturempfinden wird dadurch überdeckt, niedrige Temperaturen werden als wärmer empfunden, hohe noch als angenehm. Bei Veränderungen der Haut und Gefäße, bei Entzündungen und in Narbenbereichen sollten Sie keine Abreibungen und Bürstungen vornehmen, weil das zu Gewebszerstörungen und Blutergüssen führen kann. Wenn Ihr Hund Herzpatient ist und medikamentös behandelt wird, lassen Sie die mechanischen Faktoren besser auch weg, baden Sie ihn dann besser gar nicht, weil es durch den Wasserdruck schon Probleme geben könnte. Wenn Sie Ihn baden, wählen Sie lieber eine etwas niedrigere Temperatur.

Temperatur
Die optimale Badetemperatur liegt bei 30-35 °C. Bei Arthrose, oder wenn Ihr Hund gerne warm badet, darf das Wasser ruhig wärmer sein, bei herzkranken Hunden eher kälter. Halten Sie aber sowieso besser Rücksprache mit Ihrem Tierarzt in einem solchen Fall.

Behandlungsdauer
Sie sollten Ihren Hund maximal eine halbe Stunde im Wasser lassen, 15-20 Minuten sind perfekt.

Kontraindikationen
Bei akuten Herzerkrankungen und schwerer Herzinsuffizienz, bei Nieren-Blasen-Problemen, bei Fieber und bei einem geschädigten Lymphgefäßsystem dürfen Sie keine Bäder anwenden.

Indikationen
Bäder sind bei Wirbelsäulenerkrankungen, Arthrosen, Knochenbrüchen, nach Operationen (wenn die Wunde verheilt ist) und bei Lähmungen sinnvoll. Sie können aber auch bei nicht akuten Herzerkrankungen und chronischen Atemwegserkrankungen helfen.

PACKUNGEN
Die häufigsten Packungsformen sind Fango-, Paraffin- und Naturmoorpackungen. Fangopackungen für den Backofen gibt es in den Apotheken zu kaufen. Sie werden auf etwa 60 °C erhitzt und auf den zu behandelnden Körperteil gelegt. Der ganze Hund wird dann gut in ein Laken oder Handtuch und anschließend in eine Wolldecke gepackt und 20 Minuten darin liegen gelassen. Bleiben Sie bei ihm! Da die Packung fest am Körper ist, kann es zum Hitzestau kommen. Ist es Ihrem Hund unangenehm, so fest eingepackt zu sein, nehmen Sie ihn wieder aus seiner Verpackung heraus. Die Fangoplatte kann auch so auf dem Körperteil liegen, sie muss nur einigermaßen fest angedrückt werden. Bei Muskelverspannungen und -verhärtungen kann man die Fangos gut anwenden.

Kälte oder Wärme bei den verschiedenen Schmerzursachen

- Trauma: Kälte
- Entzündung: Kälte! Wärme nur zur Reifung von Abszessen
- Krämpfe glatter Muskulatur (z.B. Darm): Wärme
- Muskel-Sehnen-Ansatzschmerz: Wärme und Kälte möglich
- Gefäßspasmen: leichte Wärme
- Durchblutungsstörungen: leichte Wärme

WÄRME
Wirkung
Wärme regt den Parasympathikus an, wirkt dadurch entspannend und beruhigend. Außerdem wirkt sie schmerzlindernd, regt das Immunsystem an, hat eine reflektorische Wirkung auf die inneren Organe, die vom gleichen Segment versorgt werden und aktiviert das intakte Lymphsystem. Sie sorgt dort, wo sie einwirkt, für eine Mehrdurchblutung und eine Entspannung der Muskulatur. Muskelverkrampfungen können durch sie aufgelöst werden.

Kontraindikationen
Bei akuten Herzerkrankungen und schwerer Herzinsuffizienz darf die Wärme nicht im Herzbereich angebracht werden. Bei Fieber und Hitzeunverträglichkeit sollte Wärme gar nicht angewandt werden. Bei Entzündungen (Verstärkung der Entzündung) und einem nicht intakten Lymphsystem (Verstärkung von Ödemen!) sollten Sie den Bereich auslassen, wo sich die Beschwerden äußern. Bei Trächtigkeit sollten Sie keine Wärme auf den Lendenwirbelbereich und auf den Bauch einwirken lassen.

Indikationen
Bei degenerativen Gelenk- und Wirbelsäulenerkrankungen (Arthrosen, Spondylosen, Bandscheibenschäden usw.), bei verspannter Muskulatur und nach Traumata oder Operationen am Bewegungsapparat ist Wärme ein Mittel der Wahl. Liegen Schwellungen vor, die durch Überlastung der Weichteile kommen (Abklärung ob es nicht vielleicht doch Ödeme sind!) und bei Erkrankungen der inneren Organe kann man Wärme einsetzen. Wärme dient auch zur Entspannung bei allgemeiner Nervosität und ist günstig als Vorbereitung zur Massage.

Formen
Wärmelampen etc.
Rotlicht, Heißluft, Solarium ... sind für großflächige Behandlungen und zur Entspannung sehr geeignet. Außerdem haben sie den Vorteil, dass Sie Ihren Hund

einfach darunterlegen und derweil irgendetwas anderes machen können. Wenn es ihm zu warm wird, kann er einfach aufstehen und gehen. Dadurch haben Sie mehrmals am Tag die Möglichkeit, Ihrem Hund Wärmeanwendungen zu verabreichen, ohne in Zeitdruck zu kommen.

Heiße Rolle:

Für die ursprüngliche Heiße Rolle benötigt man fünf Frottiertücher, die der Länge nach gefaltet werden. Das erste Handtuch wird bindenartig fest aufgerollt, zwei weitere werden trichterförmig fest um das erste gewickelt, das vierte ist wieder bündig und das fünfte Handtuch ist zum Tragen der fertigen Heißen Rolle. Wie viele Handtücher Sie wirklich nehmen, bleibt Ihnen überlassen, wichtig ist nur, dass sie trichterförmig zusammengerollt werden. In den Trichter gießen Sie heißes Wasser, das dann die Schichten durchfeuchtet. Die Heiße Rolle rollen oder tupfen Sie dann von kaudal nach kranial (aus Richtung Schwanz in Richtung Kopf). Bei Abkühlung werden die Handtücher von außen nach innen abgerollt, deswegen bleibt die Hitze auch lange erhalten. Es ist kein Hitzestau möglich, da die Wärme ja nicht fest appliziert ist. Die Wassertemperatur sollte 45 bis maximal 69 °C betragen. Es wird 10-20 Minuten lang behandelt.

Körnerkissen, Kirschkernsäckchen

Körnerkissen und Kirschkernsäckchen können Sie ganz leicht selbst herstellen. Sie nähen sich ein Leinensäckchen in der Größe, die das Wärmekissen haben soll und füllen es entweder mit abgekochten Kirschkernen oder mit Getreidekörnern, die nicht spitz zulaufen. Körnerkissen kann man mittlerweile aber auch in Apotheken, Drogerien und bei Physiotherapeuten kaufen. Kirschkernsäckchen und Körnerkissen können Sie in der Mikrowelle oder über einem großen Topf im Wasserdampf erhitzen. Legen Sie das Kissen oder Säckchen auf das Körperteil, das behandelt werden soll und lassen Sie es 10-15 Minuten einwirken.

Heublumensack

Heublumen sammeln sich beim Lagern von Heu auf dem Boden an. Sie sind aber auch als Säckchen in der Apotheke zu kaufen. Erhitzen Sie das Säckchen in einem großen Topf über Wasserdampf und legen Sie es für 10 Minuten auf den zu behandelnde Körperteil. Speziell bei rheumatische Erkrankungen, Muskelverspannungen oder psychovegetativen Spannungszuständen.

Kartoffelbrei

Nehmen Sie zerdrückte heiße, mit Schale gekochte Kartoffeln und wickeln Sie den Brei in ein Leinentuch ein. 10-15 Minuten einwirken lassen. Außer bei Arthrosen, Schmerzen der Wirbelsäule und der großen Gelenke (Schulter und Hüfte), kann man den Kartoffelbrei auch bei Husten und Lungenerkrankungen, Nierenbecken- und Blasenentzündungen einsetzen.

Fango
siehe oben

KRYOTHERAPIE (KÄLTETHERAPIE)
Wirkung
Kälte regt den Sympathikus an. Durch Kälte wird die Schmerzgrenze herauf-, und die periphere Erregbarkeit und Nervenleitgeschwindigkeit herabgesetzt.

Plötzlich einwirkende, kurzandauernde Kälte (Quickeis: 5-15 Sekunden Einwirkzeit, Kurzzeiteis etwa 5 Minuten) lässt die Gefäße kontrahieren. Danach kommt es zu einer Gefäßerweiterung und einer Mehrdurchblutung. Quick- und Kurzzeiteis haben eine Oberflächenwirkung, wirken Gewebetonus senkend, aber Muskeltonus aktivierend. Sie fördern die Kontraktionsbereitschaft des Muskels und sind schmerzlindernd.

Dauert die Kälteanwendung länger (Langzeiteis: 5-30 Minuten Einwirkzeit) folgt nach der Gefäßerweiterung eine erneute Kontraktion. Langzeiteis hat tieferreichende und längerdauernde Effekte.

Bei sehr langer Kälte kommt es zu Erfrierungen.

Kontraindikationen
Unter Kälte sollten Sie keine passive Mobilisation durchführen!

Bei Wärmebedürftigkeit (Kälteüberempfindlichkeit), schweren Sensibilitätsstörungen (z.B. durch Bandscheibenvorfälle) und Ernährungsstörungen des Gewebes sollten Sie keine Kälte anwenden. Ebenfalls tabu sind Eisanwendungen bei schweren Herz-Kreislauferkrankungen, bei Nieren- und Blasenerkrankungen, bei Gefäßspasmen und bei einem geschädigten Lymphgefäßsystem.

Vorsicht aber auch bei frischen Verletzungen! Einerseits wirkt Eis schmerzlindernd, andererseits wird bei Langzeiteis der Entzündungsprozess, der zur Heilung notwendig ist, unterbunden. Bitte deswegen nur Kurzzeiteis bei Traumata und Entzündungen, weil dabei die Gefäßerweiterung wieder eintritt und die Heilung unterstützt.

Indikationen
Traumata und Entzündungen verlangen Kurzzeiteis!

Eis ist schmerzlindernd. Es hilft bei Muskel-Sehnen-Ansatzschmerzen, degenerativen Erkrankungen mit Bewegungseinschränkungen, Ergüssen und Ödemen, Ischialgien und posttraumatischen oder postoperativen Kontrakturen. Außerdem erreicht man mit Eis eine Senkung des Muskeltonus (bei spastischer Muskulatur) oder eine Erhöhung des Muskeltonus.

Anwendungsformen
Eislolly, »Eis am Stiel«
Füllen Sie Wasser in einen Joghurtbecher, stellen Sie einen Löffel oder einen

Holzspatel hinein und frieren Sie alles ein: schon haben Sie einen Eislolly. Ein Eislolly eignet sich für Quick- oder Kurzzeiteis. Viel länger hält er nicht, weil er wegtaut. Reiben Sie mit dem Eislolly die zu behandelnde Stelle kräftig ein. Vorher müssen Sie die Stelle allerdings entweder scheren oder während der Behandlung das Fell zur Seite schieben, weil das Eis sonst nur die Haare kühlt und gar nicht auf die Haut kommt. Sinnvoll ist der Eislolly zur Erhöhung des Muskeltonus'.

Die Behandlungszeit beträgt dabei jeweils einige Sekunden während der Übungsbehandlung. Ein Eislolly wird dabei mit Druck auf den hypotonen Muskel gerieben und anschließend stark frottierend abgetrocknet. Wiederholen Sie das 4-5-mal.

Eisbeutel, Eishandtuch, Cool-Pack

Für einen Eisbeutel nehmen Sie Eiswürfel und packen diese in einen Plastikbeutel. Wenn Ihr Gefrierfach lange nicht abgetaut wurde und eine dicke Eisschicht beherbergt, können Sie von dieser Schicht »Chips« abkratzen und ebenfalls in einer Tüte verstauen.

Für ein Eishandtuch legen Sie ein nasses Handtuch in das Gefrierfach und lassen es so lange darin, bis es gefroren, aber noch nicht knüppelhart ist.

Das Cool-Pack ist ein mit Gel gefülltes Kissen, das Sie im Gefrierfach aufbewahren können und einfach herausnehmen, wenn Sie es brauchen. Absolut praktisch, nimmt nicht viel Platz weg und ist selbst bei »Notfällen« schnell zur Hand. Sie können auch einen Kühl-Akku für die Gefriertasche verwenden, allerdings schmiegt sich der nicht so schön an.

Eisbeutel und Cool-Pack sind für Langzeiteis gut zu gebrauchen, da die Kälte lange gespeichert wird. Auch das Eishandtuch hält einige Minuten.

Sinnvoll sind diese Dinge für die Schmerzlinderung. Dafür wird das Eis ca. 4 x täglich für etwa 5 Minuten aufgelegt. Außerdem kann es nach jeder Übungsbehandlung oder bei entzündlichen Gelenken 10-20 Minuten vor jeder Übungsbehandlung angewendet werden.

Gegen Ergüsse und Ödeme werde diese »Packungen« mehrmals täglich für ca. 5 Minuten aufgelegt.

Eiswasser

Eiswasser ist Wasser mit Eiswürfeln! Eiswasser lässt sich auch für Langzeitkälte nutzen. Wenn Sie das Eiswasser in eine Schale oder einen Eimer füllen, braucht Ihr Hund nur das entsprechende Bein hineinzustellen, allerdings funktioniert das wirklich nur an den Extremitäten. Sie können Eiswasser aber auch dazu nehmen, um Handtücher hineinzutauchen, die dann aufgelegt werden. Das ist dann einem Eishandtuch ähnlich, nur nicht ganz so kalte Kälte ...

Lassen Sie bei Langzeiteis die Knochenvorsprünge wegen Erfrierungsgefahr frei!

II.5. REIZSTROMTHERAPIE

Unter Reizstromtherapie versteht man eine Behandlung von Krankheitssymptomen unter Einwirkung von speziellen Stromformen.

TENS (Transkutane elektrische Nervenstimulation) ist ein niederfrequenter Impuls- und Gleichstrom. TENS-Geräte sind batteriebetriebene Kleinstimulatoren im Taschenformat. Sie sind für die Behandlung zu Hause bestimmt und deshalb in Sanitätshäusern zu kaufen.

TENS - Varianten

1. Das *konventionelle TENS* hat eine Frequenz zwischen 10 und 100 Hz, meistens liegen die Geräte bei 50-100 Hz oder 80-100 Hz. Bei dieser Form von TENS soll die Reizintensität im angenehmen Bereich bleiben, es soll zu keinen schmerzhaften Dauerkontraktionen kommen! Es stimuliert bestimmte Nervenfasern und verdeckt damit die Schmerzen.

2. Das *APL-TENS* (Acupuncuture like - TENS) gibt es einmal als kontinuierliche Form mit einer Frequenz von 2 Hz, und einmal als eine »bursts« - Form, bei der es eine Impulsgruppenfolge mit 2 Hz, der aber eine Frequenz von 100 Hz zugrunde liegt. Die letztere Form wird oft besser toleriert als die kontinuierliche Form. Bei beiden Formen soll die Reizintensität bis zur Toleranzgrenze aufgeregelt werden, schmerzhafte Muskelkontraktionen sind erwünscht. Man nimmt an, dass diese Art von TENS bestimmte Nervenfasern reizt, dass es zu einer Endorphinausschüttung kommt und dass ein Gegenreiz gesetzt wird. Die Wirkung tritt beim APL-TENS erst nach etwa 20 Minuten ein, dafür sind aber Langzeiterfolge eher zu erwarten, als beim konventionellen TENS. Beim Versagen vom konventionellen TENS ist das APL-TENS unter Umständen noch effektiv.

3. Das *Hyperstimulations-TENS* hat eine hohe Frequenz, die bei 10-100 Hz liegt und eine hohe Intensität bis zur Toleranzgrenze. Die Wirkung entspricht etwa dem APL-TENS.

Kontraindikationen

TENS kann immer angewendet werden, es sei denn Ihr Tier hat einen Herzschrittmacher oder ist extrem stromempfindlich. Da es nur eine symptomatische Behandlung ist, sollten Schmerzen, die ursächlich behandelt werden können, auch kausal behandelt werden. Da die Geräte für den Hausgebrauch gedacht sind, sind sie so konzipiert, dass der Laie nichts falsch machen kann.

Indikationen

Angewendet wird TENS bei Schmerzzuständen, deren Ursachen nicht behandelt werden können oder nicht zu finden sind, akut oder chronisch. Die Domäne stellt allerdings der chronische Schmerzzustand dar, z.B. Nervenschmerzen, Schmerzsyndrome der Wirbelsäule, Schmerzen bei degenerativen und entzündlichen Gelenkerkrankungen (z.B. Arthrose, Arthritis), Schleimbeutelentzündungen, Sehnenerkrankungen und Muskelschmerzen. Außerdem können Schmerzzustände nach Operationen oder Traumata und Schmerzen durch Tumore und Tumorbehandlung (z.B. Strahlentherapie) behandelt werden.

Durchführung
Wichtig für den Erfolg ist es, die beste Position für die Elektroden und die effektivsten Behandlungsparameter (TENS-Variante, Frequenz, Intensität, Behandlungsdauer und -intervall) zu finden. Das verlangt manchmal sehr viel Geduld, von Ihrem Hund und von Ihnen. Wenn Sie sicher gehen wollen, lassen Sie das von einem Therapeuten austesten, an den können Sie sich dann wenden, wenn im weiteren Behandlungsverlauf Fragen oder Probleme auftreten sollten. Wenn Sie im schmerzfreien Bereich bleiben, können Sie aber natürlich auch alleine testen.

Elektroden
Die Elektroden können unterschiedlich platziert werden. Wichtig ist das Fell des Tieres unter den Elektroden zu durchfeuchten, damit die Elektroden richtig leiten. Es gibt Weichgummi- oder Klebeelektroden, wobei Sie sich anschauen müssen, welche Art für Ihren Hund in Frage kommt. Es gibt zwei Elektroden, die Kathode (blau oder schwarz), das ist die wirkende, die schmerzlindernde Elektrode und die Anode (rot), welche als Bezugselektrode fungiert.

Applikation
Zur Behandlung von umschriebenen Schmerzpunkten kommt die Kathode auf den Schmerzpunkt und die Anode in ein paar Zentimetern Abstand daneben, am besten proximal der Kathode. Bei Prellungen, Ischialgien und lokalisierten Muskelschmerzen wird die »Schmerzpunktapplikation« angewandt.

Zur Gelenkdurchflutung werden die beiden Elektroden einander gegenüber platziert, am besten eine medial, eine lateral. Bei Gelenkentzündungen, Verstauchungen, Luxationen, Arthrosen usw. kann man die Elektroden so platzieren. Wo welche Elektrode sitzt, ist egal. Wenn ein Teil des Gelenkes mehr schmerzt, kommt die Kathode darauf. Ist nur ein Muskel betroffen, z.B. bei Muskelfaserrissen, können die Elektroden im Muskelverlauf appliziert werden. Eine Elektrode kommt auf den Ansatz, eine auf den Ursprung, wohin welche, ist egal. Sie können aber auch die Kathode auf den Riss (wenn Sie wissen wo er ist) tun und die Anode daneben (das wäre wieder die Schmerzpunktapplikation).

Bei Problemen an der Wirbelsäule, z.B. bei Wirbelblockierungen, können Sie die Elektroden quer zur Wirbelsäule anbringen. Sie durchfluten sie dann also. Sie können die Elektroden aber auch beide neben der Wirbelsäule auf einer Seite befestigen, wenn mehrere Wirbel betroffen sind. Dann setzen Sie zwischendurch die Elektroden einmal auf die andere Seite.

Wenn Sie wissen, wo der periphere Nerv durch das schmerzhafte Gebiet verläuft, können Sie beide Elektroden proximal des Schmerzareals im Nervverlauf setzen.

Dosierung

Je akuter ein Krankheitsbild, desto milder die Dosierung, kürzer die Behandlungszeit und häufiger die Behandlung!

Noch einmal eine kurze Zusammenfassung der Varianten:
Das konventionelle TENS hat eine hohe Frequenz und eine niedrige Intensität.
Das APL-TENS hat eine niedrige Frequenz und eine hohe Intensität.
Das Hyperstimulations-TENS hat eine hohe Frequenz und eine hohe Intensität.
Mild sind hohe Frequenzen und niedrige Intensitäten! Das heißt, dass Sie am besten immer mit dem konventionellen TENS beginnen. Ist nach 10 Behandlungen keine nennenswerte Verbesserung eingetreten, wechseln Sie auf eine andere TENS-Variante oder eine andere physikalische Maßnahme.

Intensität

Und noch einmal: Beim konventionellen TENS regeln Sie nur so hoch, dass es Ihrem Hund noch angenehm ist, bei den anderen beiden Formen soll es zu einer schmerzhaften Dauerkontraktion kommen! Wie hoch das genau ist, müssen Sie ausprobieren oder ausprobieren lassen. Es gibt keine Regel, jedes Tier, jede Muskulatur reagiert anders.

Behandlungsdauer

Beim konventionellen TENS beginnen Sie mit 20-30 Minuten täglich und steigern es innerhalb einiger Tage bis zu mehrmals täglich je 1-2 Stunden! Durch Veränderung des Schmerzareals müssen Sie eventuell die Elektroden anders positionieren.

Beim APL- und beim Hyperstimulations-TENS behandeln Sie mindestens 20 Minuten.

Behandlungsintervall

Bei allen Varianten müssen Sie darauf achten, wann Ihr Hund wieder Schmerzen bekommt. Das ist dann der richtige Zeitpunkt, um wieder mit TENS zu behandeln. Irgendwann wissen Sie dann, wie lange Ihr Hund schmerzfrei ist und Sie können ihm das Gerät anlegen, bevor die Schmerzen wiederkommen.

Behandlungsserie

Hat Ihr Hund chronische Schmerzen brauchen Sie natürlich länger, um sie in den Griff zu bekommen, als wenn er akute Schmerzen hat. Aber eine Regel gibt es auch hier nicht.

III. PRAXISTEIL

DIE ARBEIT AN DEN EINZELNEN KÖRPERBEREICHEN

III.1 KOPF UND HALS

Die Arbeit am Kopf ist (außer an der Wangenmuskulatur und am Kiefergelenk) keine echte physiotherapeutische Arbeit. Ich arbeite trotzdem oft am Kopf, weil es vertrauensfördernd und entspannend ist. Durch die (psychische) Entspannung kann Aggressionen vorgebeugt werden! Es gibt da nämlich einen Teufelskreis, und zwar beißt man (Mensch wie Tier) die Kiefer fest aufeinander, wenn man wütend ist. Ist man oft wütend, verspannt sich die Muskulatur um das Kiefergelenk und später sogar die Halsmuskulatur. Das tut auf Dauer natürlich weh, also wird man missmutig und ist schneller gereizt ... Durchbricht man diesen Teufelskreis an einer Stelle, und zwar durch entspannende Maßnahmen, kann es sein, dass so mancher Hund, der zur Aggression neigt, plötzlich »lammfromm« wird. Kann sein, sage ich, leider gibt es dafür keine Garantie, aber ein Versuch (am eigenen Hund!) ist es allemal wert.

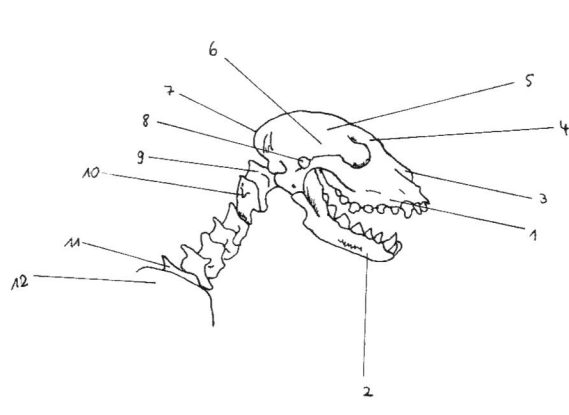

Abb. 60
Knöcherne Anteile des
Schädels und der
Halswirbelsäule:

1. *Oberkiefer*
2. *Unterkiefer*
3. *Nasenbein*
4. *Stirnbein*
5. *Scheitelbein*
6. *Schläfenbein*
7. *Hinterhauptbein*
8. *Kiefergelenk*
9. *Atlas*
10. *Axis*
11. *7 Halswirbel*
12. *Schulterblatt*

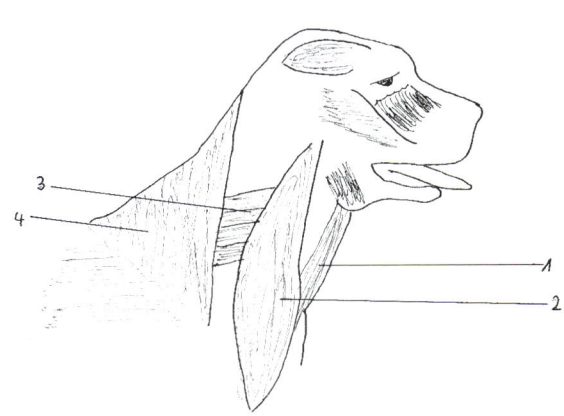

Abb. 61
Oberflächliche
Halsmuskulatur:

1. Sternohyoideus
2. Brachiocephalicus
3. Halsportion des
Serratus ventralis
4. Halsportion
des Trapezius

III.1.1. ANATOMIE

Den Schädel unterteilt man grob in Hirn- und Gesichtsschädel. Zum Gesichtsschädel gehören Ober- und Unterkieferknochen (Maxilla und Mandibula), das
Nasenbein (Os nasale) und der Zwischenkieferknochen (Os incisivum). Der Hirn-
schädel besteht aus Stirnbein (Os frontale), Scheitelbein (Os parietale), Schläfenbein (Os temporale) und Hinterhauptbein (Os occipitale).

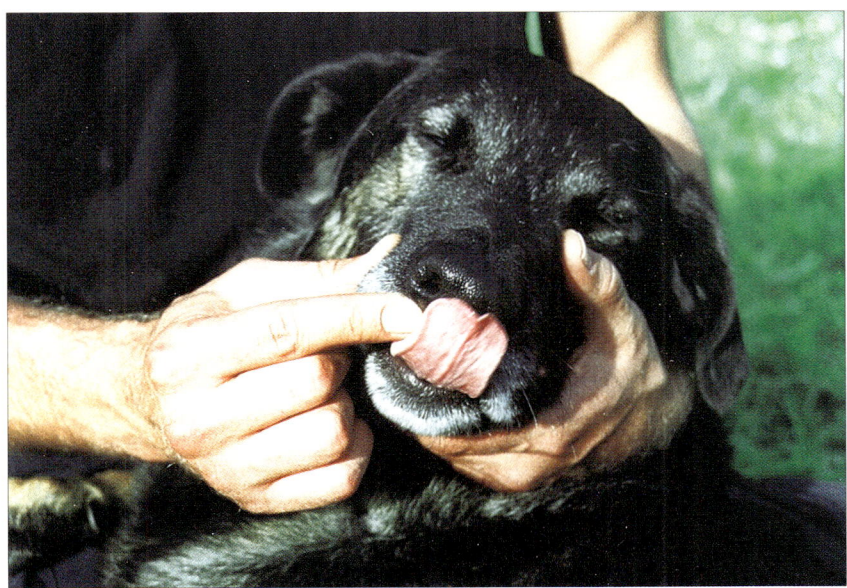

Abb. 62

Zwischen Ober- und Unterkiefer gibt es eine gelenkige Verbindung, das Kiefergelenk. Alle anderen Schädelknochen sind durch Knochennähte relativ fest miteinander verwachsen.

Die Halswirbelsäule besteht (wie bei allen Säugetieren) aus sieben Halswirbeln, die beweglich miteinander verbunden sind und die die Halsbeweglichkeit ausmachen. Im Hals kann eine Beugung (Flexion), Streckung (Extension), Seitneigung (Lateralflexion) und eine Drehung (Rotation) stattfinden.

Außerdem gibt es eine bewegliche Verbindung zwischen dem Hinterhauptbein und dem ersten Halswirbel (Atlas). Hier findet eine Nickbewegung des Kopfes statt. Der zweite Halswirbel wird auch Dreher genannt. Natürlich aus dem Grund, weil hier die Drehbewegung des Kopfes und des Atlas stattfindet.

Die Beweglichkeit des Halses ist unter anderem von der Länge abhängig. Kurze Hälse sind weniger beweglich als lange, haben aber meistens mehr Kraft, da die Muskulatur kurz und schwer ist.

Auswirkungen von Blockierungen
Atlas: z.B. chronische Müdigkeit, Schlaflosigkeit, Verhaltensstörungen, Störungen der Sinnesorgane
Dreher: Nebenhöhlenbeschwerden, Taubheit, Allergien, Augenprobleme
3. Halswirbel: Nervenschmerzen oder -entzündungen, Hautprobleme
4. Halswirbel: Gehörverlust, Schwanken, Taumeln
5. Halswirbel: Kehlkopfentzündung, Schiefstellung und Schmerzen einer Schulter, Nervenschmerzen im Hals- und Brustbereich
6. Halswirbel: steifes Genick, Schmerzen in den Vorderbeinen (Oberarm) und der Schulter
7. Halswirbel: Schleimbeutelentzündung der Schulter, Erkältungen, Schilddrüsenerkrankungen, Schwellung eines Vorderbeines

III.1.2. THERAPIE

III.1.2.1 MASSAGE
Bei der Kopf- und Halsmassage kann Ihr Hund vor Ihnen sitzen oder stehen. Er kann natürlich auch auf dem Bauch liegen. Nur die Seitlage ist unpraktisch, wenn Sie wirklich nur Kopf und Hals massieren wollen, denn hier springen Sie bei jedem Griff von einer Seite zur anderen. Nur wenn die Kopf- und Halsmassage ein Teil einer Ganzmassage ist, und Sie erst die eine Seite komplett durch behandeln, bevor Sie mit der anderen beginnen, lohnt sich die Seitlage.

Streichungen
Handstreichung
Streichen Sie mit der flachen Hand, als wollten Sie Ihren Hund streicheln, von der Nase über die Stirn zum Hinterkopf.

Abb. 63.a
Einhandstreichung
am Kopf

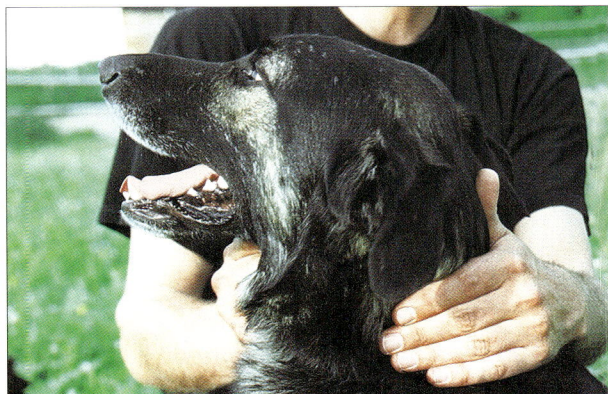

Abb. 63.b
Einhandstreichung am Hals
vom Kopf zum Widerrist

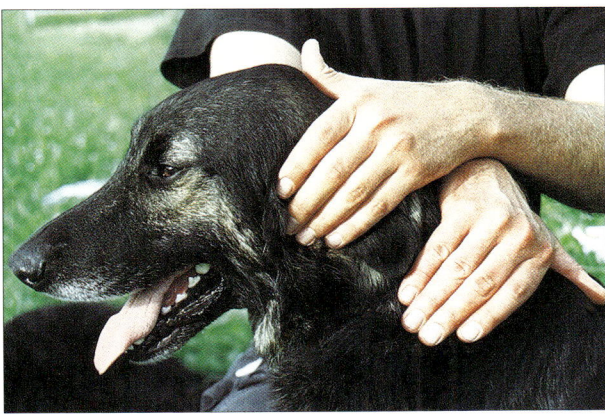

Abb. 63.c
Hand-über-Hand-
Streichung am Hals vom
Kopf zum Widerrist

Dann streichen Sie, wieder mit der flachen Hand, vom Kopf zum Widerrist. Zuerst oben (dorsal, wissen Sie noch?), dann auf der rechten, anschließend auf der linken Seite. Bei großen Hunden können Sie auch Hand-über-Hand-Streichungen machen *(Abb. 63.a-c)*.

Knöchelstreichungen

Statt der Handstreichungen können Sie auch Knöchelstreichungen machen. Denken Sie daran, bei Streichungen locker (!) über die Muskulatur zu fahren. Wieder vom Kopf zum Widerrist. Die Richtung ist wichtig (Lymphabfluss) und bleibt immer gleich *(Abb. 64)*.

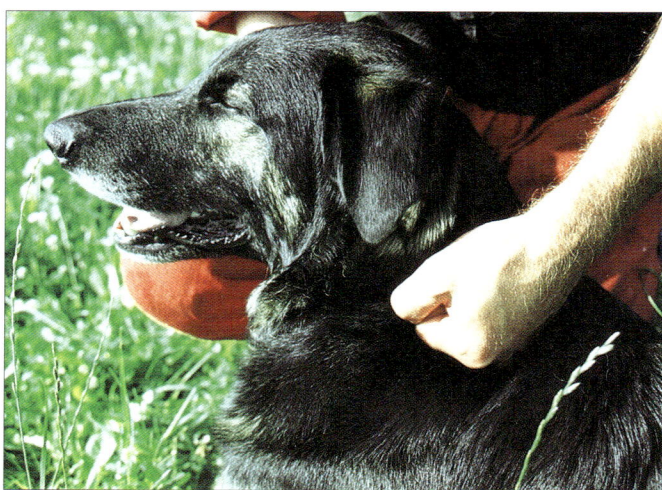

Abb. 64
Knöchelstreichung am
Hals vom Kopf zum
Widerrist

Daumenstreichungen

Danach fassen Sie die Schnauze so, dass sich Ihre beiden Daumen auf dem Nasenrücken und Ihre Finger am Unterkiefer treffen. Dann streichen Sie mit den Daumen über den Nasenrücken die Lefzen hinab und ziehen die Daumen weiter bis zur Wangenmuskulatur *(Abb. 65.a-c)*.

Abb. 65.a
Daumenstreichungen
von der Nase ...

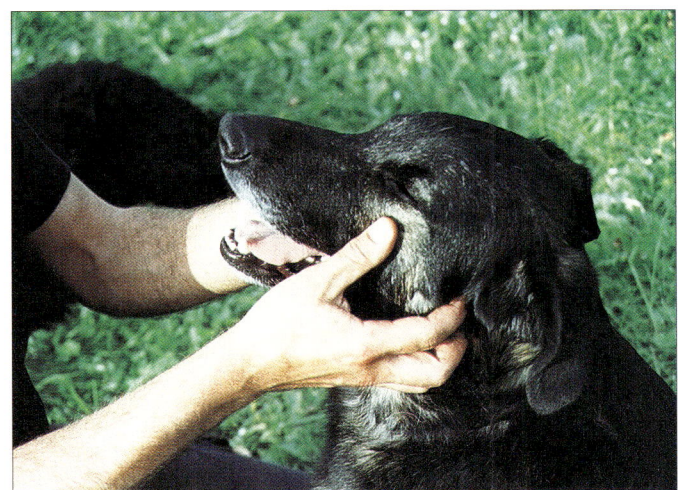

Abb. 65.b
... über die
Lefzen ...

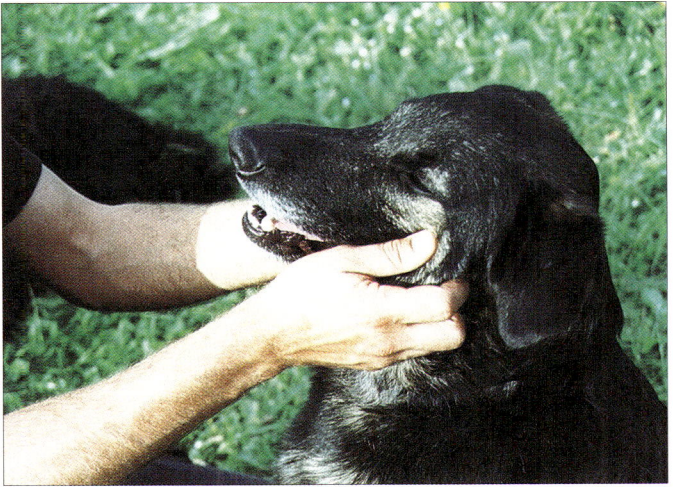

Abb. 65.c
... zur Wange

Wiederholen Sie das ruhig mehrmals, die meisten Hunde genießen es sehr, die Schnauze »gestreichelt« zu bekommen. Aber Sie streicheln nicht! Spätestens, wenn Sie zum Hals kommen, werden Sie sich wieder daran erinnern, dass Sie Ihren Hund massieren wollen, denn spätestens hier werden die meisten Vierbeiner Verspannungen haben. Sie müssen sich also sehr auf das Gefühl in Ihren Fingern konzentrieren. Wo sind Knubbel, Verhärtungen? Aber zurück zur Massage.

Hautrollen

Als Nächstes schnappen Sie sich eine Hautfalte auf dem Kopf mit den Fingerspitzen beider Hände. Die Daumen liegen auf der einen Seite, die Finger auf der anderen. Diese Falte schieben oder rollen Sie jetzt mit den Daumen weiter. Die Finger weichen nur so weit aus, dass wirklich eine Falte bestehen bleibt! Nicht kneifen! Probieren Sie es erst einmal an Ihrem Partner aus! Der wird Ihnen schon rechtzeitig Bescheid sagen, wenn es unangenehm ist, und das sollte es nie sein. Auf diese Weise werden Sie bald rausbekommen, wie das »Hautrollen« funktioniert, Ihrem Hund guttut und nicht kneift! Auf dem Kopf *(Abb. 66.a)* ist die »Rollrichtung« egal, am Hals schieben Sie die Hautfalte wieder vom Kopf zum Widerrist *(Abb. 66.b).*

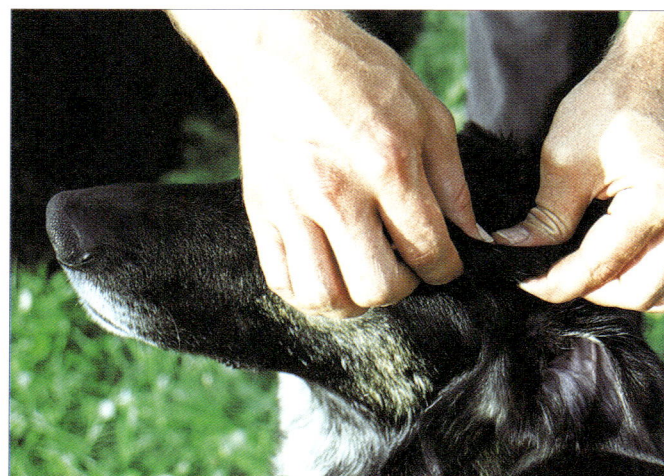

Abb. 66.a
Hautrollen
... am Kopf

Abb. 66.b
... am Hals

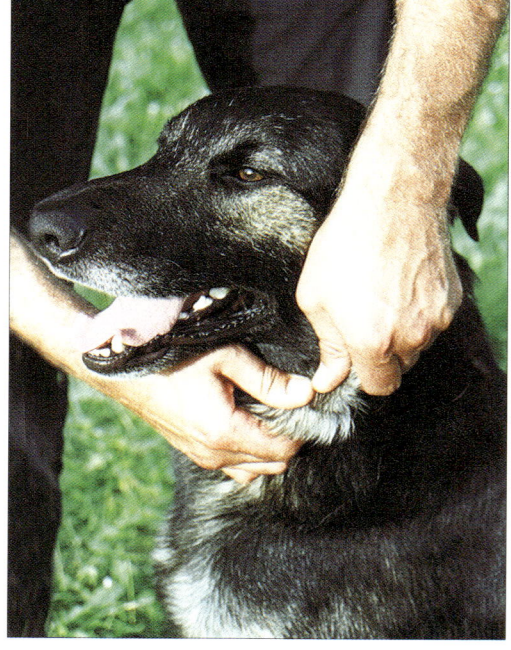

Kreisungen

Stellen Sie anschließend Mittelfinger und Ringfinger leicht gebeugt auf den Kopf auf und »malen« Sie kleine Kreise, und zwar so, dass sich die Haut mitbewegt *(Abb. 67.a)*, Sie also nicht nur auf dem Fell rumrutschen. Diese Kreisungen können Sie im ganzen Hundegesicht machen. Da, wo Muskulatur drunter liegt, können Sie ein bisschen fester drücken, damit sich auch die Muskulatur leicht bewegt. Achten Sie aber darauf, dass es Ihrem Hund noch angenehm ist und keine Schmerzen verursacht. Um die Augen herum können Sie die Kreise auch mit nur einem Finger machen *(Abb. 67.b)*.

Nun machen Sie leichte Kreisungen auf der Muskulatur neben der Wirbelsäule am Hals. Hier aber wieder so, wie ich sie im Theorieteil beschrieben habe, mit dem Mittelfinger, der vom Ringfinger unterstützt wird *(Abb. 67.c)*. Hier können Sie mit ein wenig mehr Druck arbeiten. Aber wichtig ist immer das Wohlbehagen Ihres Hundes.

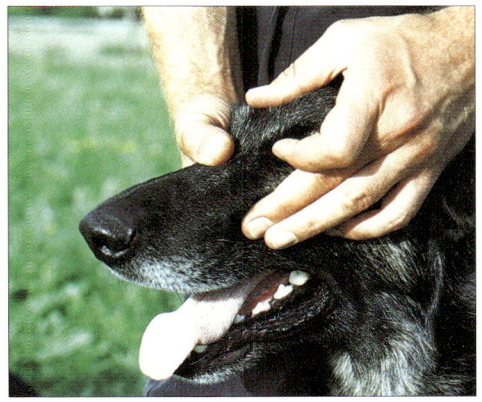

Abb. 67.a
Kreisungen (auch in Pfötchenstellung
möglich) im Hundegesicht

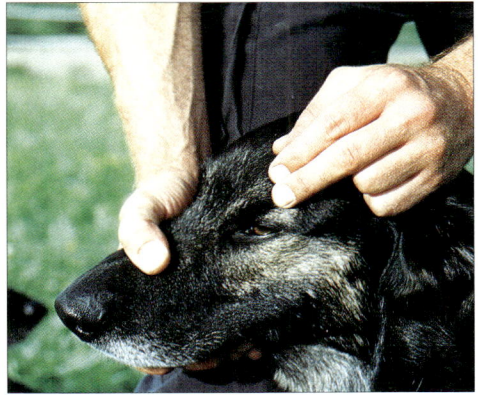

Abb. 67.b
... um die Augen

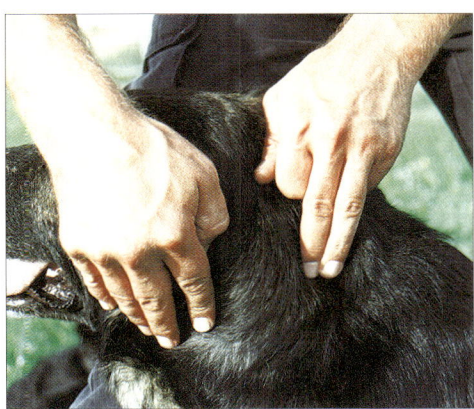

Abb. 67.c
... auf dem Hals
(bitte die Wirbelsäule auslassen)

Daumenknetungen

Danach kommen die Daumenknetungen auf der Halsmuskulatur. Dazu setzen Sie einen (bei einem großen Hund beide) Daumen auf die Muskulatur dicht am Kopf. Mit dem Daumen machen Sie jetzt eine halbkreisförmige Bewegung auf die Finger zu und üben Druck in die Muskulatur und in die Bewegungsrichtung aus. So bearbeiten Sie zuerst die rechte, dann die linke Halsseite, vom Nacken Richtung Schulter *(Abb. 68.a+b)*.

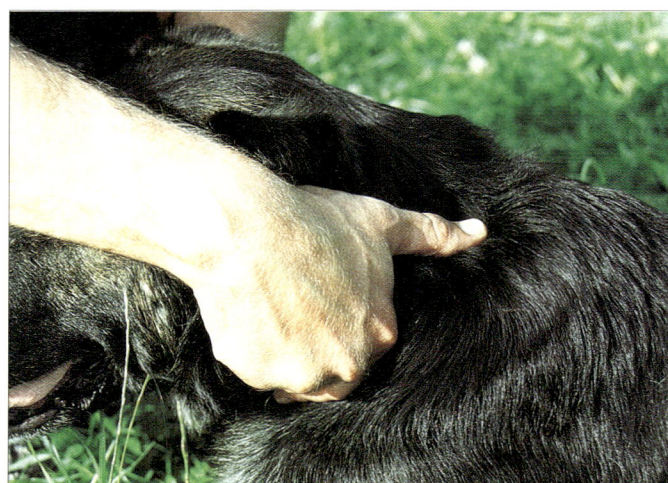

*Abb. 68.a
Daumenknetungen der
Halsmuskulatur mit
einem Daumen ...*

*Abb. 68.b
... mit beiden Daumen*

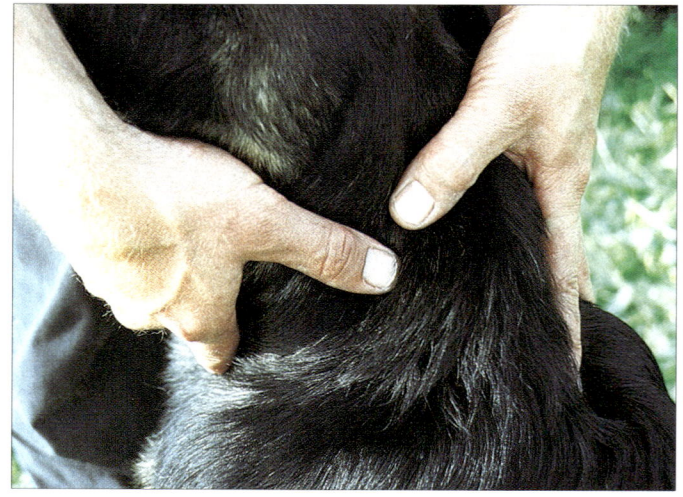

Ohrarbeit

Wölben Sie als Nächstes Ihre Hand um die Ohrbasis, der Daumen liegt innen am Ohrinnenrand. Ziehen Sie nun langsam den Daumen zur Ohrspitze (dadurch werden die Ohrakupunkturpunkte angesprochen), einmal am unteren Ohrrand, einmal am oberen. Danach wölben Sie die Hand um die Ohrbasis und kreisen damit *(Abb. 69. a-d)*.

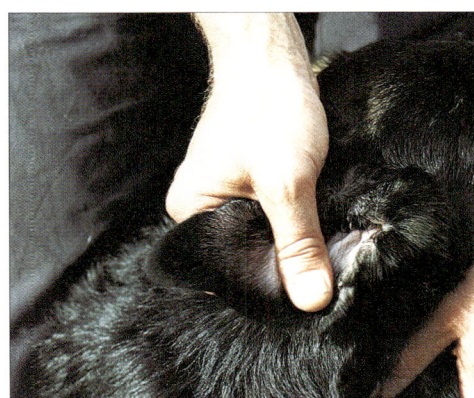 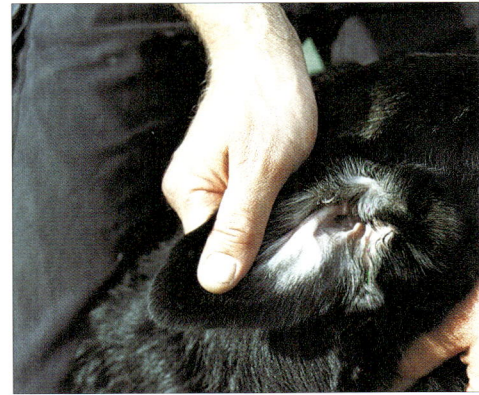

Arbeit am Ohr
Abb. 69.a+b - Ansprache der Ohrakupunkturpunkte ...

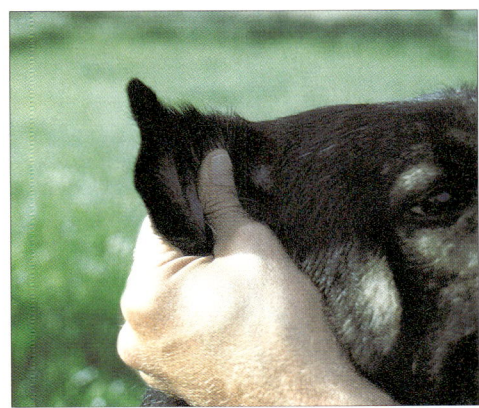 

Abb. 69.c+d - ... Ohrkreisen

Maularbeit
Drücken Sie dann mit einem Finger die Oberlippe und bewegen Sie sie leicht im Kreis (auch hier ist wieder ein wichtiger Akupunkturpunkt - *Abb. 70.a*).

Danach legen Sie Ihre Hand leicht gewölbt auf das Zahnfleisch des Oberkiefers und reiben Sie sie leicht hin und her. Anschließend machen Sie das gleiche auf dem Zahnfleisch des Unterkiefers *(Abb. 70.b+c).*

Arbeit am Maul

Abb. 70.a
Anregung der
Akupunkturpunkte in
der Mitte der
Oberlippe

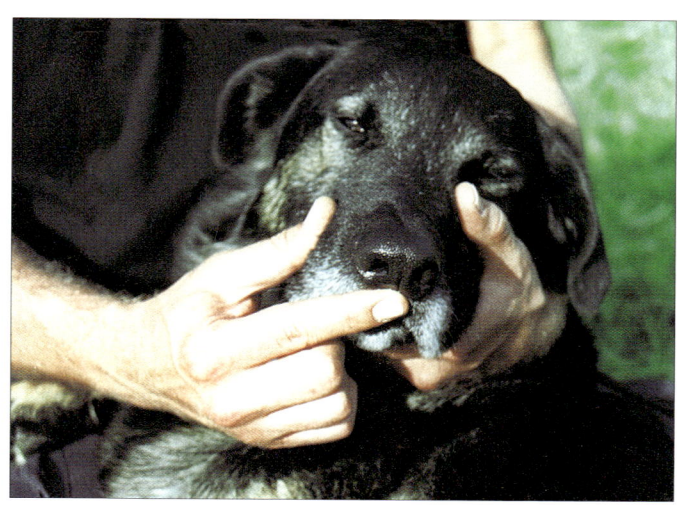

Abb. 70.b
Reiben des
Oberkieferzahn-
fleisches

124

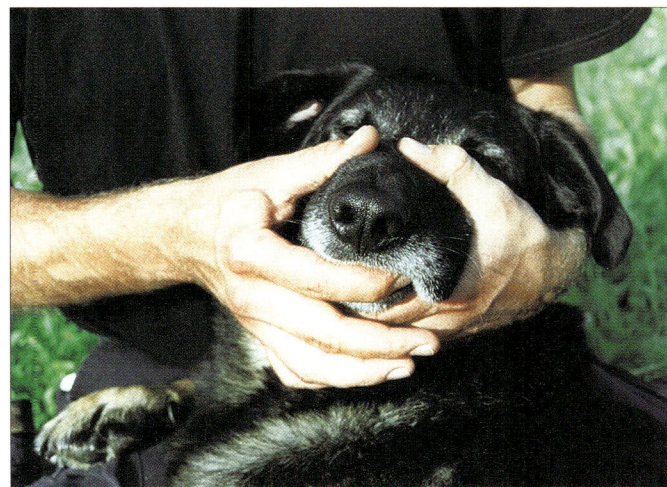

*Abb. 70.c
Reiben des
Unterkieferzahn-
fleisches*

ZUSAMMENFASSUNG MASSAGE AM KOPF UND HALS:

Einhandstreichungen von der Nase bis zur Stirn

Einhand-, Knöchel- oder Hand-über-Handstreichungen vom Kopf zum Widerrist, erst dorsal, dann über die Seiten

Daumenstreichungen über den Nasenrücken

Hautrollen am Kopf und vom Kopf zum Widerrist

Kreisungen im Gesicht, um die Augen, auf der Halsmuskulatur

Daumenknetungen auf der Halsmuskulatur vom Kopf zum Widerrist

Ohrarbeit

Maularbeit

III.1.2.2. DEHNUNGEN

Der Hundehals muss für die Dehnung aufgewärmt sein, weil es sonst leicht zu Zerrungen kommen kann und Sie dem Tier nicht helfen würden. Im Gegenteil! Aufwärmen können Sie durch Massage oder dadurch, dass Sie ein warmes Körnerkissen oder etwas Ähnliches auf die Halsmuskulatur legen und fünf bis zehn Minuten einwirken lassen. Aber auch ein Spaziergang, bei dem Ihr Hund toben konnte, wärmt auf.

Am sinnvollsten bei der Dehnung der Halsmuskulatur ist es, den Hund hinzustellen, aber einige Dehnungen funktionieren auch im Sitzen. Probieren Sie es aus.

Dehnen können Sie über die Flexion (Beugung). Fassen Sie dazu die Hundeschnauze und führen Sie sie zwischen die Pfoten. Halten Sie diese Position 10 Sekunden, oder auch etwas länger. Wenn Ihr Hund es völlig doof findet, an der Schnauze festgehalten zu werden, können Sie auch ein Leckerchen zwischen seine Pfoten halten, das er aber erst nach frühestens 10 Sekunden aus Ihren Fingern nehmen darf (Phase 1) *Abb. 71.a.*

Abb. 71.a
Dehnung der dorsalen Halsmuskulatur - Phase 1

Danach führen Sie die Hundeschnauze oder halten Sie ein Leckerli etwas höher, etwa in Höhe des Vorderfußwurzelgelenkes und verfahren wie oben. Diese Position wird etwa 20 Sekunden gehalten. Zählen Sie ruhig mit. Erfahrungsgemäß dehnt man sonst zu kurz (Phase 2) *Abb. 71.b.*

Die Steigerung der Dehnung ist, dass Sie die Hundeschnauze zur Hundebrust führen. Oder halten Sie das Leckerli unter die Hundebrust, bewegen es Richtung Bauch und lassen es sich erst dort aus den Finger nehmen. Diese letzte Position wird gut eine halbe Minute gehalten (Phase 3) *Abb. 71.c.*

Achten Sie darauf, dass Ihr Hund das Leckerli nicht ruckartig nimmt, sondern die Dehnung hält. Sonst arbeitet er nur mit Schwung und es passiert, dass der

Abb. 71.b
Phase 2

Abb. 71.c
Phase 3

Muskeleigenreflex eingeschaltet wird. Oft ist das ein Zeichen, dass die Muskulatur tatsächlich zu kurz ist, sonst könnte er das Leckerli ja auch langsam nehmen. Gehen Sie in einem solchen Fall wieder ein bisschen zurück, d.h. mit der Hand wieder tiefer Richtung Boden.

Mit dieser Übung dehnen Sie die Muskulatur, die oben auf der Wirbelsäule liegt und für die Streckung des Halses zuständig ist.

127

Eine andere Dehnung geschieht über die Seitneigung (Lateralflexion). Dazu fassen Sie vorsichtig die Schnauze und führen sie Richtung Hundeellbogen. Mittendrin stoppen Sie und halten die Position 10 Sekunden. Danach gehen Sie wieder in die Normalposition zurück. Danach führen Sie die Schnauze bis an den Ellbogen heran und halten 30 Sekunden. Aber vorsichtig! Nicht mit Gewalt und gegen Widerstand. Natürlich können Sie das alles auch wieder mit einem Leckerli veranstalten und es sich aus

Phase 1
Abb. 72.a

Dehnung der seitlichen Halsmuskulatur

Phase 2
Abb. 72.b

den Fingern nehmen lassen (Phase 1 und 2). Sie dehnen mit dieser Übung die Muskulatur, die auf der entgegengesetzten Seite liegt und für die seitliche Halsbeugung auf die andere Seite zuständig ist. Natürlich wird diese Übung auf beiden Seiten gemacht!

Die dritte Halsdehnung wird über die Streckung (Extension) erreicht. Sie legen dazu die Hand unter das Hundekinn und bringen es soweit es geht vorwärts - aufwärts in die Streckung, Kopf und Hals sollten in der Endstellung etwa eine Linie bilden. Ein Leckerli kann auch hier sehr unterstützen ... Auch hier fangen Sie erst wieder mit einer Stel-

Abb. 73. a-c
Dehnung der ventralen
Halsmuskulatur

a) im Stehen: Phase 1
b) Phase 2
c) im Sitzen: Phase 2

lung an, die der Hund gut erreichen kann und halten diese 10-15 Sekunden. Lassen Sie danach locker. Dann beginnen Sie von vorne, aber versuchen, OHNE KRAFT, etwas weiter zu gehen und dort 20 Sekunden halten. Und so gehen Sie Schritt für Schritt weiter, etwa 2-3-mal. Die letzte Position wird 30 Sekunden gehalten. Nicht verzweifeln, wenn Ihr Hund Kopf und Hals nicht so weit strecken kann, deshalb dehnen Sie ja ...

Gedehnt wird die Muskulatur die unter der Halswirbelsäule liegt und für die Beugung des Halses zuständig ist.

III.1.2.3. GYMNASTIK

Lange Spaziergänge, möglichst mit Freilauf oder am Brustgeschirr, Schwimmen, Stöckchen oder Bälle apportieren sind aktive Übungen, um die Halsmuskulatur zu kräftigen *(Abb. 74)*. Aber auch, wenn Ihr Hund über Baumstämme oder schmale Mauern balanciert, stabilisiert sich die Halswirbelsäule. Eine spezielle Gymnastik für den Hals bleibt allerdings dem Physiotherapeuten überlassen, da die Halswirbelsäule sehr empfindlich ist und durch falsches Beüben Verspannungen und Blockaden hervorgerufen werden können. Das kann natürlich auch durch eine falsche Massage geschehen, deshalb sollte der Druck wirklich sehr vorsichtig dosiert werden und vor allem sollten die Handgriffe vorher geübt werden (Ihr Partner freut sich schon!). Aber auch beim Dehnen dürfen Sie nicht zu viel Kraft walten lassen, weil es sonst zu Zerrungen kommen kann.

Abb. 74 - Apportieren stärkt die Halsmuskulatur

III.1.2.4. PHYSIKALISCHE THERAPIE

Wärmeanwendungen

Wer kein Körnerkissen oder Kirschkernsäckchen zu Hause hat, kann ein heiße Rolle zur Aufwärmung der Muskulatur vorbereiten. Wie sie hergestellt wird, möchte ich hier nicht noch einmal erklären, das habe ich im Abschnitt zur »Hydro- und Wärmetherapie« sehr ausführlich getan. Eine andere Art der Wärmeanwendung, die für den Hals gut geeignet ist, ist die Rotlichtlampe.

TENS

Wenn Sie TENS an der Halswirbelsäule Ihres Hundes anwenden wollen, beginnen Sie mit dem konventionellen TENS bei einer Frequenz von 80-100 Hz. Fangen Sie mit 20 Minuten täglich an und verlängern die Dauer auf bis zu einer Stunde mehrmals am Tag. Immer wenn Ihr Hund wieder Schmerzen bekommt, können Sie das TENS anlegen. Befestigen Sie die Elektroden nicht auf der Wirbelsäule!

III.1.3. BEHANDLUNGSBEISPIELE

Ist die Halsmuskulatur verspannt, verspannt sich reflektorisch auch oft die Schultermuskulatur, danach die Rückenmuskulatur, die Bauchmuskulatur und letztendlich die Muskulatur der Hinterbeine. Irgendwann ist der ganze Hund nur noch eine Verspannung, weiß nicht mehr wohin vor Schmerz und wird, wenn er dazu neigt, griffig. Wenn Ihr Hund also im Verhalten plötzlich ganz anders ist, als normalerweise, kontrollieren Sie einfach mal die Muskulatur. Vielleicht hat er »nur« muskuläre Verspannungen?

Halswirbelsäulensyndrom

Probleme der Halswirbelsäule haben besonders Hunde, die sehr an der Leine zerren. Falls Sie so einen Hund haben, versuchen Sie, ein Brustgeschirr für Ihren Hund zu kaufen, das hilft dann gegen die HWS-Probleme. Gegen das starke Ziehen hilft das nicht unbedingt, aber vielleicht kann man Ihnen bei diesem Problem in einer guten Hundeschule helfen. Und die Behandlung hat dann bestimmt auch Erfolg!

Die Ursachen für ein HWS-Syndrom sind vielfältig, es können Blockierungen, Traumata, Schleudertraumata, Muskelverspannungen, Muskelinsuffizienzen, Überlastung, Irritation der Nerven durch einen Bandscheibenvorfall oder ausgeprägte Arthrose der Wirbelgelenke (Randzacken drücken auf die Nerven) oder Bandscheibenveränderungen als Auslöser vorliegen.

»HWS-Syndrom« bedeutet also nur, dass etwas mit dem Hals nicht in Ordnung ist, es ist keine Diagnose!

Probleme der Halswirbelsäule äußern sich nicht nur dort! Es kann zu Verhaltensänderungen kommen, zu Taubheit, zu Lahmen auf einem Vorderbein ... Außerdem können Nackenschmerzen und Nackensteife, Muskelhartspann, Kontrakturen und Schonhaltungen (»Schiefhals«) auftreten.

Sie können ein HWS-Syndrom mit einer Halsmassage, Dehnung der verkürzten Muskulatur, das sind meistens alle Halsdehnungen und oft auch noch die Schulterdehnungen dazu, und einer indirekten Stabilisation der Halswirbelsäule (Schwimmen, Spaziergänge, Apportieren) behandeln.

Auch TENS ist bei Schmerzsyndromen sinnvoll. Wo ist der Hauptschmerz? Darauf kommt die Kathode, proximal davon die Anode. Sie können aber auch beide Elektroden quer zur Wirbelsäule applizieren, wenn z.B. ein Wirbel blockiert ist. Es ist aber auch möglich, die Elektroden neben der Halswirbelsäule beide auf einer Seite zu befestigen, wenn der Schmerz nur auf einer Seite sitzt oder ein größeres Areal betroffen ist, dann setzen Sie allerdings nach der Hälfte der Behandlungszeit die Elektroden auch noch einmal auf die andere Seite. Der Therapeut kann zusätzlich die Traktion anwenden und durch spezielle Maßnahmen mobilisieren.

Verspannungen der Halsmuskulatur

Verspannungen können Sie selbst behandeln, wenn es wirklich nur Verspannungen sind! Lassen Sie das im Zweifelsfalle tierärztlich und physiotherapeutisch abklären. Verspannungen sprechen sehr gut auf Wärme an. Anschließend massieren Sie die Halsmuskulatur und dehnen danach vorsichtig. Freies Bewegen, d.h. Spaziergänge bei denen sich Ihr Hund austoben und warmlaufen kann, helfen auch!

Blockierungen in der Halswirbelsäule

Blockierungen können Sie nicht selbst behandeln. Da muss ein Physiotherapeut, ein Chiropraktiker oder ein Osteopath ran. Allerdings gehen Blockaden meistens mit Verspannungen einher, und wenn Sie diese behandeln, bevor Sie Ihren Hund zur Therapie bringen, erleichtern Sie dem Therapeuten die Arbeit. Es ist nämlich einfacher, die Halswirbelsäule zu mobilisieren bzw. zu deblockieren, wenn die Muskulatur schon gelockert ist. Außerdem hat sich schon so manche Blockierung gelöst, wenn massiert und gedehnt wurde.

Verschleißerscheinungen der Halswirbelsäule

Was verschlissen ist, bekommt man nicht wieder heile. Aber helfen können Sie Ihrem Tier trotzdem! Kaufen Sie ihm als Erstes ein Brustgeschirr, damit erst gar nichts mehr an der Wirbelsäule ziehen und damit Schmerzen auslösen kann. Zweitens können Sie natürlich wieder die Verspannungen behandeln, die in einem solchen Fall immer auftreten. Und drittens kräftigen Sie die Halsmuskulatur. Ihr Hund wird weniger Schmerzen haben, wenn er kräftigere Muskeln hat. Lassen Sie ihn schwimmen, wenn er das mag, gehen Sie lange mit ihm spazieren, lassen Sie ihn leichte Dinge (kleine Stöcke o.ä.) apportieren oder tragen.

Schleudertrauma

Beim Schleudertrauma gibt es gibt vier Stufen:

1. Zerrungen der Weichteile oder Stauchungen eines Wirbelgelenkes; kleine Blutergüsse in der Kapsel oder Muskulatur, keine Knochenverletzung; Beschwerden klingen innerhalb weniger Wochen ab.

2. Risse von Weichteilen, Bändern oder Kapsel, Aufsprengung der Bandscheibe im betroffenen Segment, keine Knochenverletzung.

3. Ausgedehnte Weichteilverletzung, Wirbelbruch, deutliche Fehlstellung.

4. Luxationsfraktur
   Die Ursache ist immer ein Unfall, bei dem der Hals ruckartig überstreckt wurde. Das muss nicht unbedingt ein Autounfall sein, sondern es kann auch zum Schleudertrauma kommen, wenn Ihr Hund ruckartig und mit voller Wucht ins Halsband rennt.

Ein Schleudertrauma geht immer mit Schmerzen einher. Die Halswirbelsäule ist in ihrer Beweglichkeit eingeschränkt, die Nacken- und Schultermuskulatur ist verspannt und auf Druck schmerzhaft und die Weichteile (Muskeln, Bindegewebe) sind in diesem Bereich geschwollen (sieht manchmal aus, als wäre der Hals mit Luft aufgeblasen).
Innerhalb der ersten Stunden, manchmal bis zu drei Tagen, sollten Sie mit Eis arbeiten. Erstens ist Eis stark schmerzlindernd und zweitens können Sie damit vielleicht eine allzu starke Schwellung vermeiden. Danach ist dann aber Wärme angesagt, weil sie die verspannte Muskulatur besser lockert. Massieren Sie vorsichtig Nacken- und Schultermuskulatur. Mehr können Sie Ihrem Hund nicht »antun«. Selbst ein Physiotherapeut wird in so einem Fall nicht viel mehr machen können. Vielleicht ein wenig manuelle Therapie (z.B. leichte Traktion), jedoch nicht wenn Bänder, Sehnen und Muskulatur stark überdehnt sind (Hypermobilität = Überbeweglichkeit) !

Schmerzen im Kiefergelenk

Bei Schmerzen im Kiefergelenk sollten Sie die Zähne Ihres Hundes kontrollieren lassen. Denn Zahnprobleme lösen Schmerzen oder Blockaden im Kiefergelenk aus, was wiederum zu Verspannungen und Blockaden in der Halswirbelsäule führen kann. Was daraus resultieren kann, wissen Sie ja jetzt. Sind die Zähne in Ordnung, kann ein Therapeut kontrollieren, ob eine Blockierung im Kiefergelenk vorliegt (auch das Kiefergelenk kann blockieren und der Hund kann trotzdem noch fressen) und sie gegebenenfalls lösen. Sie selber können die Wangenmuskulatur massieren und Maularbeit machen.

Behandlungsvorschlag

Falls Ihr Hund Schmerzen im Kiefergelenk hat, müssen Sie erst einmal abklären lassen, woher sie kommen. Liegt eine Entzündung vor oder sind es Zahnschmerzen? Dann können Sie nichts tun, außer dass Sie Ihrem vierbeinigen Freund zur Schmerzlinderung einen Eisbeutel auf die Wange legen. Die Zähne oder die Entzündung muss vom Tierarzt behandelt werden.

Liegt eine Blockierung vor, sollten Sie sich um einen Therapeuten bemühen, der die Blockierung osteopathisch oder physiotherapeutisch löst. Bei Verspannungen und bevor der Therapeut kommt, können Sie Ihrem Hund aber die Schmerzen ein wenig nehmen. In diesen Fällen wird ihm Wärme wahrscheinlich gut tun. Sie sollten ihm nicht gerade eine Kartoffelbrei-Packung auf die Wange legen, denn die wird er sicher verspeisen wollen, aber sonst können Sie ihm auf die Wange legen, was Sie wollen. Eine Wärmflasche oder ein Körner-/Kirschkernsäckchen haben sich bewährt. Anschließend können Sie massieren, behandeln Sie die Halsmuskulatur ruhig mit. Die verspannt bei Schmerzen im und am Kopf häufig mit. Die Dehnungen für die ventrale Halsmuskulatur können Sie mit Ihrem Hund machen, es gibt in diesem Bereich ein paar Muskeln, die am Unterkiefer und am Zungenbein ansetzen und es ist sinnvoll, wenn auch diese Muskulatur lockerer wird. Apportieren lassen sollten Sie Ihren Hund besser erst einmal nichts, und fangen schon gar nicht. Und er sollte, bis die Ursache behoben ist, auch nichts Hartes fressen oder kauen.

III.1.4. FALLBEISPIEL

Schleudertrauma

Lisa, 6-jährige Rauhaardackel-Hündin

Lisas Frauchen hatte einen Auffahrunfall. Obwohl sie keine Schuld daran trug, mussten sie und Lisa darunter leiden. Beide hatten ein Schleudertrauma. Bei Lisas Frauchen wurde das Trauma sofort entdeckt, da sie auf Anraten der anwesenden Polizei gleich zum Arzt ging, aber daran, dass ihre Hündin, die ja hinten auf der Rücksitzbank gelegen hatte, auch einen Schaden davon getragen haben könnte, dachte sie zuerst nicht. An den ersten beiden Tagen merkte man Lisa auch nichts an, aber am dritten Tag konnte sie ihren Hals kaum noch bewegen. Daraufhin ging Lisas Frauchen mit ihr zur Tierärztin, die die beiden an mich verwies.

Als ich Lisa, noch einen Tag später, zu Gesicht bekam, sah ihr Hals aus, wie ein prall aufgepusteter Luftballon. Aufgrund der Schwellung bastelten wir ihr eine Kühlmanschette für den Hals (ein Coolpack in einem Geschirrtuch eingeschlagen und durch eine Binde locker (!) fixiert).

Während die Kühlung ein paar Minuten einwirkte, zeigte ich Lisas Frauchen die Streichungen für den Hals, die Daumenknetung und Kreisungen. Den Hals sollte sie nur locker ausstreichen, aber sie sollte auch die komplette Rückenmuskulatur mitbehandeln, da die sich bei so einem Unfall oft mitverspannt. Kühlen sollte sie 2-3-mal am Tag, für 5-10 Minuten.

Nach drei Tagen war die Schwellung verschwunden und ich besuchte Lisa noch einmal. Ich behandelte ihre argen Verspannungen der Halsmuskulatur und begann vorsichtig zu dehnen, dagegen wehrte sie sich aber noch. Leichte Manuelle Therapie genoss sie aber.

Lisas Frauchen sollte nun die Kälte weg lassen und stattdessen Wärme anwenden. Es war eine Rotlichtlampe vorhanden, unter die sich Lisa auch mit großem Behagen legte. Vor ihrer Massage, die das Frauchen weiter machte, bekam Lisa nun eine 10-minütige Wärmebehandlung. Nach der Massage probierte das Frauchen die Dehnungen.

Zwei Wochen nach der Behandlung war Lisa beschwerdefrei, genoss die Massagen und die Wärme aber weiterhin.

Abb. 75

III.2 SCHULTERGLIEDMASSE

III.2.1. ANATOMIE

Zur Vordergliedmaße zählen Schulterblatt, Schultergelenk, Oberarm, Ellbogengelenk, Unterarm, Karpalgelenk (auch Vorderfußwurzelgelenk), Vorderfußwurzelknochen, Vordermittelfußknochen und Zehen.

Das Schulterblatt (wissenschaftlich die Skapula) ist, anders als beim Menschen durch das Schlüsselbein, nicht knöchern am Rumpf befestigt. Dadurch wird der Rumpf elastisch getragen und aufgefangen.

Am Schulterblatt setzen verschiedene Muskeln an, die einerseits für die Bewegung, andererseits aber auch für die Stabilisierung des Schulterblattes sorgen. Manche Muskeln kommen aus dem Kopf- oder Halsbereich und setzen kraniodorsal (vorne - oben) am Schulterblatt an, andere kommen aus dem gleichen Bereich, setzen aber kranioventral (vorne - unten) am Schulterblatt an. Dann gibt es Muskeln, die vom Rücken kommen und dorsokaudal (oben - hinten) am Schulterblatt ansetzen und andere wiederum kommen vom Bauch und setzen ventrokaudal (unten - hinten) am Schulterblatt an. Je nachdem, welche Muskeln sich nun kontrahieren, dahin dreht sich das Schulterblatt. Die Muskeln, die kraniodorsal und die, die ventrokaudal ansetzen drehen die Basis des Schulterblattes nach kaudal (hinten), ziehen das Buggelenk dadurch zurück und bringen den Oberarm so nach hinten. Die Muskeln, die dorsokaudal und die, die kranioventral ansetzen,

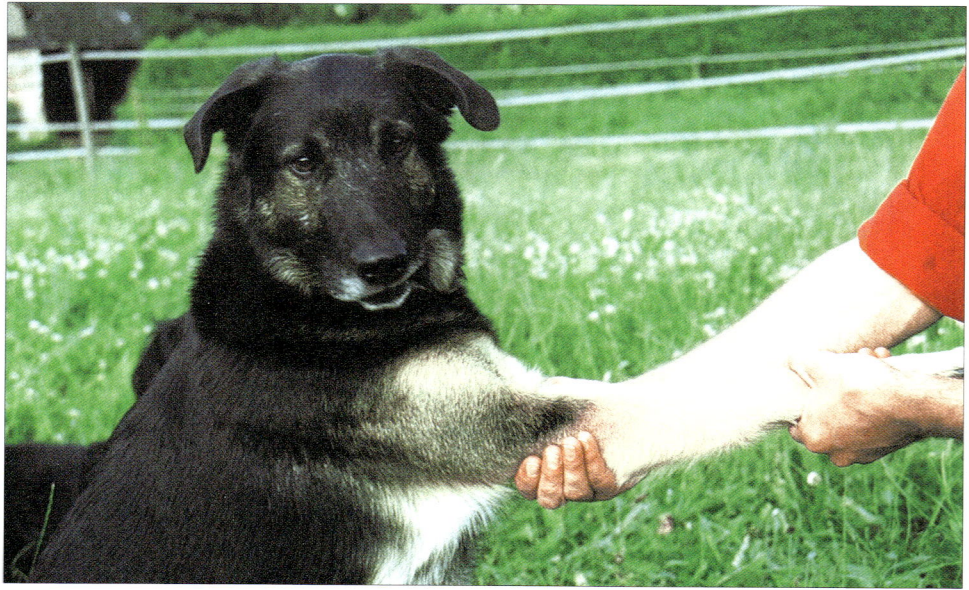

Abb. 76

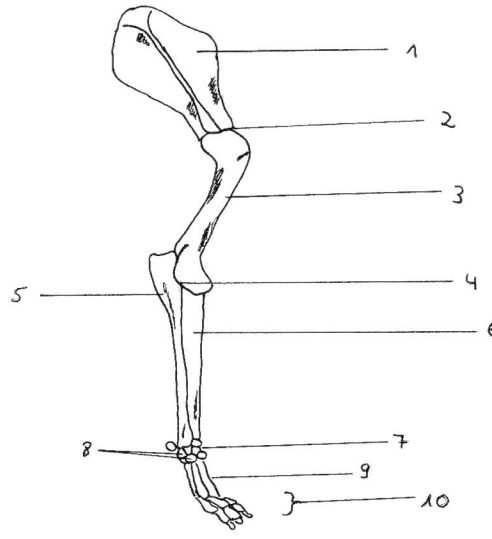

Abb. 77
Knöcherne Anteile der
Schultergliedmaße

1. Schulterblatt
2. Schultergelenk
3. Oberarmknochen (Humerus)
4. Ellbogengelenk
5. Elle
6. Speiche
7. Karpalgelenk
8. Vorderfußwurzelknochen
9. Mittelfußknochen
10. Zehen

drehen die Schulterblattbasis nach kranial (vorne), ziehen das Buggelenk nach vorne und bringen den Oberarm dadurch vor.

Das Buggelenk/Schultergelenk wird aus der Schulterblattbasis und dem Oberarmkopf gebildet. Eigentlich ist es ein Kugelgelenk, aber die Abduktion, die Adduktion und die Rotation sind muskulär eingeschränkt. Die Extension wird knöchern begrenzt, ist aber gut möglich. Das größte Bewegungsausmaß hat die Flexion.

Die Buggelenkbeuger liegen hinter dem Schultergelenk und ziehen den Oberarmknochen (den Humerus) am distalen (unteren) Ende nach dorsokaudal (oben - hinten), dadurch verkleinern sie den Winkel zwischen Oberarmknochen und Schulterblatt. Die Buggelenkstrecker liegen vor dem Schultergelenk und ziehen den Oberarmknochen nach kraniodorsal (vorne - oben), dadurch wird der Winkel zwischen Schulterblatt und Oberarmknochen vergrößert.

Die Muskulatur, die das Ellbogengelenk streckt, liegt hinten (kaudal) am Oberarm, die Ellenbogengelenkbeuger verlaufen vorne (kranial).

Das Ellbogengelenk wird aus Oberarm und Unterarm gebildet. Es ist ein kombiniertes Gelenk. Im Eigelenksanteil ist eine Extension/Flexion in ihm möglich, im Drehgelenksanteil eine Pronation/Supination. Die Streckung ist auch im Ellbogengelenk knöchern begrenzt.

Die Ellbogenbeuger verlaufen kranial des Ellbogengelenkes und ziehen den Unterarm nach vorne, was den Winkel zwischen Oberarm und Unterarm verkleinert. Die Ellbogengelenkstrecker verlaufen kaudal des Ellbogengelenkes und zie-

137

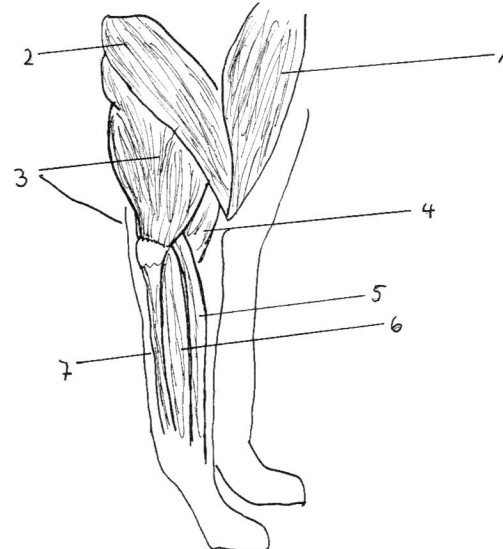

Abb. 78
Oberflächliche Muskulatur der
Schultergliedmaße

1. *Brachiocephalicus*
2. *Deltoideus*
3. *Trizeps*
4. *Brachialis*
5. *Extensor carpi radialis*
6. *Extensor digitalis communis*
7. *Extensor carpi ulnaris*

hen den Unterarm zurück, dadurch wird der Winkel zwischen Oberarm und Unterarm größer.

Der Unterarm (ist wissenschaftlich in der Mehrzahl: Ossa antebrachii) besteht aus zwei Unterarmknochen, der Elle (die Ulna) und der Speiche (der Radius). Die Muskulatur, die das Karpal- oder Vorderfußwurzelgelenk streckt, liegt dabei vorne auf dem Unterarm (auf dem Radius), die Karpalgelenkbeuger liegen dagegen eher auf der Ulna, also hinter dem Unterarm.

Das Vorderfußwurzelgelenk (wäre beim Menschen das Handgelenk) besteht aus sieben kleinen Knochen, die in zwei Etagen angeordnet sind. Die obere Etage bildet mit dem Unterarm ein Gelenk, die untere Ebene bildet mit den Vordermittelfußknochen Gelenke und die beiden Ebenen untereinander bilden auch ein Gelenk, wenn auch ein straffes. Hier verlaufen die Beuger kaudal des Gelenkes und ziehen den Mittelfuß nach hinten, dadurch verkleinert sich der Winkel zwischen Unterarm und Mittelfuß. Die Karpalgelenksstrecker liegen kranial des Gelenkes und ziehen die Mittelfußknochen aus der Beugung wieder nach vorne. Da das Gelenk in Streckstellung steht, ist eine weitere Streckung nur geringfügig möglich.

Aus dem Karpalgelenk gehen die fünf Vordermittelfußknochen hervor, davon gibt es vier längere für die Zehen, und einen kurzen für den Daumen.

In der Pfote gibt es dann noch die Zehengelenke, die sich einmal zwischen Vordermittelfußknochen und Zehenknochen und dann noch zwei zwischen Zehenknochen und Zehenknochen befinden. Der Daumen hat nur zwei Gelenke.

III.2.2. THERAPIE

III.2.2.1. MASSAGE

Legen Sie Ihren Hund auf die Seite. Bearbeiten Sie erst die eine Seite komplett, dann die andere. Es ist sinnvoll, die Nackenmuskulatur mitzubehandeln, da viele Muskeln von dort bis zum Schulterblatt laufen.

Streichungen

Mit der Einhandstreichung fahren Sie vom Widerrist über die Schulter, beidseitig am Vorderbein vorbei Richtung Unterbrust *(Abb. 79.a)*.

Anschließend streichen Sie von der Vorderbrust Richtung Unterbrust *(Abb. 79.b)*. Bei großen Hunden sind hier Hand-über-Handstreichungen möglich *(Abb. 79.c)*. Aber auch Knöchelstreichungen können Sie einsetzen *(Abb. 79.d)*.

Nun umfassen Sie ein Vorderbein unten an der Pfote und streichen bis zum Ellbogengelenk hoch. Einmal über die Streck- einmal über die Beugemuskeln. Auch wenn es gegen den Fellstrich geht, dem Hund wird das nichts ausmachen *(Abb. 79.e+f)* .

Streichungen

Abb. 79.a
Einhandstreichung der
kaudalen
Schultermuskulatur

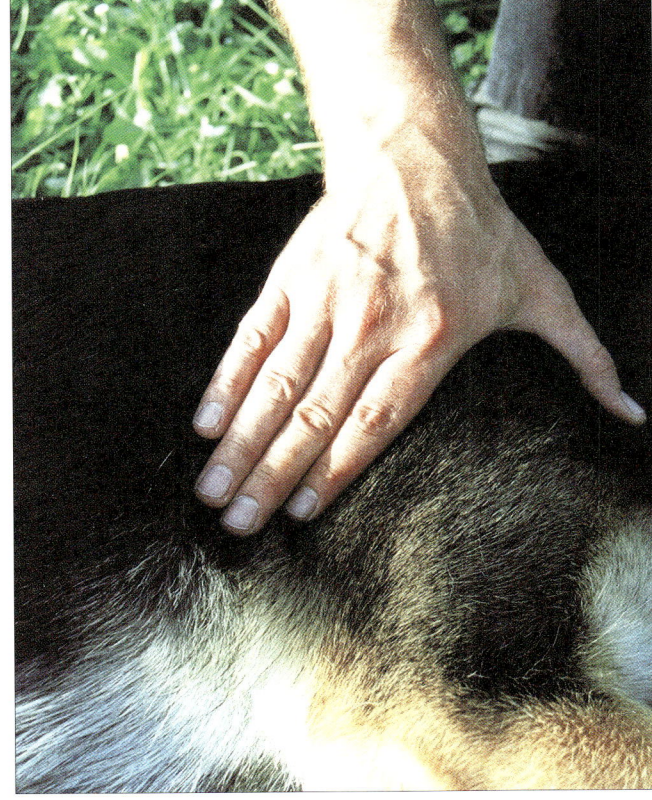

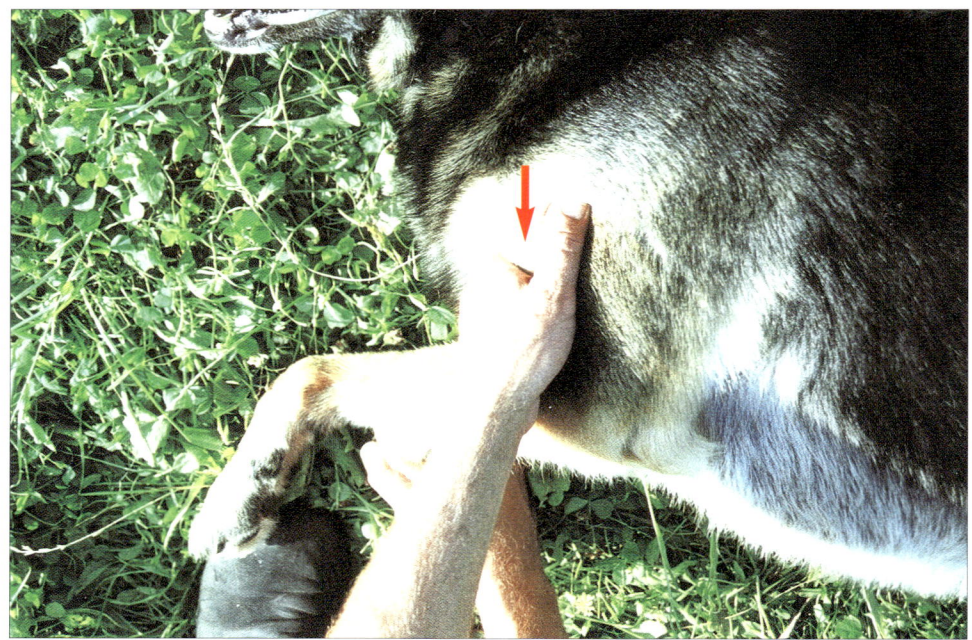

Abb. 79.b - Einhandstreichung der ventralen Schultermuskulatur

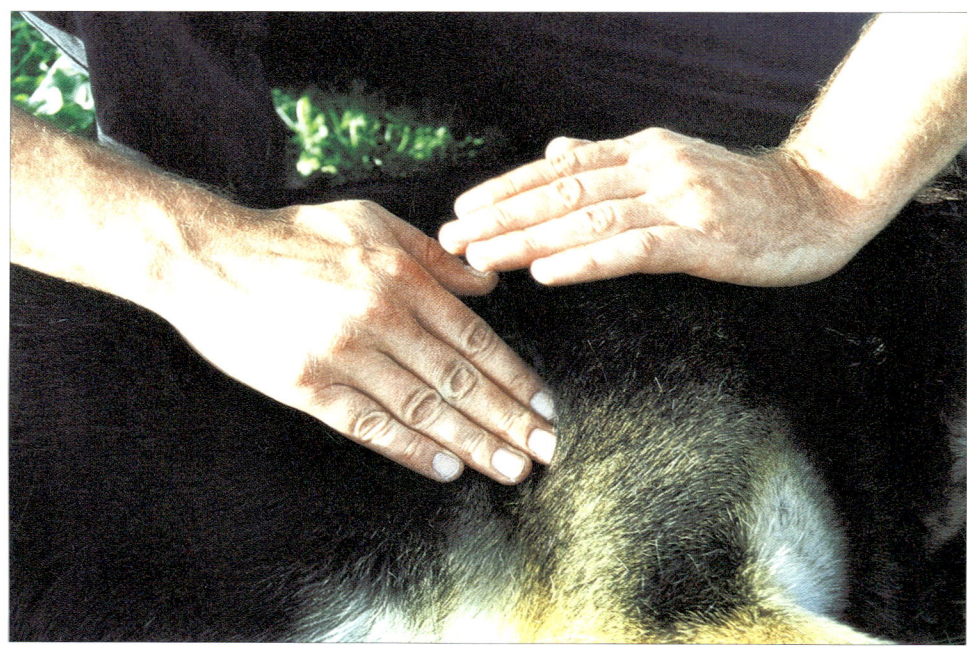

Abb. 79.c - Hand-über-Handstreichung der Schultermuskulatur

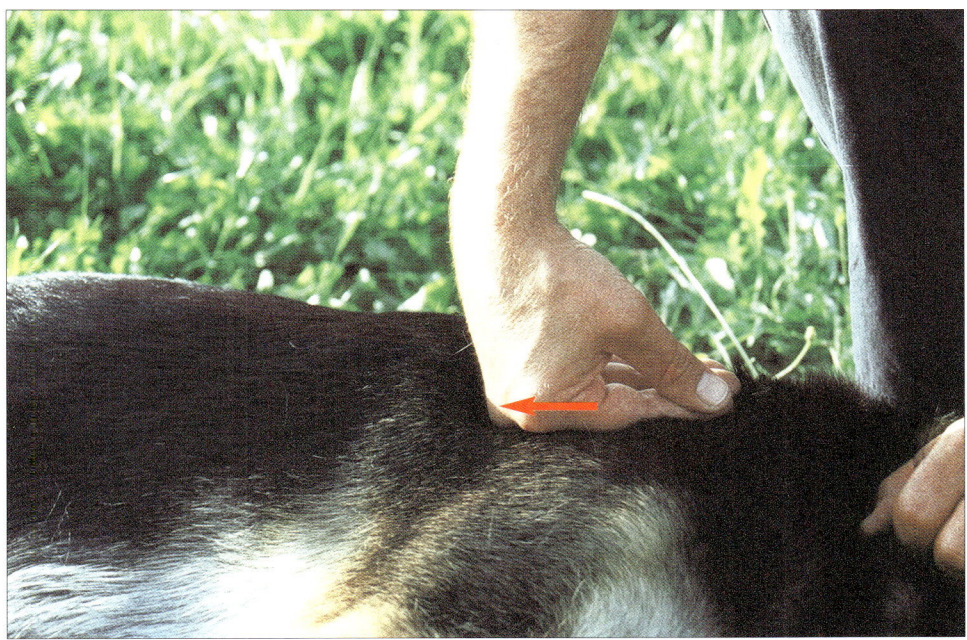

Abb. 79.d - Knöchelstreichung der Schultermuskulatur

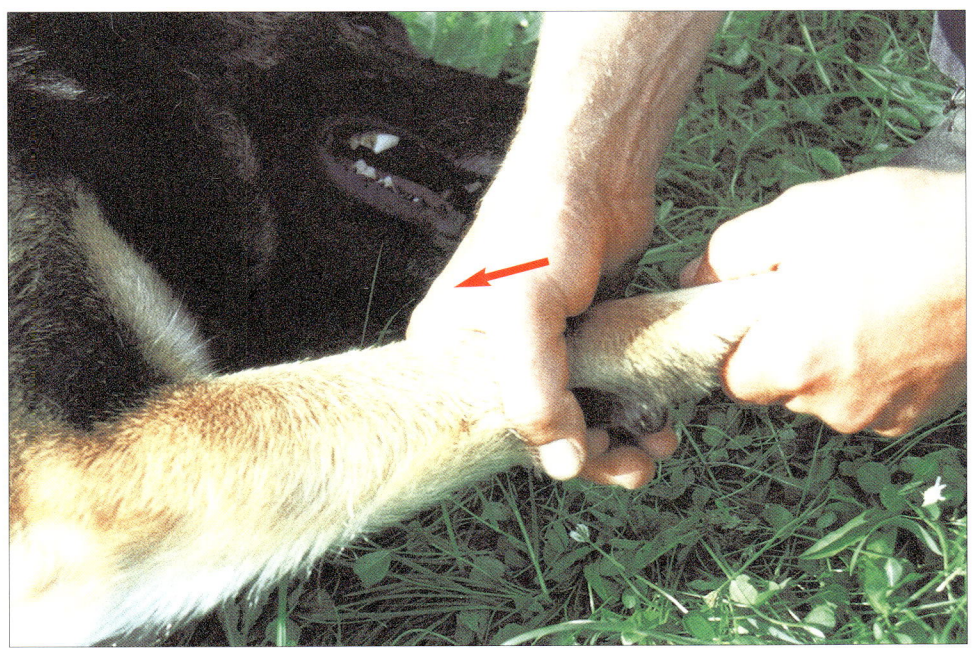

Abb. 79.e - Einhandstreichung auf der Streckmuskulatur

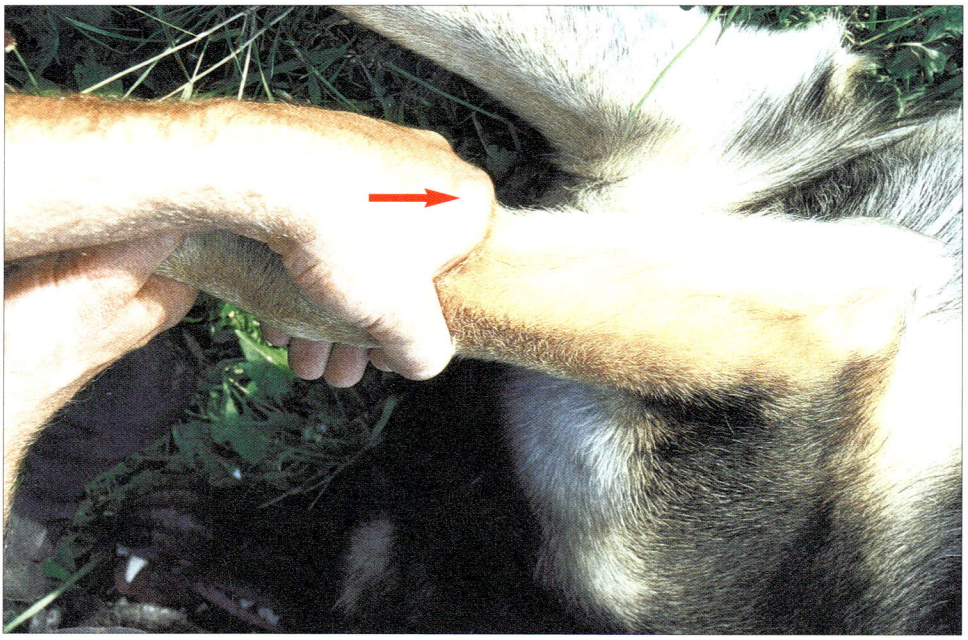

Abb. 79.f - ... und auf der Beugemuskulatur des Vorbeines

Schulterbehandlung
Daumenknetungen
Mit Daumenknetungen behandeln sie die Muskulatur auf dem Schulterblatt
(Abb. 80.a).

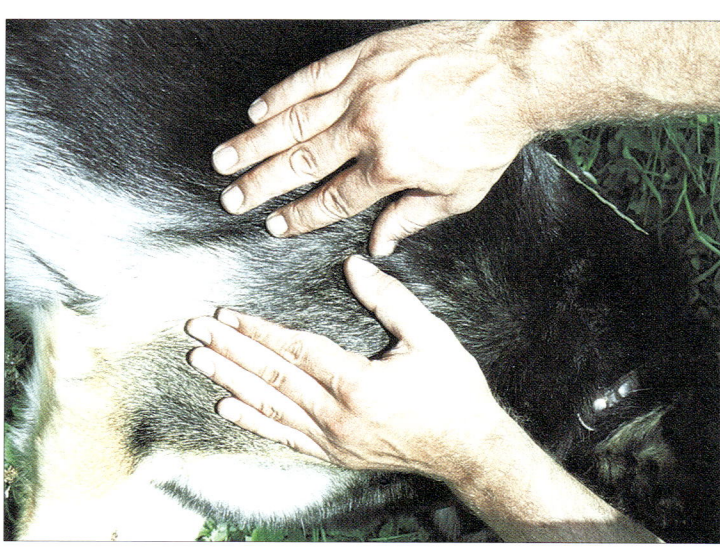

*Daumen-
knetungen*

*Abb. 80.a
mit beiden
Daumen ...*

Das gleiche machen Sie mit der Muskulatur hinter dem Schulterblatt. Setzen Sie am Schulterblatt an und arbeiten Sie Richtung Muskelbauch. Hier dürfen Sie ein wenig mehr Druck ausüben. Aber achten Sie immer darauf, dass es Ihrem Hund noch gefällt (Abb. 80.b+c).

Abb. 80.b
... und hinter dem
Schulterblatt

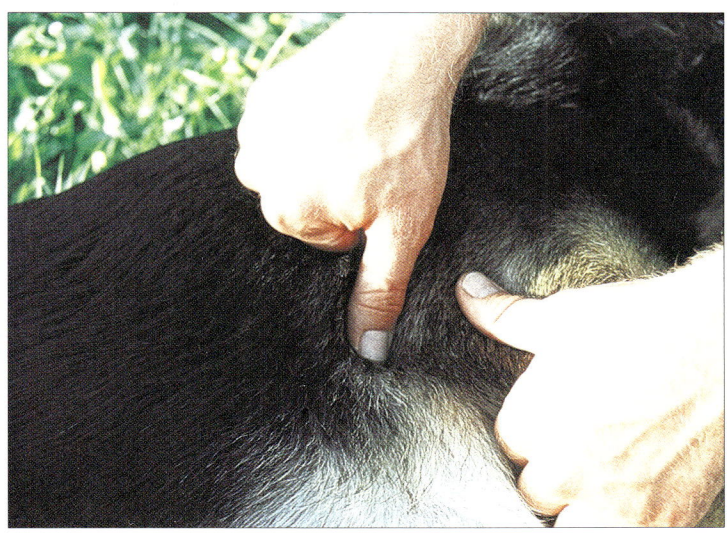

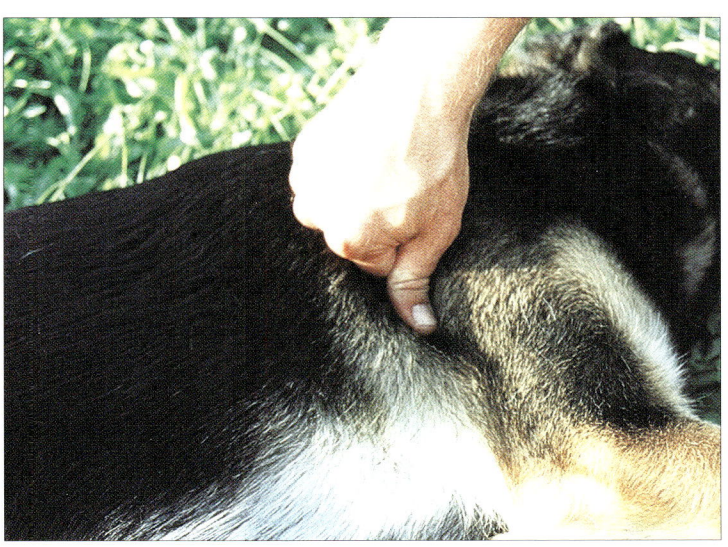

Abb. 80.c
auch mit nur
einem Daumen
möglich

Kreisungen

Kreisungen können Sie auch wieder auf der ganzen Schultermuskulatur machen (Abb. 81.a).

Zusätzlich können Sie das Schulterblatt vorne umfassen und mit einem Finger Kreisungen auf der Muskulatur machen, die vorne unter dem Schulterblatt sitzt (Abb. 81.b).

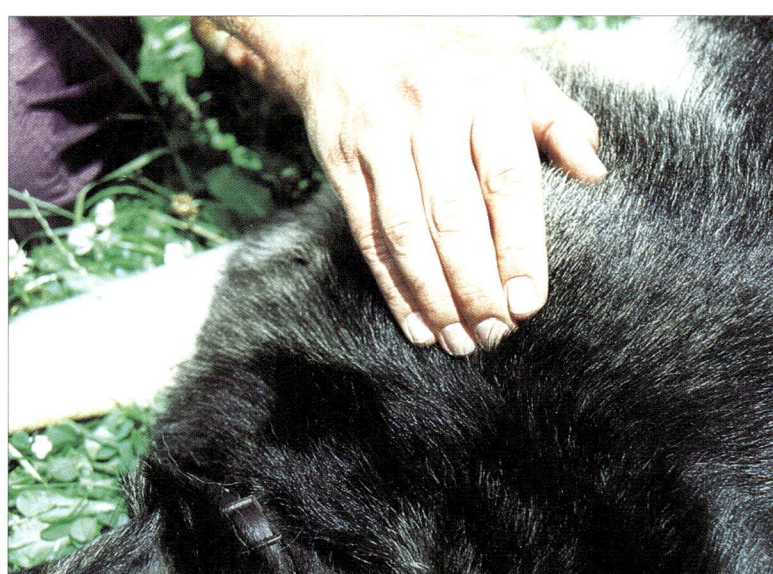

Kreisungen

Abb. 81.a auf der Schulter- blatt- muskulatur

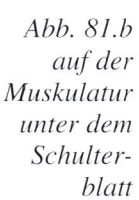

Abb. 81.b auf der Muskulatur unter dem Schulter- blatt

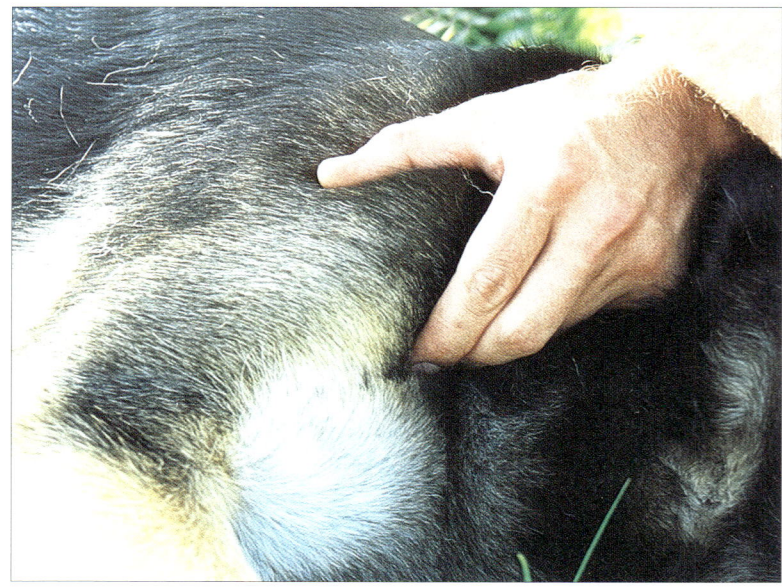

144

Fangen Sie nun unten an der Pfote an!
Nehmen Sie die Pfote in die Hand.
Fassen Sie jede Zehe einzeln zwischen Zeigefinger und Daumen, vergessen Sie den »Daumen« nicht! Nun massieren Sie von distal nach proximal, dabei drücken Sie Daumen und Zeigefinger leicht zusammen und schieben sie so weit, bis Sie an die »Schwimmhäute« kommen *(Abb. 82.a+b).*

Knetungen

Abb. 82.a
Finger-
knetungen
an den
Zehen

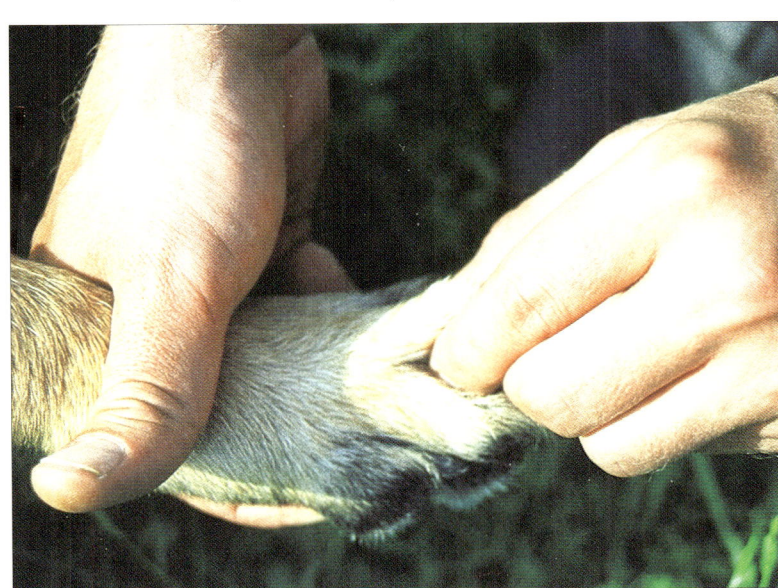

Abb. 82.b
Finger-
knetungen
an den
Zehen

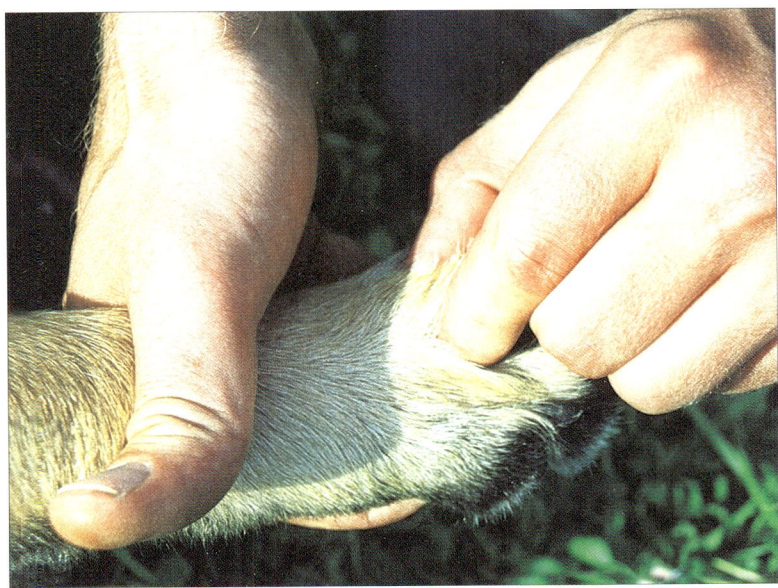

145

Abb. 82.c
Knetung der
Zehen-
ballen ...

Danach massieren Sie die Ballen des Hundes. Dazu nehmen Sie die Pfote in Ihre Hand und kreisen mit dem Daumen auf jedem Ballen *(Abb. 82.c+d)*.

Abb. 82.d
... und des
Sohlen-
ballens

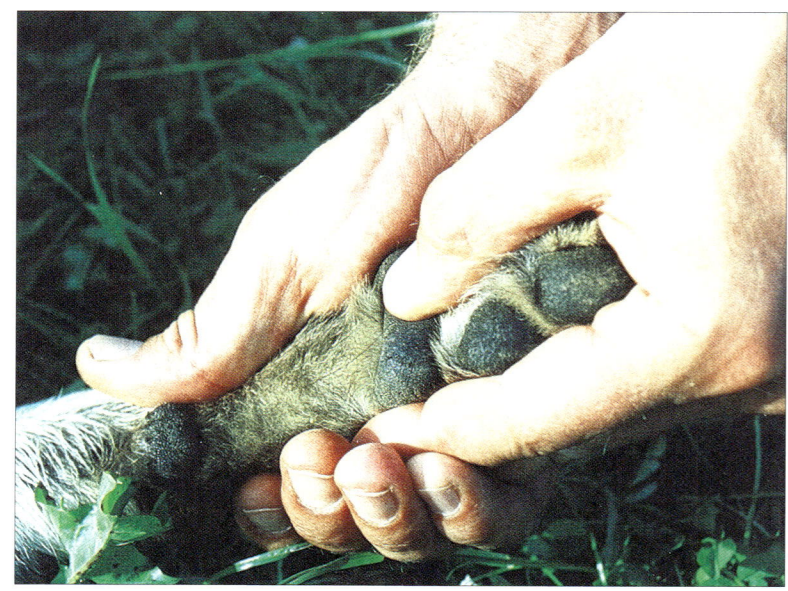

146

»Unterhautfaszienstriche«

Ziehen Sie nun mit dem Mittelfinger oder dem Daumen Striche zwischen den Vordermittelfußknochen, auch wieder von distal nach proximal *(Abb. 83.a+b)*.

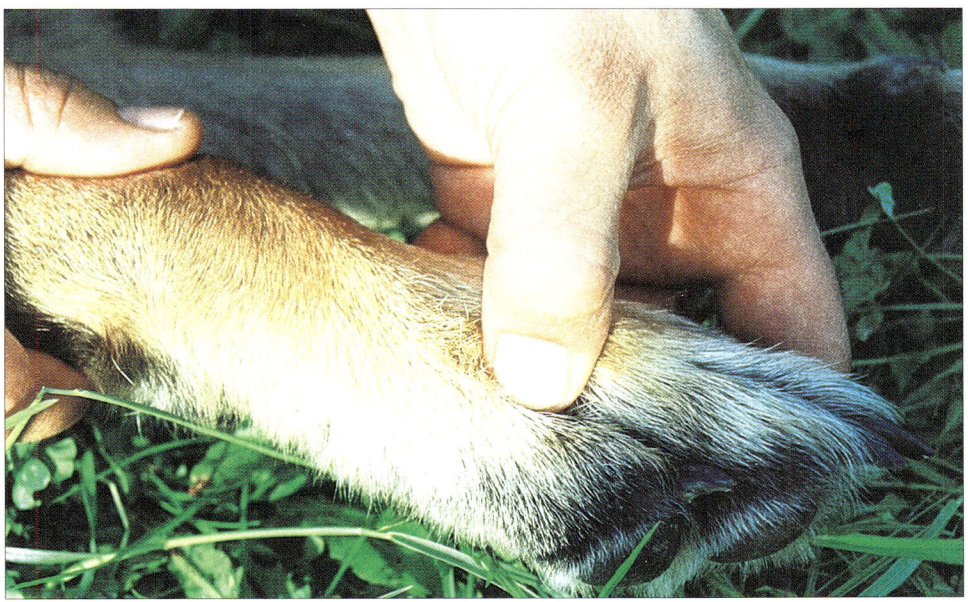

Abb. 83.a+b - Striche zwischen den Mittelfußknochen

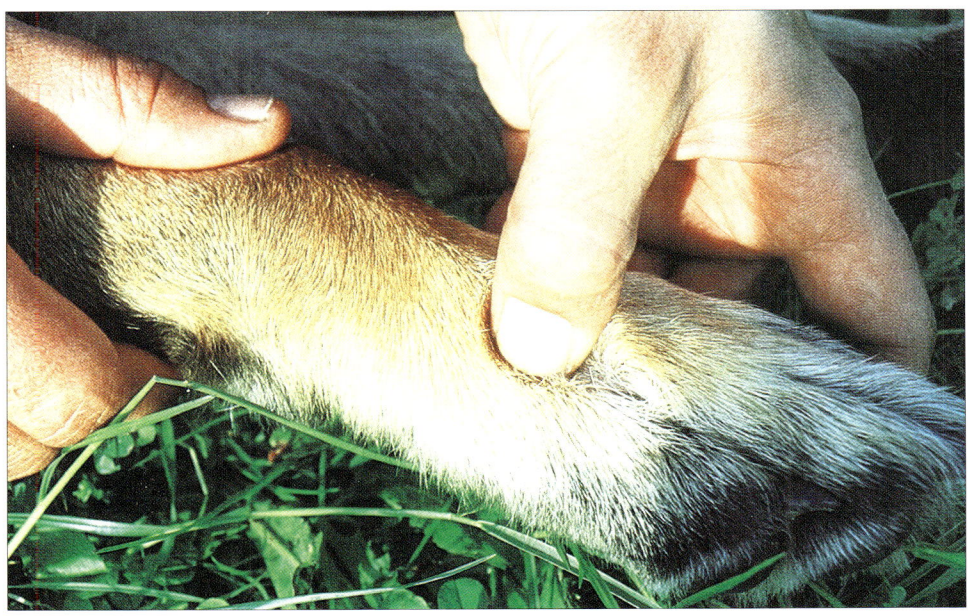

Daumenknetungen

Machen Sie nun Daumenknetungen auf den Vordermittelfußknochen. Je nachdem wie groß die Pfote Ihres Hundes ist, mit einem oder mit beiden Daumen.

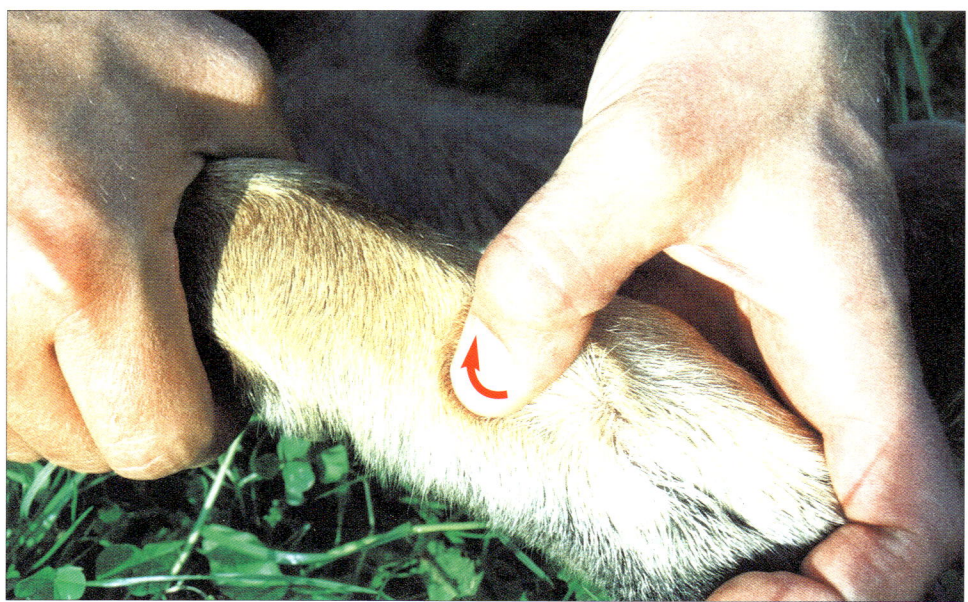

Abb. 84 - Daumenknetungen auf den Mittelfußknochen

Unterarmbehandlung

Um die Beugemuskulatur des Karpalgelenkes zu behandeln (liegt hinten am Unterarm) beugen Sie das Karpalgelenk etwas an, um die Strecker (liegen vorne am Unterarm) zu behandeln strecken Sie das Karpalgelenk und/oder beugen das Ellbogengelenk leicht an, dann ist die entsprechende Muskulatur entspannt.

Einhandknetung

Behandeln Sie nun die Unterarmmuskulatur mit der Einhandknetung und, wie soll es anders sein, von distal nach proximal. Dazu umfassen Sie das Bein unten am Karpalgelenk, so dass die Handfläche einmal vorne (kranial) auf den Karpalgelenk- und Zehenstreckern *(Abb. 85.a)* und einmal hinten (kaudal) auf den Karpalgelenk- und Zehenbeugern liegt *(Abb. 85.b)* und kneten langsam bis zum Ellbogengelenk hoch.

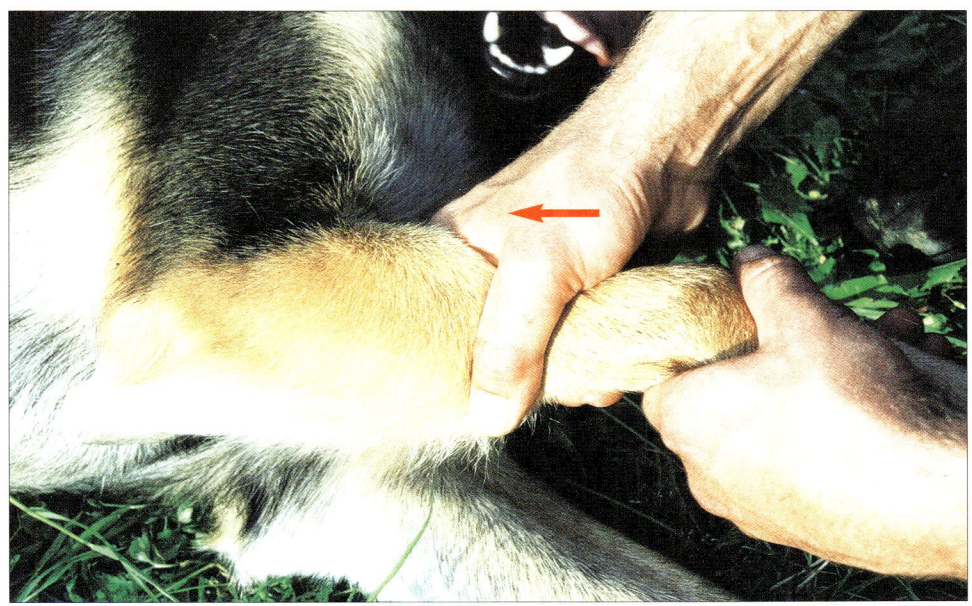

Einhandknetung
Abb. 85.a ... der Karpal- und Zehenstrecker

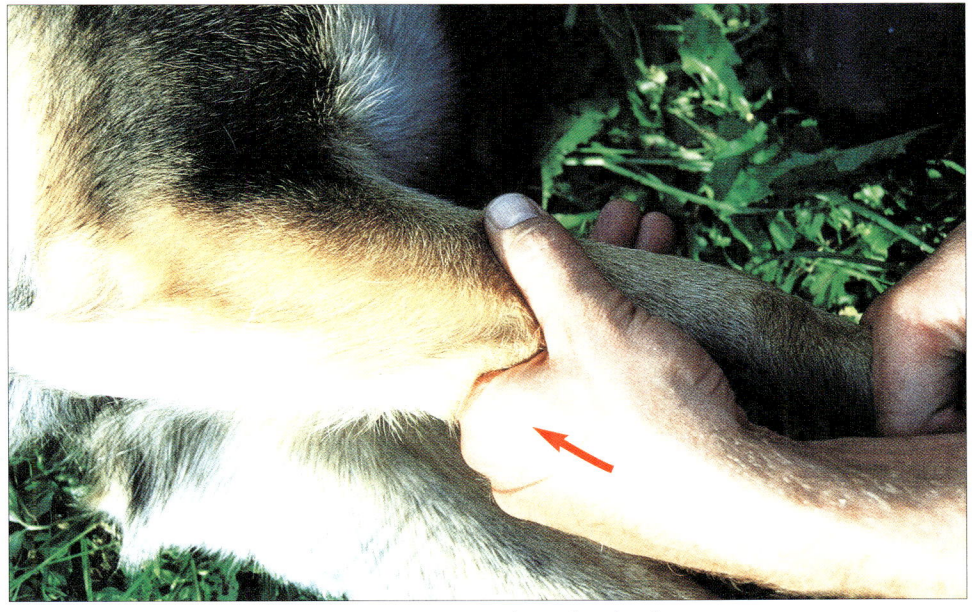

Abb. 85.b ... der Karpal- und Zehenbeuger

Fingerspitzenverwindungen

Nun behandeln Sie die gleiche Muskulatur mit der Fingerspitzenverwindung. Strecker und Beuger, von distal nach proximal *(Abb. 86.a+b)*.

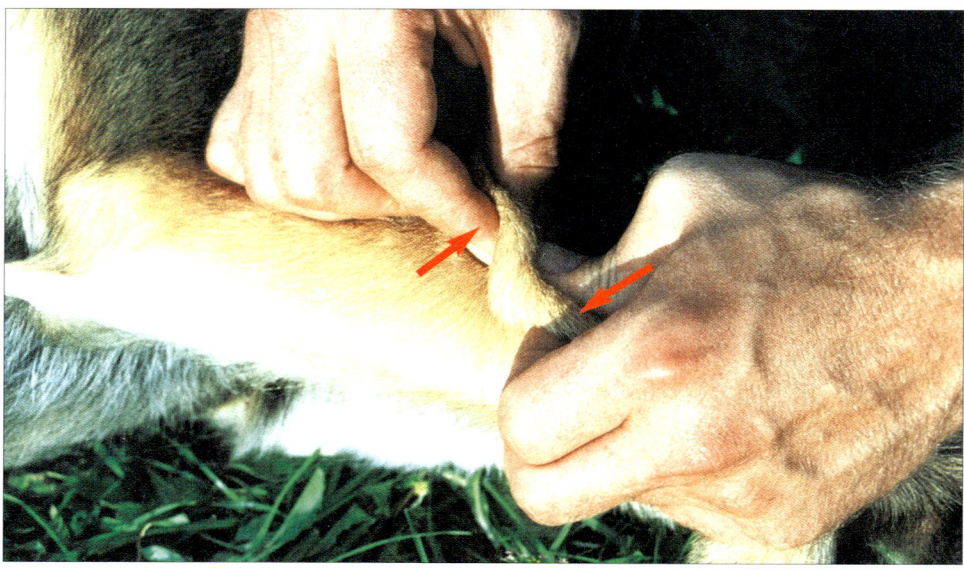

Fingerspitzenverwindungen   *Abb. 86.a ... auf der Streckmuskulatur*

Abb. 86.b ... auf der Beugemuskulatur

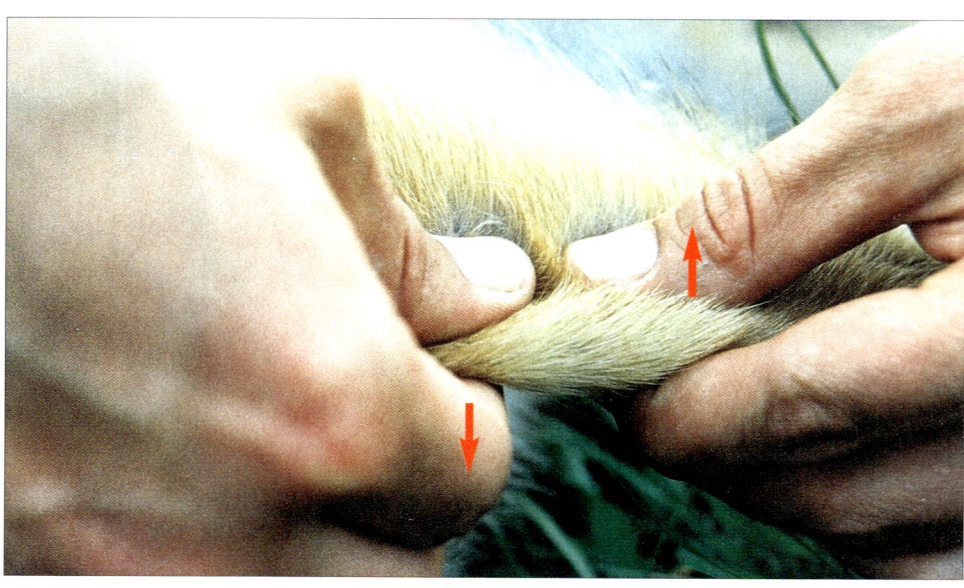

Unterhautfaszienstrich

Ziehen Sie nun mit dem Daumen oder mit dem Mittelfinger, der vom Ringfinger unterstützt wird, einen Strich von distal nach proximal zwischen den Muskelgruppen der Beuger und der Strecker. Sowohl innen am Bein, als auch außen (*Abb. 87.a+b*). Beim inneren Strich müssen Sie vorsichtig sein, weil da die Muskulatur nicht so stark ausgeprägt ist und Sie bei zu viel Druck die Knochen, Nerven und Blutgefäße erwischen.

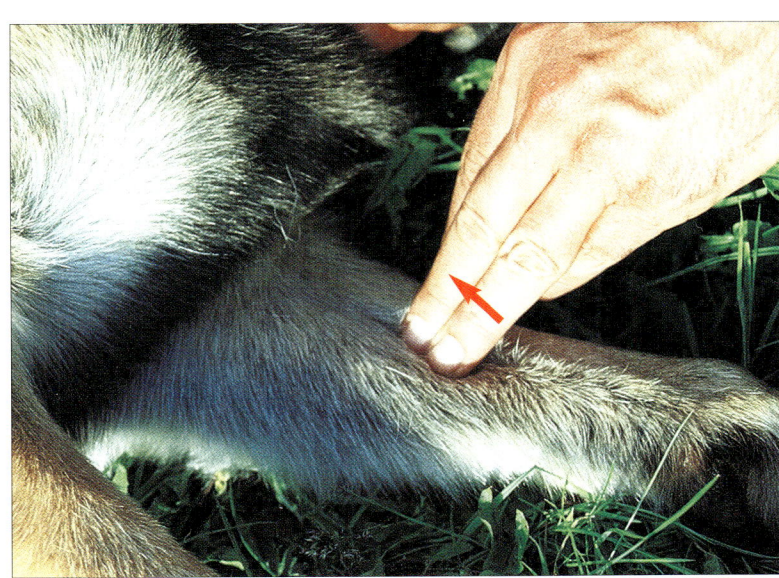

Unterhaut-fazien-striche

Abb. 87.a am Vorderbein innen, zwischen der Speiche und der Beuge-muskulatur

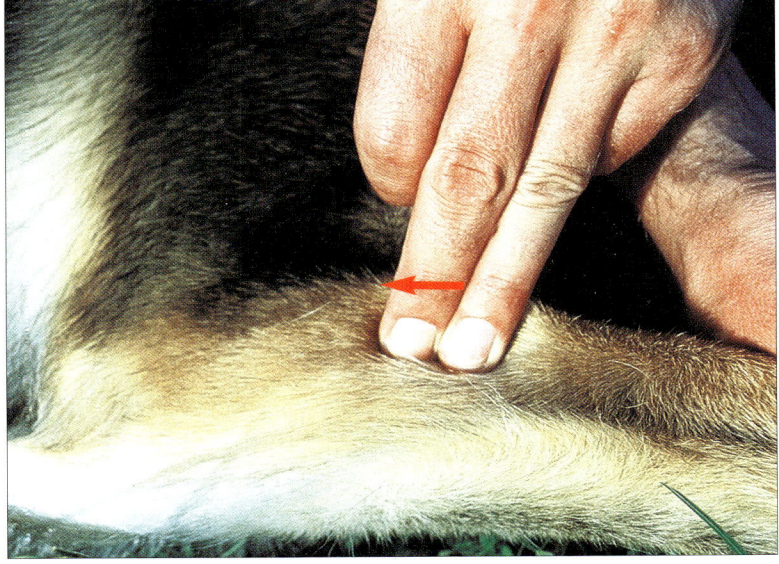

Abb. 87.b am Vorderbein außen, zwischen Karpal-beugern und -streckern

Oberarmbehandlung

Um die Beugemuskulatur des Ellbogengelenkes (liegt vorne am Oberarm) zu behandeln, beugen Sie das Ellbogengelenk an, um die Streckmuskulatur zu behandeln (liegt hinten am Oberarm) strecken Sie das Ellbogengelenk.

Einhandknetung

Per Einhandknetung können Sie die vordere (Ellenbogengelenksbeuger) und die hintere (Ellenbogengelenksstrecker) Oberarmmuskulatur behandeln *(Abb. 88.a+b)*. Fangen Sie am Ellbogengelenk an und arbeiten sich bis zum Schultergelenk hoch.

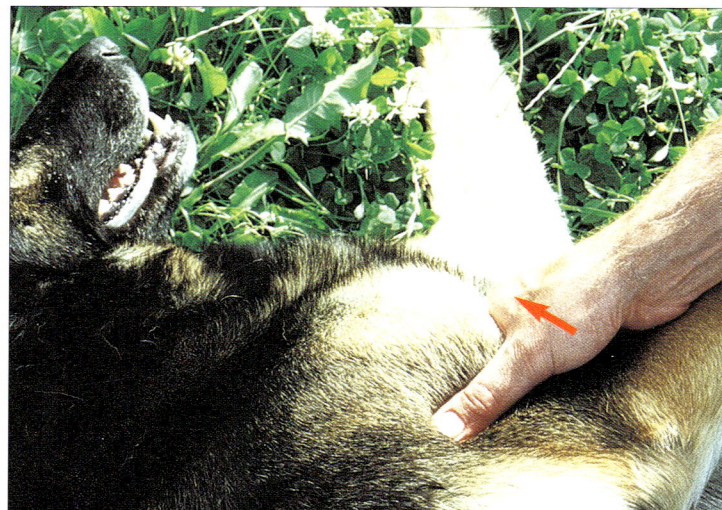

Einhandknetung

Abb. 88.a der kranialen ...

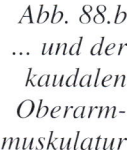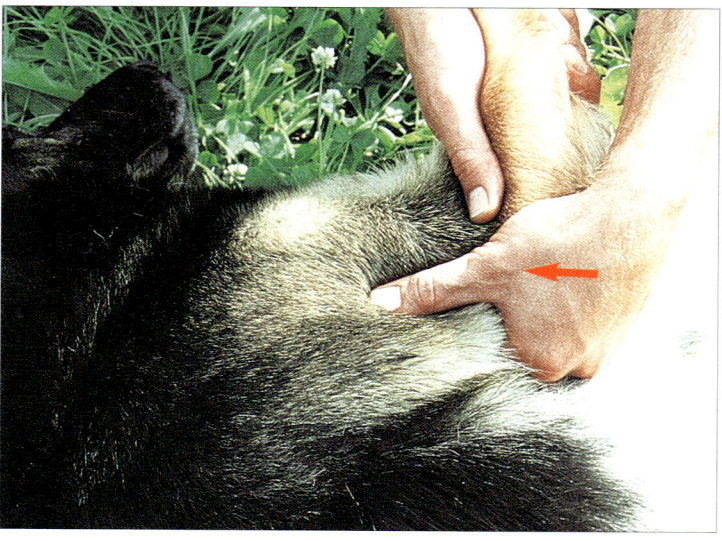

Abb. 88.b ... und der kaudalen Oberarm-muskulatur

Fingerspitzenverwindung

Mit Fingerspitzen-Verwindungen behandeln Sie nun die Oberarmmuskulatur, sowohl die kraniale (die Ellbogengelenkbeuger) als auch die kaudale (die Ellbogengelenkstrecker) *(Abb. 89.a+b)*.

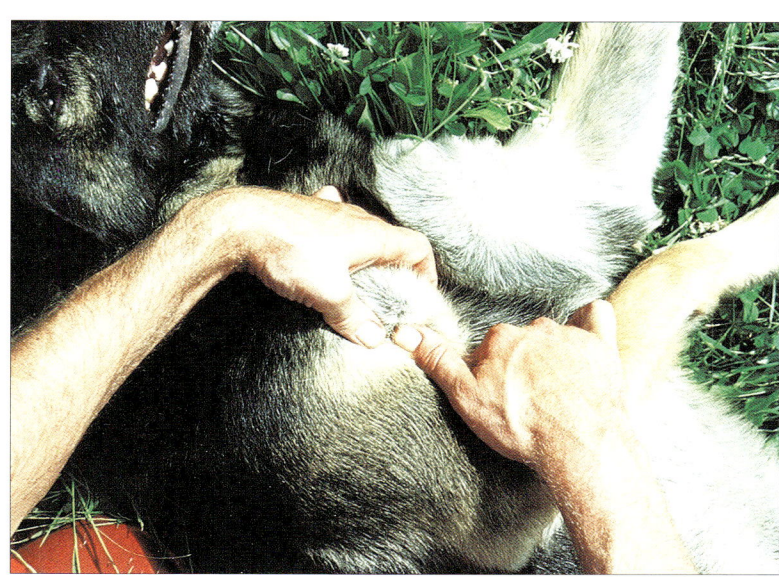

Fingerspitzenverwindung der Oberarmmuskulatur

*Abb. 89.a
Ellbogengelenkbeuger*

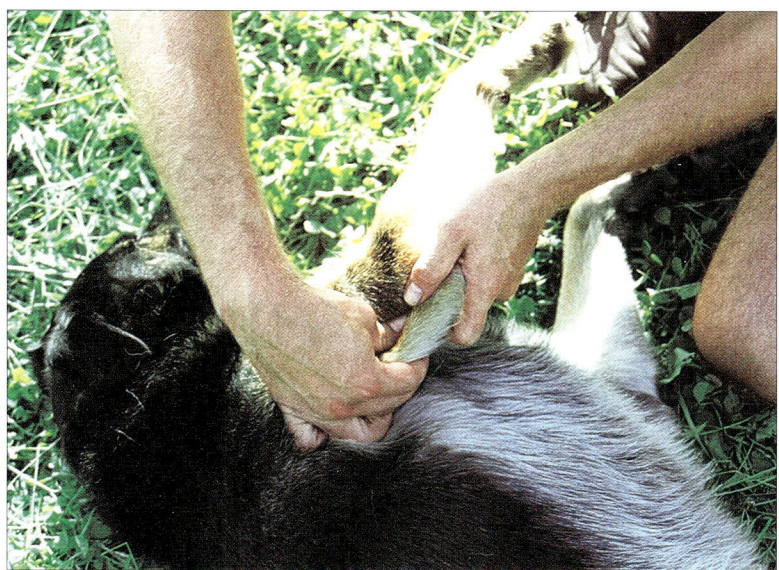

*Abb. 89.b
Ellbogengelenkstreicher*

»Anheben«

Das Anheben ist eine Technik, um die Muskelspannung nach der Behandlung wieder ein bisschen aufzubauen. Der Hund muss dazu stehen oder sitzen. Wenn Sie also die andere Seite Ihres Hundes auch noch behandeln wollen und er dazu nicht aufstehen muss, weil Sie ihn über den Rücken rollen, machen Sie das Anheben ganz zum Schluss, nachdem die andere Seite auch behandelt wurde. Dann heben Sie halt beide Seiten nacheinander an.

Legen Sie die Handballen einer Hand innen und der anderen Hand außen kurz über dem Karpalgelenk auf die Muskulatur die vorne am Unterarm ist. Nun drücken Sie die Handballen und damit die Muskeln zusammen und ziehen Sie sie leicht nach vorne und schieben Sie etwas nach oben. Lösen Sie langsam und machen Sie das Gleiche eine Hand breit höher. Wiederholen Sie das so oft, bis Sie am Ellbogengelenk angekommen sind *(Abb. 90.a+b)*.

Zum Abschluss streichen Sie den kompletten Bereich von der Pfote bis zur Schulter aus und wechseln dann die Seite. Welche Streichung Sie benutzen, bleibt Ihnen überlassen.

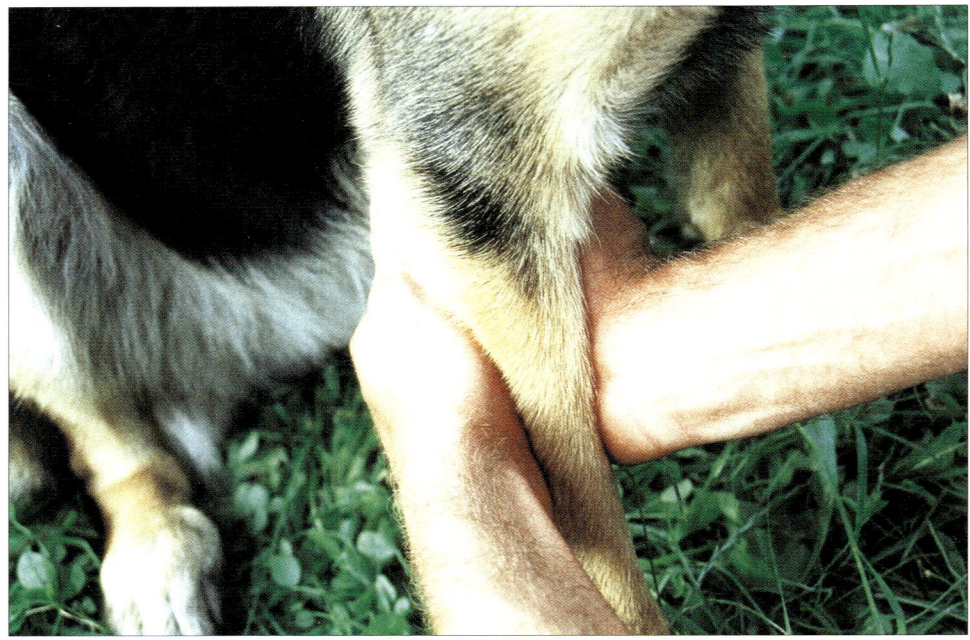

Anheben

Abb.90.a - Phase 1 - Ausgangsstellung

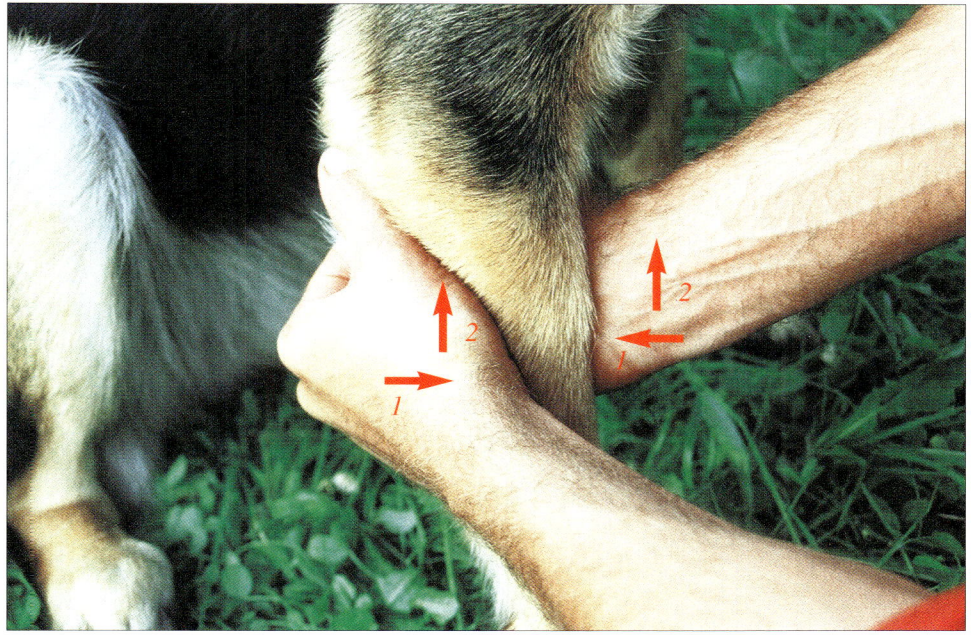

Abb. 90.b - Phase 2 - Endstellung
Die Hände werden zusammen und leicht nach vorne gedrückt und anschließend
nach oben geschoben (mit der Muskulatur)

ZUSAMMENFASSUNG MASSAGE SCHULTER UND VORDERBEIN

Streichungen (Einhand-, Hand-über-Hand- oder Knöchelstreichung der Schulter
Einhandstreichung des Vorderbeins von distal nach proximal
Daumenknetungen auf dem Schulterblatt und auf der schulterblattumgebenden
    Muskulatur
Kreisungen auf dem Schulterblatt und auf der Schulterblattmuskulatur (auch
    vorne unter das Schulterblatt greifen)
Zehenbehandlung
Ballenbehandlung
»Unterhautfaszienstriche« zwischen den Mittelfußknochen
Daumenknetungen auf den Mittelfußknochen
Einhandknetung der Unterarmmuskulatur
Fingerspitzenverwindung der Unterarmmuskulatur
Unterhautfaszienstrich auf der Unterarmmuskulatur (innen und außen)
Einhandknetung der Oberarmmuskulatur
Fingerspitzenverwindung der Oberarmmuskulatur
Anheben der Unterarmmuskulatur
Streichungen der gesamten Muskulatur zum Abschluss

Flächige BGM

Sie können Ihren Hund auf die Seite oder auf den Bauch legen. Liegt er auf der Seite, behandeln Sie diese erst fertig und drehen ihn dann auf die andere Seite. Liegt er auf dem Rücken, wechseln Sie nach jeder Folge die Seite.

Zuerst rollen Sie das Gewebe auf dem Schulterblatt, von oben nach unten *(Abb. 91.a)*. Danach schieben Sie eine Gewebefalte vom Schulterblatt nach kranial *(Abb. 91.b)*. Kneifen Sie Ihren Hund bitte nicht, wandern Sie wirklich mit den Fingern nach vorne.

Flächige Bindegewebs-massage

Abb. 91.a auf dem Schulterblatt nach distal

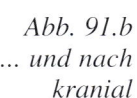

Abb. 91.b ... und nach kranial

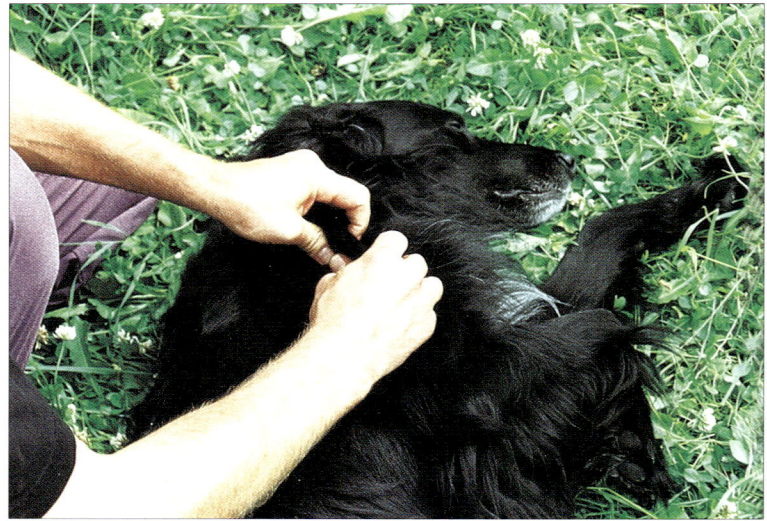

III.2.2.2. DEHNUNGEN

Wenn die Dehnungen nicht gleich am Anschluss an die Massage ausgeführt werden, dann ... Okay, okay, Sie haben es verstanden, aber trotzdem: Das Aufwärmen ist ganz wichtig!

Für die Dehnungen ist es am besten, wenn Ihr Hund dabei auf der Seite liegt, aber wenn er steht, kann man die Dehnungen auch ausführen. Wenn Ihr Hund das Bein nicht lockerlässt, können Sie es ganz leicht und schütteln, das erleichtert ihm das Loslassen.

Um die Beugemuskulatur des Schultergelenks zu dehnen, muss das Schultergelenk in Streckstellung gebracht werden. Dazu fassen Sie das Bein mit der einen Hand am Karpalgelenk mit der anderen Hand fassen Sie das Ellbogengelenk. Nun schieben Sie das Ellbogengelenk nach vorne und leicht nach unten *(Abb. 92.a)*. Fangen Sie in einer Position an, die Ihr Hund noch leicht erreichen kann und halten dort 15 Sekunden. Dann gehen Sie in die Ausgangsposition zurück. An-

Dehnung der Schultergelenkbeuger

Abb. 92.a Ausgangsstellung: Schultergelenk angebeugt

schließend wiederholen Sie die Übung, gehen allerdings so weit mit dem Ellbogengelenk nach vorne und leicht nach unten, dass Sie eine leichte Spannung spüren, dort halten Sie, bis Sie merken, dass die Spannung nachlässt, aber mindestens 20 Sekunden, anschließend strecken Sie das Schultergelenk weiter. Wiederholen Sie das zwei- oder dreimal und halten Sie die letzte Position eine halbe Minute *(Abb. 92.b)*.

Abb. 92.b - Endstellung: Schultergelenk gestreckt

Für die Dehnung der Schultergelenksstrecker und der Ellbogengelenksbeuger (da besonders des Hauptbeugers Bizeps brachii), müssen Sie das Schultergelenk anbeugen und das Ellbogengelenk strecken.

Dazu halten Sie mit der einen Hand den Unterarm, mit der anderen Hand den Oberarm. Nun bringen Sie das Schultergelenk durch zurück- und hochführen des Oberarms in Beugestellung. Das Ellbogengelenk ist anfangs gebeugt *(Abb. 93.a)*. Nun strecken Sie das Ellbogengelenk leicht, halten diese Position 15 Sekunden und lösen danach komplett. Dann bringen Sie das Schultergelenk erneut in endgradige Beugestellung und strecken das Ellbogengelenk, bis Sie eine leichte Muskelspannung spüren, halten Sie so lange, bis sich die Spannung löst und gehen Sie erst dann weiter in die Ellbogenstreckung. Die letzte Stellung, dort wo sich die Spannung nicht mehr löst, wird 30 Sekunden gehalten. Vergessen Sie aber während dieser Dehnung nicht, dass sich das Ellbogengelenk nur begrenzt strecken lässt, weil es knöchern gegen eine Überstreckung geschützt ist *(Abb. 93.b)*.

Abb. 93.a Ausgangs-stellung: Ellbogen-gelenk angebeugt, Vor-dehnung durch Beugung des Schulter-gelenkes

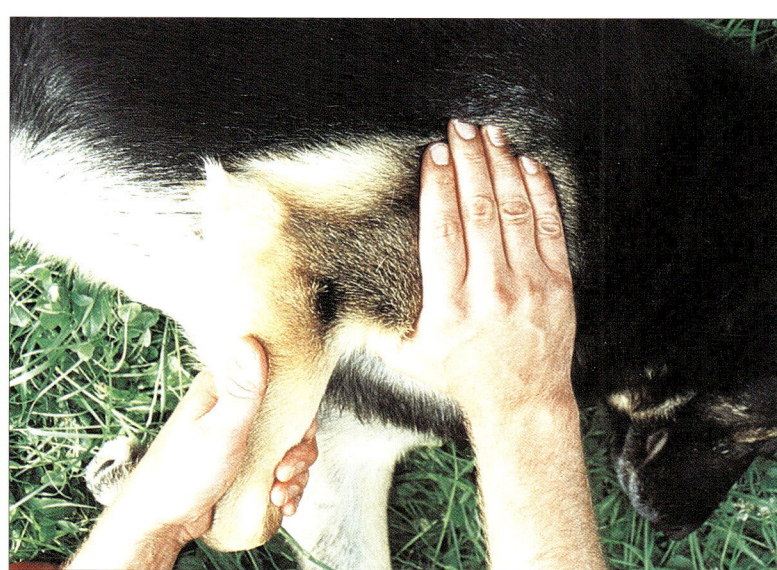

Dehnung der Schultergelenkstrecker und Ellbogengelenkbeuger

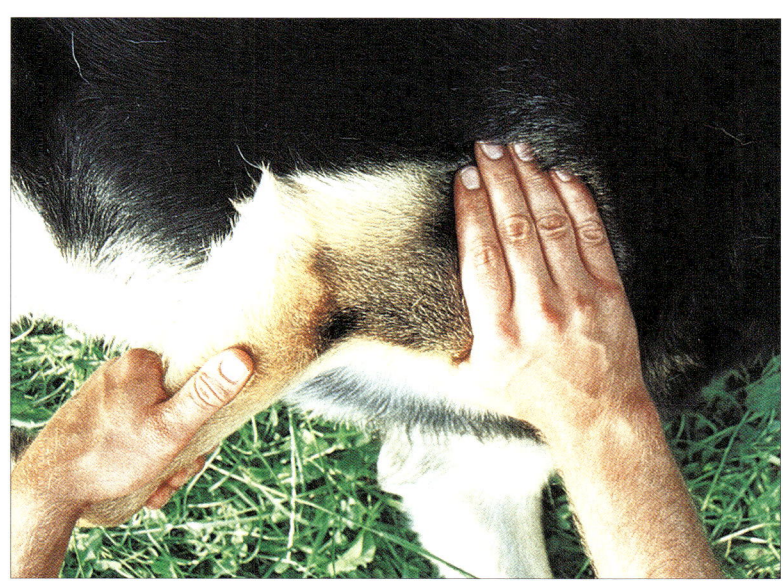

Abb. 93.b Endstellung: Schultergelenk gebeugt und Ellbogengelenk gestreckt

159

Wenn Sie bei dieser Übung die eine Hand nicht am Unterarm, sondern an der Pfote haben, können Sie das Karpalgelenk, evtl. sogar die Zehengelenke noch mit beugen. Dadurch erreichen Sie eine Dehnung der Karpal- und Zehengelenksstrecker. Um diese Muskulatur zu dehnen, stellen Sie das Ellbogengelenk in Streckstellung *(Abb. 94.a)*. Gedehnt wird dann über die Beugung im Karpalgelenk, aber nach dem gleichen Prinzip wie immer. Leichte Position, 15 Sekunden halten, dann lösen. Wieder die Voreinstellung vom Ellbogengelenk (Streckung) aufbauen, das Karpalgelenk und die Pfote weiter anbeugen, halten bis sich die Spannung löst, dann weiter dehnen. Die letzte Stellung wird dann wieder 30 Sekunden gehalten *(Abb. 94.b)*.

Dehnung der Karpal- und Zehenstrecker

Abb. 94.a Ausgangsstellung: Karpalgelenk gestreckt, Vordehnung über die Zehenbeugung

Abb. 94.b Endstellung: Karpal- und Zehengelenke gebeugt

Um die Extensoren des Ellbogengelenkes, besonders den Hauptstrecker, den Trizeps brachii, und die Beugemuskulatur des Karpal- und der Zehengelenke zu dehnen, ist nur eine Dehnungsübung notwendig. Sie müssen das Schultergelenk strecken, das Ellbogengelenk beugen und Karpal- und Zehengelenke strecken. Dazu fassen Sie, wie bei der Dehnungsübung für die Strecker von Karpal- und Zehengelenke. Bringen Sie das Schultergelenk in Streckstellung, in dem Sie den Oberarm nach vorne schieben. Für die Dehnung der Ellbogengelenkstrecker halten Sie dabei das Karpalgelenk und die Zehengelenke möglichst gestreckt und dehnen über die Ellbogengelenksbeugung *(Abb. 95.a)*, für die Dehnung der Karpal- und Zehengelenksflexoren beugen Sie das Ellbogengelenk an (Abb. 95.a ist die Aste für diese Dehnung) und dehnen über die unteren Gelenke. Die Dehnung an sich funktioniert wie immer. Die Endstellung der beiden Dehnungen ist die gleiche *(Abb. 95.b)*.

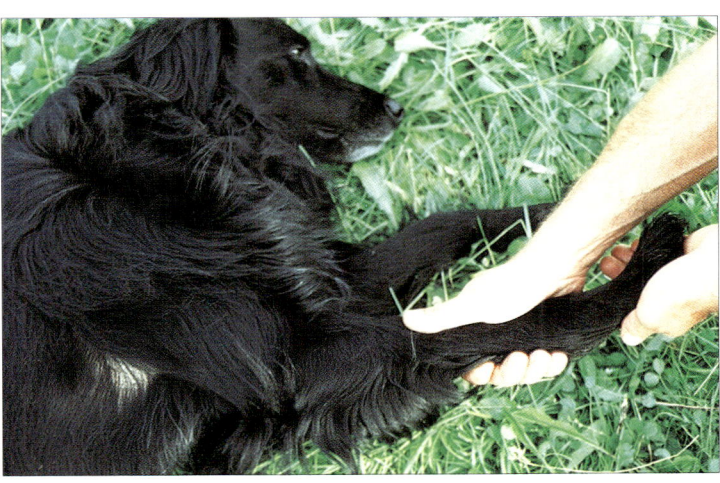

Dehnung der Ellbogengelenk-strecker und Karpal- und Zehengelenk-beuger

Abb. 95.a Ausgangsstellung: Vordehnung: Ellbogen gebeugt, Karpalgelenk gestreckt, Zehen-gelenk leicht gestreckt

Abb. 95.b Endstellung: Ellbogen gebeugt, Karpal und Zehengelenke gestreckt

III.2.2.3. KRANKENGYMNASTIK

Passives Durchbewegen
Schulterblatt
Um das Schulterblatt passiv durchzubewegen, legen Sie Ihren Hund auf die Seite. Fassen Sie das Schulterblatt wie auf der Abbildung gezeigt *(Abb. 96.a)*. Schieben Sie das Schulterblatt dann leicht hoch und runter. Drehen Sie es, so dass sich der obere Schulterblattrand mal nach kranial *(Abb. 96.b)*, mal nach kaudal dreht *(Abb. 96.c)*.

Passives Bewegen des Schulterblattes

Abb. 96.a - Griff

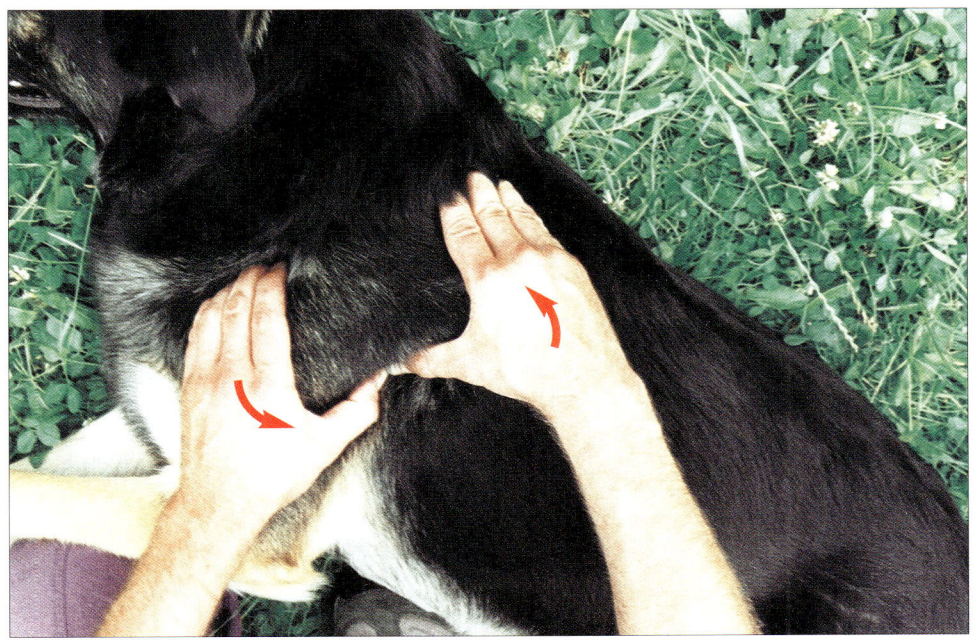

Abb. 96.b - Drehung nach vorn

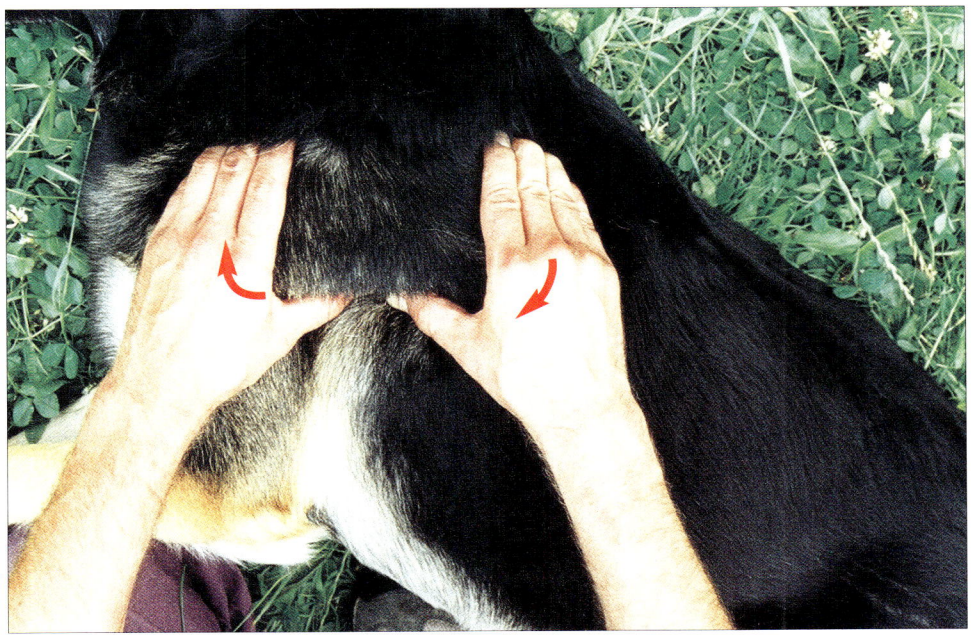

Abb. 96.c - Drehung nach hinten

Schultergelenk

Legen Sie den Hund auf die Seite. Fixieren Sie mit der einen Hand das Schulterblatt, während die andere den Oberarm dicht am Ellbogengelenk fasst. Der Arm
unterstützt das Vorderbein, damit es Halt hat und nicht herunterhängt. Bewegen
Sie nun den Oberarm bis zum Bewegungsende in Beugung und Streckung
(Abb. 97.a+b).

*Passives Bewegen
des Schultergelenkes*

*Abb. 97.a
Beugung*

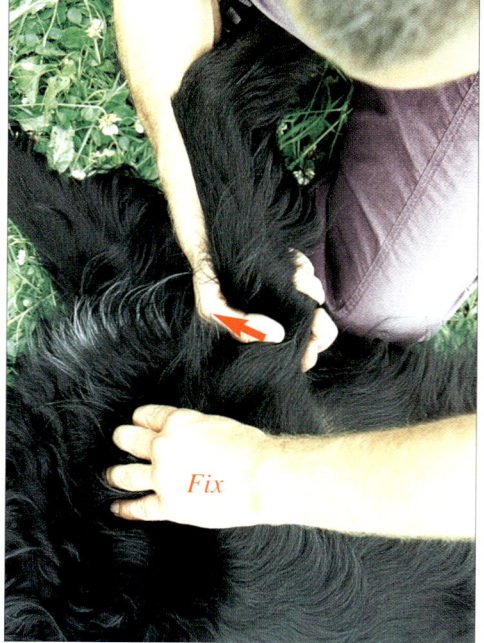

*Abb. 97.b
Streckung*

Ellbogen

Der Hund liegt auf der Seite. Fassen Sie mit der einen Hand den Oberarmknochen dicht oberhalb des Ellbogengelenks und mit der anderen Hand den Unterarm dicht am Karpalgelenk. Die obere Hand fixiert den Oberarm, während die untere Hand den Unterarm bis zum Bewegungsende in Beugung und Streckung durchbewegt *(Abb. 98.a+b)*.

Passives Bewegen des Ellbogen-gelenkes:

Abb. 98.a Beugung

Abb. 98.b Streckung

165

Karpalgelenk
Der Hund liegt in Seitlage. Die eine Hand fixiert den Unterarm dicht oberhalb des Karpalgelenkes, die andere Hand fasst die Pfote. Über die Pfote wird das Karpalgelenk bis zum Bewegungsende in Beugung oder Streckung bewegt (Abb. 99.a+b).

Passives Bewegen des Karpalgelenkes

Abb. 99.a Beugung

Abb. 99.b Streckung

Zehen

Ihr Hund kann in Bauch- oder Seitlage liegen, er kann sitzen oder stehen. Die Zehen werden gemeinsam durchbewegt. Dazu fixieren Sie mit der einen Hand etwa dort, wo das proximale Ende des Sohlenballens ist. Die andere Hand wölbt sich um die Zehen und bewegt sie gemeinsam bis zum Bewegungsende in Beugung und Streckung *(Abb. 100.a+b)*.

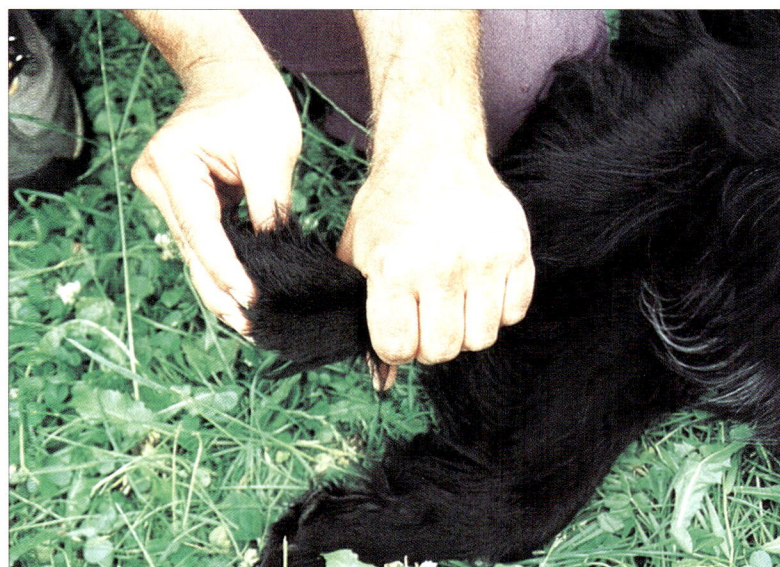

Passives Bewegen der Pfote

Abb. 100.a Beugung

Abb. 100.b Streckung

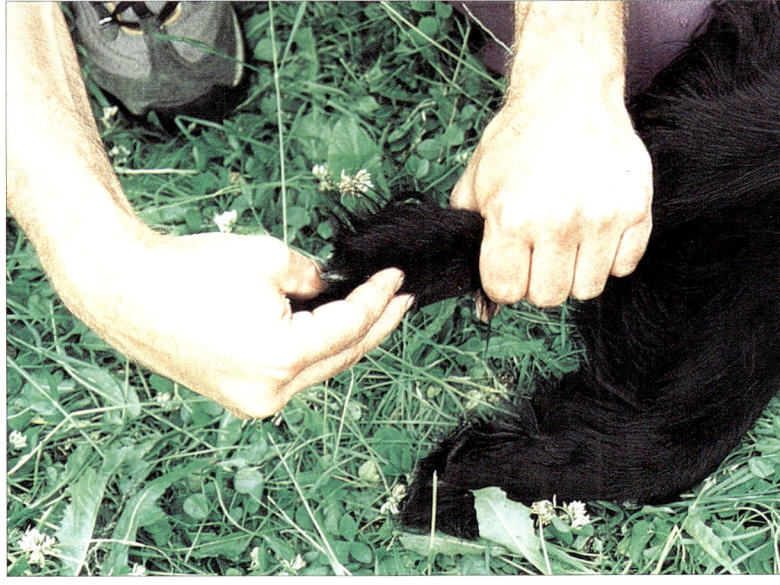

167

Traktion
Schultergelenk
Ihr Hund liegt in Seitlage. Fixieren Sie mit der einen Hand das Schulterblatt dicht am Schultergelenk, mit der anderen Hand halten Sie den Oberarm, ebenfalls dicht am Schultergelenk, während der Arm wieder das Vorderbein hält *(Abb. 101.a)*. Die distale Hand übt jetzt einen ganz leichten Zug Richtung ventral aus *(Abb. 101.b)*. Halten Sie diesen leichten Zug 7-10 Sekunden, lösen Sie kurz, und wiederholen das Ganze 7-10-mal.

Traktion des Schulter-gelenkes

Abb. 101.a Griff

Abb. 101.b Traktion

Ellbogengelenk

Ihr Hund liegt in Seitlage. Sie fixieren mit der einen Hand den Oberarm ganz dicht am Ellbogengelenk, mit der anderen fassen Sie den Unterarm auch sehr dicht am Ellbogengelenk. Auch hier muss der Arm (oder das Bein) das Vorderbein unterstützen, damit es Halt hat *(Abb. 102.a)*.

Die distale Hand übt nun einen ganz leichten Zug Richtung distal aus *(Abb. 102.b)*. Der Zug wird 7-10 Sekunden gehalten, dann kurz gelöst. Das wird 7-10-mal wiederholt.

Traktion des Ellbogen-gelenkes

Abb. 102.a Griff

Abb. 102.b Traktion

Kann Fix, kann aber auch

Karpalgelenk

Ihr Hund liegt in Seitenlage. Fixieren Sie mit der einen Hand den Unterarm dicht am Karpalgelenk, mit der anderen Hand halten Sie die Mittelfußknochen *(Abb. 103.a)*. Üben Sie mit der distalen Hand einen leichten Zug Richtung distal aus *(Abb. 103.b)*. Halten Sie diesen Zug 7-10 Sekunden, lösen Sie ihn kurz und wiederholen die Traktion 7-10-mal.

Traktion des Karpal-gelenkes

Abb. 103.a Griff

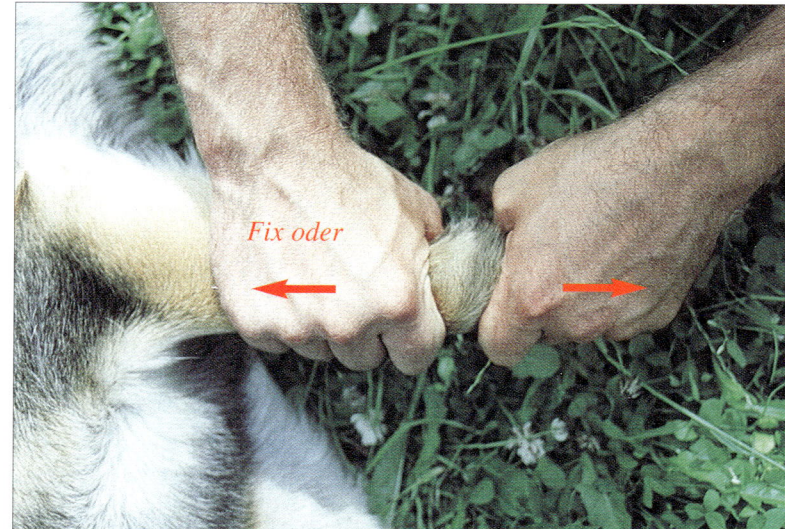

Abb. 103.b Traktion

Fix oder

Zehengelenke

Ihr Hund kann in Bauch- oder Seitenlage liegen. Die Zehengelenke werden proximal und distal dicht am Gelenk gefasst und die distale Hand übt ganz leichten Zug aus, der 7-10 Sekunden gehalten wird. Wiederholen Sie die Traktion 7-10-mal. Die Zehengelenke sind nur sehr klein, sie benötigen wirklich nur einen ganz leichten Zug! Sie finden die Gelenke zwischen Vordermittelfußknochen und ersten Zehenknochen, wenn Sie die Zehen hoch verfolgen, bis es nicht mehr weitergeht, oder wenn Sie von vorne auf den Sohlenballen drücken, fühlen Sie das Gelenk ziemlich weit oben (proximal) *(Abb. 104.a-c)*.

Traktion des proximalen Zehengelenkes

Abb. 104.a
Lage des proximalen Zehengelenkes

Abb. 104.b
Griff

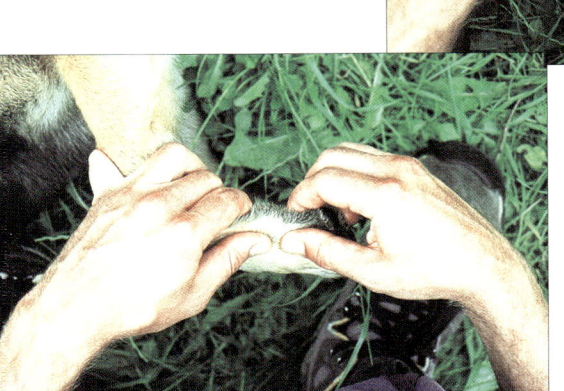

Abb. 104.c
Traktion

Das nächste Gelenk liegt distal des Sohlenballens *(Abb. 105.a-c)*.

Das dritte Gelenk, das an der Kralle, finden Sie, wenn sie von vorne auf die Zehenballen drücken *(Abb. 106.a-c)*.

105.a

106.a

105.b

106.b

105.c

106.c

Traktion des mittleren Zehengelenkes

*oben: Lage des mittleren
Zehengelenkes
Mitte: Griff
unten: Traktion*

Traktion des distalen Zehengelenkes

*oben: Lage des distalen
Zehengelenkes
Mitte: Griff
unten: Traktion*

Extremitätenschüttelung

Ihr Hund kann bei der Extremitätenschüttelung auf der Seite liegen, sitzen oder stehen. Die Seitlage ist am besten geeignet, weil Ihr Hund dann entspannter ist.

Fassen Sie mit der einen Hand die Pfote, die andere fasst von unten das Ellbogengelenk. Beide Hände üben jetzt leichte Schüttelbewegungen aus, wobei das Bein mitgeschüttelt wird *(Abb. 107)*.

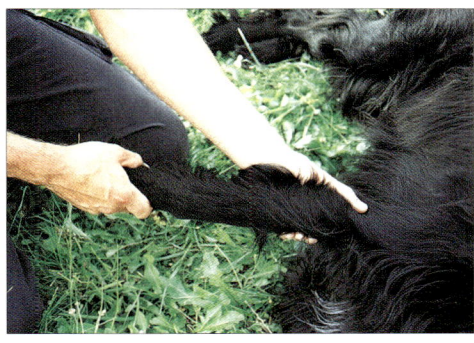

Abb. 107 - Extremitätenschüttelung des Vorderbeines

Isometrie

Für die isometrischen Spannungsübungen muss Ihr Hund stehen. Drücken Sie mit so viel Kraft, dass Ihr Hund gerade nicht ausweicht. Drücken Sie gegen die rechte Schulter, wenn Sie die linke Seite stabilisieren und dazu bringen wollen, mehr Gewicht aufzunehmen. Die ganze Muskulatur der Vordergliedmaße

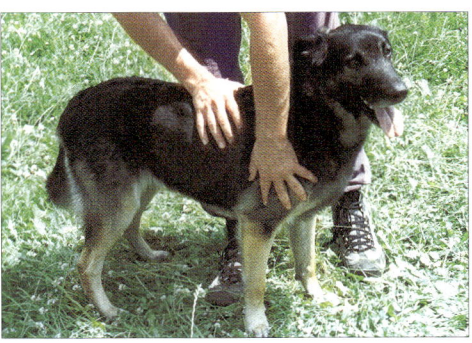

Abb. 108 - Isometrische Spannungsübung: mit flacher Hand an der Schulter zur Seite drücken

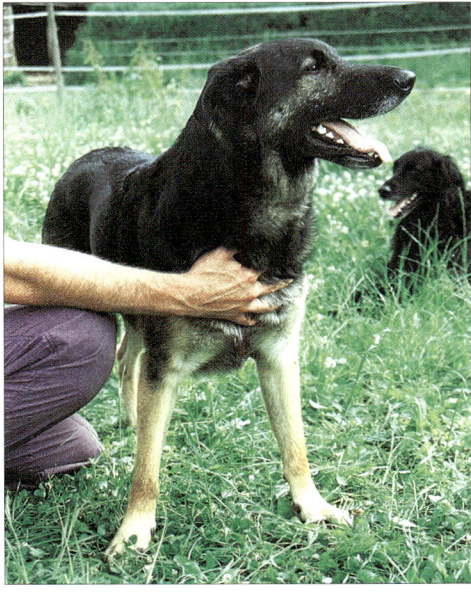

Abb. 109 - Isometrische Spannungsübung: mit flacher Hand am Buggelenk nach hinten gedrückt

spannt dabei an, aber man erreicht besonders die Abduktoren damit *(Abb. 108)*. Drücken Sie gegen das gleichseitige Buggelenk von vorne, damit erreichen Sie eine leichte Belastung der Karpalgelenk- und Zehenbeuger *(Abb. 109)*.

Abb. 110
Isometrische Spannungsübung: mit
flacher Hand am Sitzbein nach vorne
drücken

Mit dem hochgehobenen Bein können Sie kreisen, um dadurch unterschiedliche Muskelgruppen der Schulter zu erreichen *(Abb. 111)*.

Übungen
Spaziergänge sind natürlich immer gut. Und Schwimmen auch. Aber auch das Waten im brusthohen Wasser kräftigt die Muskulatur der vorderen Extremität, weil die Beine gegen einen ziemlichen Reibungswiderstand zu kämpfen haben *(Abb. 112)*.

Wenn Sie hinten am gleichseitigen Sitzbein nach vorne schieben, wird wieder die komplette Muskulatur der Vordergliedmaße angespannt, aber man erreicht auch die Brustmuskulatur *(Abb. 110)*.

Zur weiteren Stabilisation können Sie auch das eine Vorderbein anheben, damit wird das andere stark belastet.

Abb. 111
Isometrische Spannungsübung: ein
Vorderbein hochheben

Abb. 112
Kräftigung und Mobilisation der
Vorderbeine durch Waten im Wasser

Lassen Sie Ihren Hund über Baumstämme klettern oder über Stangen steigen, er muss dann die Beine höher heben als beim normalen Laufen und mobilisiert sich so seine Beingelenke. Die Muskulatur des Standbeines wird gekräftigt, weil es mehr Gewicht aufnehmen und stabilisieren muss.

Wenn Sie Ihren Hund seitwärts gehen lassen, arbeiten auch die Abduktoren und die Adduktoren der Vorderbeine, die Brust- und die Schultermuskulatur wird gekräftigt *(Abb. 113)*.

III.2.2.4. PHYSIKALISCHE THERAPIE
Güsse
Für die Behandlung der Schultergliedmaße eignen sich der kalte Vorder- oder Vorderbeinguss, um die Muskulatur zu tonisieren oder zu kühlen, oder die gleichen Güsse warm, wenn Sie die Muskulatur (und dabei Ihren ganzen Hund) entspannen wollen.

Wärme
Wärme ist besonders bei Verspannungen im Schulterbereich sehr angenehm. Ihnen stehen alle Möglichkeiten offen,

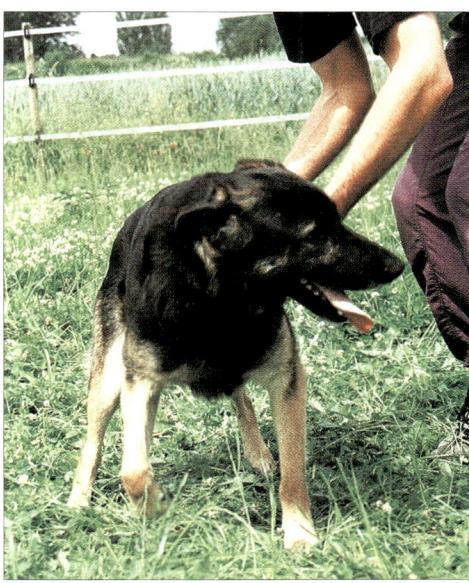

Abb. 113
Seitwärtsgehen: mit den Fingerspitzen gleichzeitig am Becken und an der Schulter zur Seite drücken

ob nun Rotlicht, Heiße Rolle, Körnerkissen, Kirschkern- oder Heublumensäckchen.

Kälte
Kälte lässt sich besonders gut mit Cool-Packs oder einem Eisbeutel anwenden, die für etwa fünf Minuten nach der Übungsbehandlung oder bei entzündlichen Gelenken 10-15 Minuten vor den Übungsbehandlungen, aber auch so ruhig mehrmals täglich, auf den schmerzenden Bereich gelegt werden.

Zur Tonisierung der Muskulatur müssen Sie den Bereich, den Sie behandeln wollen, am besten scheren, weil sonst das »Quick-Eis« durch das lange Fell nicht möglich ist. Quick-Eis wird mit einem Eislolly ausgeführt, wobei während der Übungsbehandlung der Lolly einige Sekunden auf dem hypotonen Muskel mit Druck gerieben wird. Wiederholen Sie das einige Male.

TENS
Bei verspannter Muskulatur, chronischen Schmerzzuständen (z.B. bei Ellbogengelenksarthrose) ist TENS gut anzuwenden. Die Kathode (je nach Gerät schwarz oder blau) kommt auf den Schmerzpunkt, die Anode (rot) auf die andere Seite des Gelenkes oder bei umschriebenen Schmerzpunkten ca. 1 cm von der Kathode entfernt daneben, auf eine andere Stelle, des schmerzhaften Bezirks oder an den Widerrist.

Können Sie an einem Gelenk nicht genau sagen, welche Seite mehr schmerzt, wechseln Sie nach der Hälfte der Behandlungszeit die Elektroden. Also die Kathode kommt auf die Seite, auf der die Anode war und umgekehrt. Nehmen Sie anfangs eine Frequenz von 80-100 Hz und eine Stromstärke, bei der sich Ihr Hund noch entspannt. Behandeln Sie in der Anfangszeit täglich einmal 20 Minuten lang. Später werden Sie dann häufiger und länger behandeln, mehrmals am Tag (je nachdem wie lange Ihr Hund schmerzfrei ist) bis zu maximal 2 Stunden pro Behandlung. Sind die Schmerzen sehr hartnäckig und reagieren auf das konventionelle TENS nicht oder nur wenig, können Sie auf das Hyperstimulations-TENS ausweichen. Die Frequenz bleibt dabei gleich, nur die Intensität wird erhöht und die Behandlungsdauer auf 20-30 Minuten gesenkt. Die Behandlung wird durch die höhere Intensität für Ihren Hund schmerzhaft!

III.2.3. BEHANDLUNGSBEISPIELE

Verspannungen der Muskulatur
Verspannungen behandeln Sie natürlich am besten mit Wärme, Massagen und anschließenden Dehnungen, etwa 3-mal pro Woche. Zwischendurch gehen Sie viel spazieren und lassen Ihren Hund schwimmen, wenn er es mag. Wenn Sie ein TENS-Gerät besitzen oder sich eins leihen können, behandeln Sie Ihren Hund täglich 20-30 Minuten damit, so lange bis er beschwerdefrei ist. Auch die Schüttelung der Vorderbeine wird die Muskulatur ein wenig lockern.

Arthrosen
Arthrosen können in jedem Gelenk vorkommen und kommen auch in jedem Gelenk vor. Wenn Ihr Hund ständig humpelt, bei feuchtkaltem Wetter vielleicht vermehrt, das eine Bein im Stand nicht mehr so belastet, wenn Sie vielleicht sogar bei Gelenksbewegung schon ein Knirschen hören, sollten Sie ihn röntgen lassen. Wenn Bewegungseinschränkungen und deutliche Muskelatrophien oder -insuffizienzen auftreten, ist die Arthrose schon sehr fortgeschritten.

Zur Schmerzlinderung können Sie Traktionen, passives Bewegen und das TENS einsetzen. Im akuten Stadium, d.h. wenn das Gelenk entzündet ist, wird den Tieren eine Eisanwendung gut tun, sonst ist eher Wärme indiziert. Dehnungen sollten Sie bei einer Arthrose nur durchführen, wenn die Schmerzen es zulassen. Sie können die Verspannungen behandeln, die mit einer Arthrose einhergehen. Bewegen Sie das Schulterblatt passiv durch, das ist sehr entspannend für Ihren Hund. Schwimmen ist gut bei Arthrosen, wobei das Wasser ruhig etwas wärmer sein darf, in diesem Fall ist ein Bewegungsbad für Hunde richtig sinnvoll. Super ist es, wenn dann auch noch ein Laufband im Wasser vorhanden ist. Aber auch leichte isometrische Übungen können Sie mit Ihrem Hund machen, aber bitte nicht die, bei denen ein Bein hochgehoben wird.

Der Therapeut kann dann noch die HWS und die BWS mobilisieren, weil sich auch dort Verspannungen und Blockierungen durch die Fehlbelastung aufbauen können.

Konservative Maßnahmen wirken nur symptomatisch und können die Krankheit nicht aufhalten, nur mildern!

Behandlungsvorschlag: Ellbogengelenksarthrose

Therapieziele
1. Tonusnormalisierung: Wärme, Massage
2. Durchblutungsförderung: chronisch Wärme, akut Kälte
3. Lockerung der Muskulatur: Wärme, Massage
4. Dehnungen der Extensoren
5. Traktion und Schüttelungen
6. Mobilisation: Schwimmen
7. Kräftigung: Isometrie
8. Gangschulung

Maßnahmen
1. + 2. Tonusnormalisierung und Durchblutungsförderung: Zu Beginn der Behandlung legen Sie Ihrem Vierbeiner ein Körnerkissen, eine Wärmflasche o.ä. auf der betroffenen Ellbogen. Die Wärme nimmt einerseits den Schmerz und bereitet andererseits auf die kommende Behandlung vor, weil die Muskulatur so schon ein bisschen lockerer wird. Sollte sich Ihr Hund gegen die Wärme wehren (Wehrt er sich auch wirklich gegen die Wärme und nicht gegen das Gewicht auf seinem Ellbogen? Testen Sie das aus, indem Sie ihm ein kaltes Körnerkissen auf die Stelle legen oder indem Sie ihn mit einer Rotlichtlampe bestrahlen), könnte es sein, dass die Arthrose gerade aktiv ist. Das heißt, es gibt eine Entzündung im Gelenk und die verträgt keine Wärme. Also kühlen. Nichts anderes! Bei einer akuten Entzündung darf Ihr Hund nicht physiotherapeutisch behandelt werden! Und dann gehen Sie schleunigst zum Tierarzt, um die Entzündung in den Griff zu bekommen.

Gut, aber Ihr Hund verträgt die Wärme, genießt sie vielleicht sogar, dann lassen Sie sie etwa 20 Minuten einwirken.

1. + 3. Tonusnormalisierung und Lockerung der Muskulatur: Anschließend massieren Sie Ihrem Hund mit weichen Griffen (Streichungen, Knetungen) das komplette Bein, den Schulterbereich, HWS und BWS. Das andere Bein darf auch ruhig ein bisschen Massage abbekommen, das wird ja ständig überbelastet ... Die Massage wird etwa 15-20 Minuten dauern.

4. Dehnungen: Entspannen Sie danach die Vorderbeinmuskulatur. Die Streckung im Ellbogengelenk ist besonders wichtig, also dehnen Sie die Beuger (besonders den Bizeps). Aber seien Sie wirklich ganz vorsichtig, dehnen Sie nur

177

leicht und ganz weich! Ihr Hund darf keine Schmerzen dabei haben, sonst wäre der ganze Spaß sinnlos, ja schädlich. Also nur ein bisschen vordehnen, vielleicht querdehnen, halten und wenn der Muskel ein wenig nachgibt, dehnen Sie noch ein Stückchen. Bleiben Sie im schmerzfreien Raum. Auch wenn ich mich wiederhole, ich kann es gar nicht oft genug betonen, dass Sie Ihrem Tier wirklich Ärger damit machen können. Das Dehnen dauert 5-10 Minuten.

5. Traktion: Zum Abschluss wäre eine leichte Traktion und eventuell eine Extremitätenschüttelungen angebracht. Aber auch hier bitte vorsichtig sein. Für die Traktion sollten Sie noch mal fünf Minuten einplanen.

6., 7. + 8. Und danach gehen Sie ein bisschen mit Ihrem Wauz spazieren. Wenn es warm genug ist und ein Teich ist in der Nähe, lassen Sie ihn schwimmen. Kommt er aus dem Wasser, stabilisieren Sie ihn mit ein paar Kräftigungsübungen ein und gehen danach noch ein bisschen weiter ...

Sehnen-, Band- und Muskelläsionen

Zu einer Sehnen-, Band- oder Muskelverletzung kommt es meist durch ein Trauma, aber auch Verschleiß kann eine Ursache sein. Doch meistens sind es Prellungen oder Zerrungen.

Prellung oder Zerrung

In der akuten Phase steht die Schmerzlinderung im Vordergrund. Durch Eispacks, leichte Traktionen mit sanften Schüttelungen, durch passives Bewegen und durch TENS werden Sie die Schmerzen lindern können. Auch kalte Vordergüsse werden Ihrem Hund helfen. Wenn die ersten schlimmen Tage vorbei sind, können Sie anfangen, vorsichtig die betroffene Muskulatur zu dehnen (hier ist die Aufwärmung vorher besonders wichtig!). Etwa zur gleichen Zeit können Sie mit Wärmeanwendungen beginnen und die Kälte weglassen. Bei der Art der Wärmeanwendung haben Sie freie Auswahl, ob Sie nun die Heiße Rolle machen, Ihren Hund mit Rotlicht bestrahlen oder ein Körnerkissen auflegen, bleibt Ihnen überlassen. Lassen Sie Ihren Hund schwimmen, sobald er wieder mag, machen Sie isometrische, aber auch aktive Übungen mit ihm und verlängern Sie die Spaziergänge wieder.

Nach etwa 2 Wochen dürfen Sie auch massieren, aber wenn Sie sich nicht ganz sicher sind, fragen Sie erst einmal einen Therapeuten.

»Verschleiß«, degenerative Veränderungen von Sehnen (z.B. Tendinose oder Tendopathien)

Gegen die Schmerzen können Sie ein TENS-Gerät nutzen oder Wärme (z.B. Heiße Rolle) nutzen. Massage und Dehnungen helfen zur Mobilisation. Regelmäßige, aber keine überlastende Bewegung ist wichtig, Schwimmen, aber auch ruhiges Mitlaufen am Fahrrad. Ein Therapeut stehen in diesem Fall noch ganz andere Maßnahmen zur Verfügung, nämlich manuelle und manipulative Techniken.

III.2.4. FALLBEISPIEL

Verschleiß der Bizepssehne

Max, 5-jähriger Berner Sennenhundrüde

Max hatte einen Verschleiß der Bizepssehne an der rechten Schulter, der operativ versorgt werden musste, weil er sich sonst nicht mehr schmerzfrei hätte bewegen können. Die Bizepssehne wurde etwas verlagert und mit Schrauben befestigt. Ich besuchte ihn gleich am Ende der zweiten Woche nach der OP, als er noch nur für 10 Minuten in den Garten durfte, dreimal täglich und das angeleint. Es ging ihm gut, die Operation war gut verlaufen und am Tag vorher waren die Fäden gezogen worden. Die Muskulatur des rechten Vorderlaufes und der Schulter war atrophiert, da er durch die Beschwerden, die er vor der OP hatte, das Bein geschont hatte. Die Gelenkbeweglichkeit war in der Schulter und im Ellbogengelenk ein wenig eingeschränkt. Schmerzen hatte er noch an der Stelle, wo die Bizepssehne gelöst wurde und in der Schultermuskulatur.

Ich begann vorsichtig, die Narbe zu behandeln und bewegte die Gelenke passiv durch. Anschließend massierte ich die verspannte und schmerzhafte Schultermuskulatur.

Max' Besitzer massierte in den Zwischenzeiten von einer Therapie zur anderen die Muskulatur und die Narbe weiter. Auch die passiven Bewegungen führte er aus. Ich konnte mich deshalb während der nächsten Behandlungen auf die Manuelle Therapie von Schulter- und Ellbogengelenk mit umliegenden Weichteilen und der BWS konzentrieren. Später kamen noch isometrische Übungen und Dehnungen dazu. TENS durfte wegen der Metallimplantate nicht angewendet werden.

III.3   RUMPF UND RÜCKEN

III.3.1. ANATOMIE

Der Stamm oder der Rumpf besteht aus der Wirbelsäule, dem Brustkorb und dem Bauch.

Die Wirbelsäule wird in fünf Bereiche aufgeteilt: *(Abb. 115)* In die Hals-, Brust-, Lendenwirbelsäule, in das Kreuzbein und in die Schwanzwirbelsäule. Diese Bereiche bestehen aus einzelnen Wirbeln, sieben Halswirbeln, 13 Brustwirbeln, 7 Lendenwirbeln, drei verwachsenen Kreuzwirbeln und 20 bis 23 Schwanzwirbeln beim »normalen« Hund, beim kupierten sind es natürlich weniger Schwanzwirbel. Die Halswirbelsäule wird im Kapitel »Kopf und Hals« behandelt.

Ein Wirbel besteht aus einem Wirbelkörper, zwei Querfortsätzen, einem mehr oder weniger langen Dornfortsatz und vier Gelenkflächen (zwei für den vorangegangenen, zwei für den folgenden Wirbel). Querfortsätze und Dornfortsatz bilden einen Bogen, der am Wirbelkörper befestigt ist, so dass dort ein Loch entsteht, der Spinalkanal. Im Spinalkanal befindet sich das Rückenmark. Zwischen zwei Wirbeln, dort wo die gelenkigen Verbindungen sind, befinden sich nochmals Löcher, wo die Nerven das Rückenmark verlassen und zu den Erfolgsorganen ziehen. Ein Bewegungssegment besteht aus zwei Wirbeln und der dazwischen liegenden Bandscheibe.

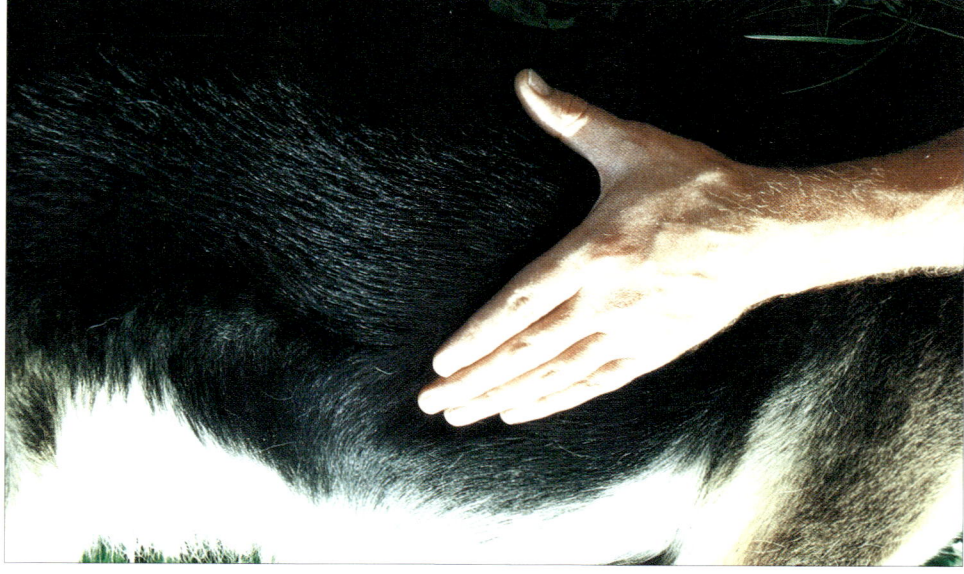

Abb. 114

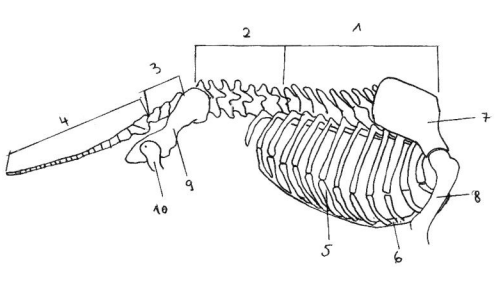

Abb. 115
Knöcherne Anteile von Rumpf und
Rücken

1. *13 Brustwirbel*
2. *7 Lendenwirbel*
3. *3 verwachsene Kreuzwirbel*
   bilden das Kreuzbein
4. *20-23 Schwanzwirbel*
5. *13 Paar Rippen*
6. *Brustbein*
7. *Schulterblatt*
8. *Oberarm*
9. *Becken*
10. *Oberschenkel*

Der Brustkorb (Thorax) besteht dorsal aus der Brustwirbelsäule, lateral aus den Rippen (Costal und ventral aus dem Brustbein (Sternum). Die 13 Rippenpaare sind mit den Brustwirbeln gelenkig verbunden, damit eine Brustkorbvergrößerung bei der Einatmung möglich wird. Mit dem Brustbein sind die ersten neun Rippenpaare direkt verbunden, die echten Rippen. Die nächsten drei Rippenpaare (falsche Rippen) sind durch lange Knorpel und elastisches Bindegewebe miteinander und mit dem Brustbein verbunden. Das letzte Rippenpaar (schwebende Rippen) hat weder Verbindung zum Brustbein, noch zu den anderen Rippen.

Die kleine Muskulatur der Wirbelsäule besteht aus verschiedenen Muskelgruppen, einem Geradesystem und einem Schrägsystem. Beim Geradsystem gibt es Muskeln, die von einem Dornfortsatz zum nächsten Dornfortsatz laufen, es gibt welche, die sich zwischen den Dornfortsätzen befinden und andere laufen von Querfortsatz zu Querfortsatz *(Abb. 116)*. Wenn beidseitig innerviert wird, streckt das Geradsystem den Rücken, wenn nur einseitig innerviert wird, dient es der Seitwärtsbeugung.

Beim Schrägsystem gibt es Muskulatur, die verläuft von einem Querfortsatz zum nächsthöheren Dornfortsatz, aber auch welche, die an den Querfortsätzen entspringt, fünf und mehr Wirbel überspringt und an den Dornfortsätzen der nächsthöheren Wirbel ansetzt. Dann gibt es Muskeln, die entspringen am langen Rückenmuskel (Longissimus), an den Querfortsätzen und anderen kleinen Fortsätzen am Wirbel, überspringen ein paar Wirbel, um dann an den Dornfortsätzen der nächsthöheren Wirbel anzusetzen. Das Schrägsystem wirkt, einseitig innerviert, als drehend, beidseitig innerviert, streckend.

Es gibt noch ein paar lange Wirbelsäulenmuskeln, die vom Kreuzbein entspringen und an den Rippen ansetzen (M. iliocostalis, Longissimus). Diese beiden Muskeln sind die Hauptstrecker des Rückens. Eine andere Muskelgruppe ent-

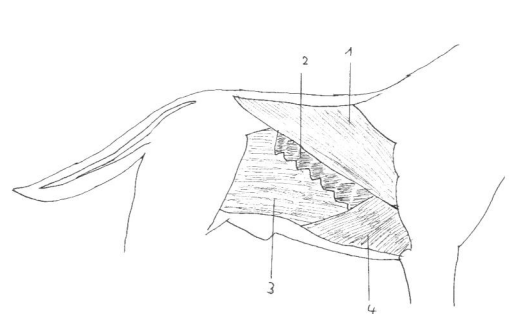

Abb. 116
Oberflächliche Muskulatur des
Rumpfes

1. Latissimus dorsi
2. Intercostalis
3. Obliquus abdominis externus
4. Pectoralis profundus

springt an den Dornfortsätzen der Brust- und Halswirbel und setzen an den Quer-fortsätzen der HWS und am Hinterhaupt an. Auch diese Muskeln sind Strecker des Rückens, wenn sie beidseitig innerviert werden, wenn nur eine einseitige Innervation erfolgt, wirken sie bei der Kopfdrehung zur gleichen Seite mit.

Die Bauchmuskulatur besteht auch aus verschiedenen Muskelgruppen, von denen welche gerade und medial verlaufen (von der Symphyse zu den Rippen), andere verlaufen schräg und lateral (von den Rippen zu einer Sehnenplatte, die auf der geraden Bauchmuskulatur liegt) und wieder andere verlaufen quer und lateral (von den Rippen, einer Rückenfaszie und einem Darmbeinstachel zur Bauchaponeurose). Dann gibt es noch Muskeln, die die Rückwand des Bauchraumes bilden und dicht an der Wirbelsäule liegen.

Auswirkungen von Blockierungen

1. Brustwirbel — Schmerzen in den Vorderbeinen (Unterarm) und Pfoten, Asthma und Husten, Atembeschwerden und Kurzatmigkeit
2. Brustwirbel — funktionelle Herzbeschwerden
3. Brustwirbel — Bronchitis, Rippenfellentzündung, Lungenentzündung, Grippe
4. Brustwirbel — Gallenleiden, Gelbsucht
5. Brustwirbel — Leberleiden, Anämie, niedriger Blutdruck, Kreislauf-schwäche, Gelenkentzündungen, Fieber
6. Brustwirbel — Magenbeschwerden, Verdauungsstörungen
7. Brustwirbel — Magen- und Zwölffingerdarmgeschwüre, Magenschleimhaut-entzündungen
8. Brustwirbel — Abwehrschwäche
9. Brustwirbel — Allergien, Hautausschläge
10. Brustwirbel — Nierenbeschwerden, Arterienverkalkung, chronische Müdig-keit, Nierenbeckenentzündung

11. Brustwirbel	Hautkrankheiten, Ekzeme, Furunkeln
12. Brustwirbel	Rheuma, ausgedehnte Muskelentzündungen,
13. Brustwirbel	Blähungen, Sterilität durch Störungen der Eierstöcke oder Hoden

1. Lendenwirbel	Verstopfung, Durchfall, Dickdarmentzündung (Kolitis)
2. Lendenwirbel	Bauchkrämpfe, Atembeschwerden, Übersäuerung, Schmerzen in den Hinterbeinen (Oberschenkel)
3. Lendenwirbel	Blasenleiden, Fehlgeburten, Impotenz, Harntröpfeln, viele Kniebeschwerden, Probleme mit der Kniescheibe
4. Lendenwirbel	Ischiasbeschwerden, akuter Lumbago, Rückenbeschwerden, schwieriges, schmerzhaftes oder zu häufiges Harnlassen
5. Lendenwirbel	schlechte Durchblutung der Unterschenkel, schwache Sprunggelenke, schwache Beine, Schmerzen in den Beinen (Unterschenkel, Mittelfußbereich)
6.+7. Lendenwirbel und Kreuzbein:	Beschwerden im Bereich der Hüft- und Beckengelenke, Wirbelsäulenverkrümmungen, Nervenschmerzen im Hüft- und Oberschenkelbereich
Schwanzwirbelsäule:	Afterjucken, Schmerzen in der Rute

III.3.2. THERAPIE

III.3.2.1. MASSAGE

Legen Sie Ihren Hund auf die Seite. Behandeln Sie zuerst die rechte Seite, dann die linke Seite komplett. Es ist sinnvoll die Halsmuskulatur mitzubehandeln, weil die Wirbelsäulenmuskulatur ja bis an den Kopf hoch geht und sich Verspannungen des Rückens auch gerne weiter fortsetzen. Sie sollten normalerweise am Becken anfangen und sich den Rücken hocharbeiten, können aber, wenn Ihr Hund empfindlich ist, auch mit dem Strich arbeiten. Kuddel mag die Behandlung gegen den Strich auch nicht, deshalb sind die Abfolgen mit dem Strich dargestellt.

Streichungen

Streichen Sie mit einer Hand neben der Wirbelsäule von der Kruppe bis zum Widerrist, wenn Ihr Hund das erlaubt, sonst streichen Sie vom Widerrist zur Kruppe *(Abb. 117.a)*. Dann streichen Sie vom Widerrist am Hals vorbei zur Vorderbrust *(Abb. 117.b)*. Anschließend streichen Sie von der Wirbelsäule Richtung Bauch. erst zur Brust runter, dann nach hinten wandern und zum Bauch streichen *(Abb. 117.c+d)*.

Bei dieser Behandlung sind außerdem sowohl Knöchel- als auch Hand-über Handstreichungen möglich *(Abb. 117.e)*.

Streichungen

Abb. 117.a
Einhandstreichungen des Rückens vom Becken
zum Widerrist (oder umgekehrt)

⟵ Isometrische Übung

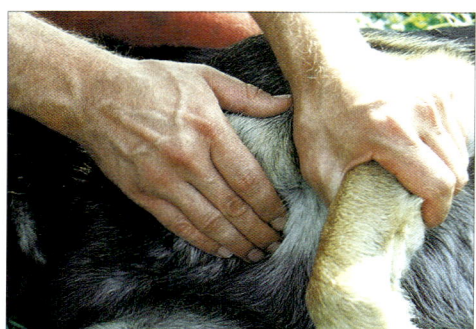

Abb. 117.b - Einhandstreichung
der Vorderbrust

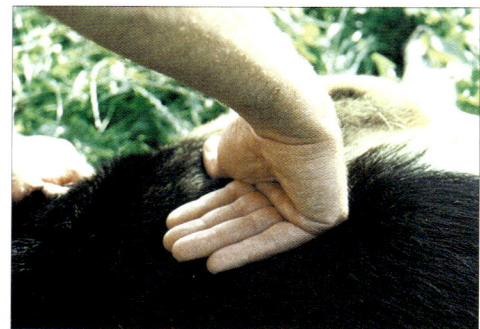

Abb. 117.c - Knöchelstreichung
oder ...

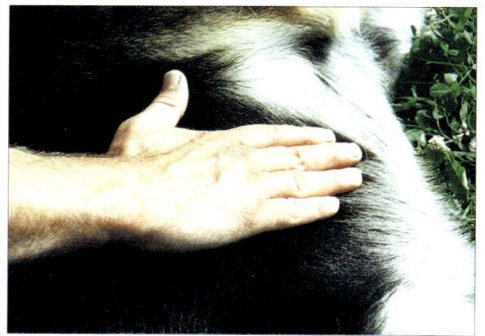

Abb. 117.d - ... Einhandstreichung von
der Wirbelsäule zur Brust und immer
weiter nach kaudal

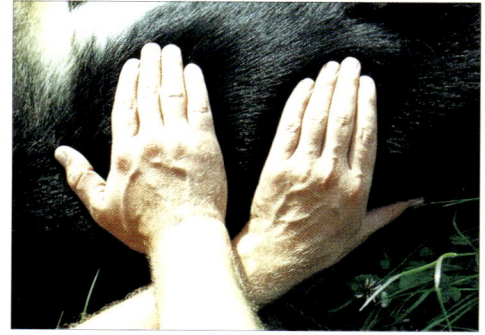

Abb. 117.e - auch Hand-über-
Handstreichung sind möglich

Rückenbehandlung
Knetungen

Behandeln können Sie die Rückenmuskulatur mit Einhandknetungen *(Abb. 118)*, Daumenknetungen *(Abb. 119)*, Handverwindungen *(Abb. 120.a+b)* oder Walkungen *(Abb. 121.a+b)*. Fangen Sie am Becken an und arbeiten Sie sich zum Widerrist hoch.

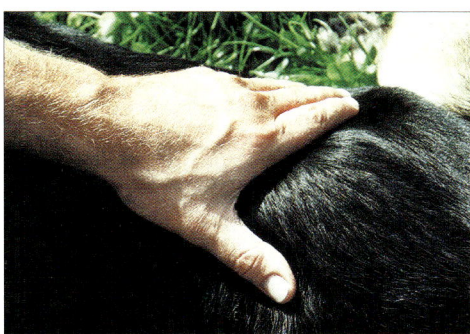

Abb. 118 - Einhandknetung der Rückenmuskulatur

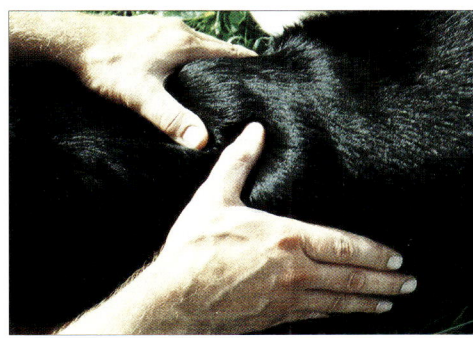

Abb. 119 - Daumenknetungen der Muskulatur neben der Wirbelsäule

Abb. 120.a+b - Handverwindungen der Rückenmuskulatur

Abb. 121. - Walkungen der Rückenmuskulatur

a. Muskulatur fassen und mit den Fingern an die Handwurzel ziehen

b. Mit dem Handballen die Muskulatur gegen die Finger pressen

185

Kreisungen

Behandeln Sie die Rückenmuskulatur, nachdem Sie sie »geknetet« haben, mit Kreisungen. Achten Sie aber darauf, dass Sie nicht direkt auf der Wirbelsäule landen, weil Sie damit Blockierungen auslösen können. Die Arbeitsrichtung bei den Kreisungen ist egal, behandeln Sie aber das Kreuzbein mit! Da die Kreuzbeinwirbel miteinander verwachsen sind, kann sich hier nichts verschieben. Aber auf die Äußerungen Ihres Hundes müssen Sie selbstverständlich trotzdem achten *(Abb. 122.a+b)*.

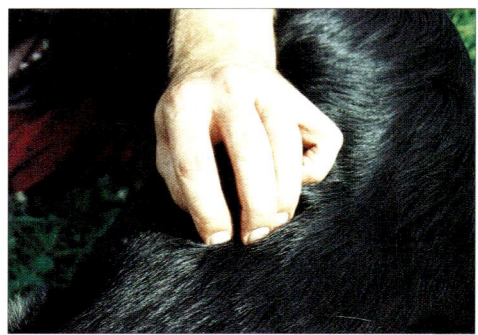 

Abb. 122 - Kreisungen

a) auf der Rückenmuskulatur   *b) auf dem Kreuzbein*

Klopfungen

Behandeln Sie die Rückenmuskulatur mit Klopfungen *(Abb. 123.a+b)* oder Klatschungen *(Abb. 124.a+b)*, aber seien Sie über den Nieren vorsichtig. Arbeiten Sie vom Becken bis zum Widerrist und zurück.

Streichen Sie den Rücken zum Abschluss aus, aber natürlich auch immer wieder zwischendurch.

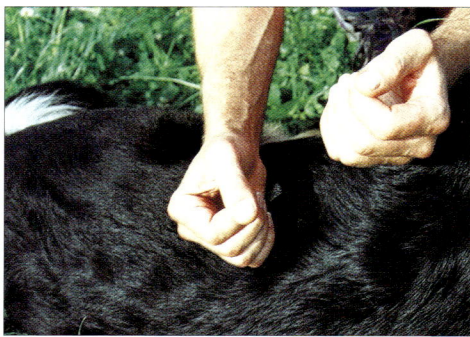 

Abb. 123.a+b - Klopfungen auf der Rückenmuskulatur

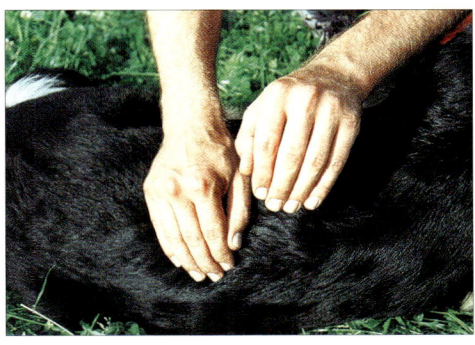 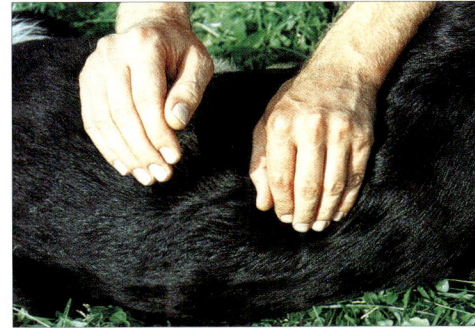

Abb. 124.a+b - Klatschungen auf der Rückenmuskulatur

Brustmuskulatur
Knetungen
Mit Daumenknetungen behandeln Sie die Muskulatur des Brustkorbes *(Abb. 125.a)*, der Vorder- *(Abb. 125.b)* und der Unterbrust *(Abb. 125.c)*.

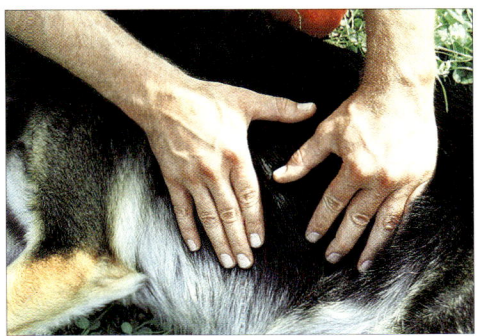 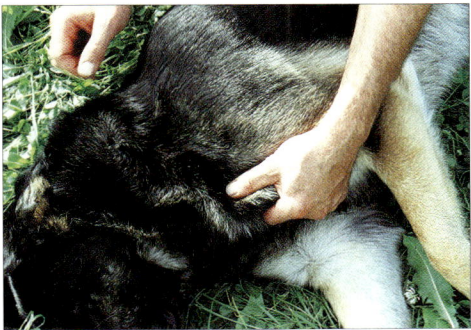

a) beidhändige Daumenknetung auf dem Brustkorb

b) einhändige Daumenknetung auf der Vorbrust

Abb. 125 - Daumenknetungen der Brustmuskulatur

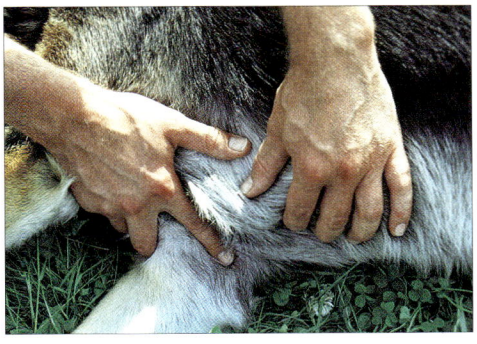

c) beidhändige Daumenknetung auf der Unterbrustmuskulatur

Auf der Brustkorbmuskulatur können Sie auch Walkungen vornehmen *(Abb. 126.a+b)*. Dann behandeln Sie die Vorderbrust- und Unterbrustmuskulatur mit Fingerspitzenverwindungen *(Abb. 127.a+b)*, wenn Sie einen großen Hund haben, sind auch Handverwindungen möglich.

Abb. 126 - Walkung der Brustkorbmuskulatur

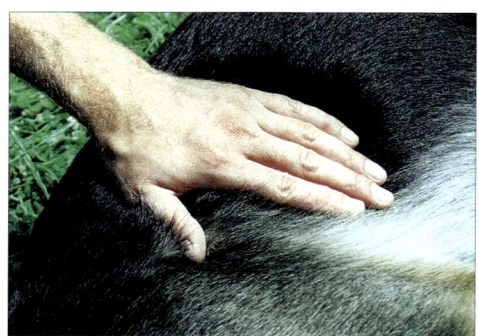 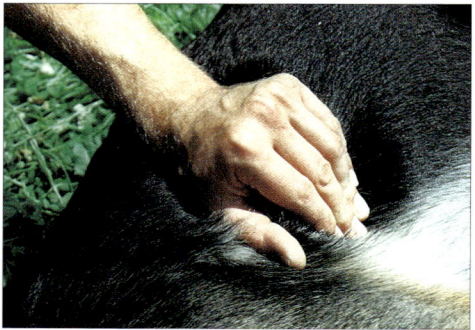

a) Muskulatur fassen

b) Mit den Fingern die Muskulatur heranziehen und mit dem Handballen die Muskulatur gegen die Finger drücken

Abb. 127 - Fingerspitzenverwindung

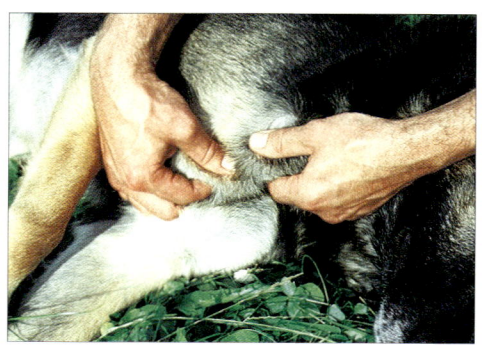 

a) der Vorderbrustmuskulatur

b) der Unterbrustmuskulatur

Kreisungen

Friktionen können Sie auf der Vorderbrust- *(Abb. 128.a)* und Unterbrustmuskulatur *(Abb. 128.b)* machen, besonders auch auf dem Brustbein *(Abb. 128.c),* dort aber wieder mit dosiertem Druck!

Abb. 128 - Friktionen

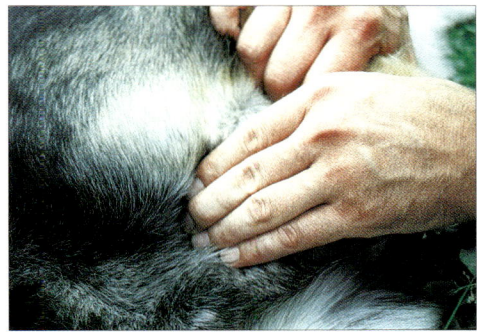

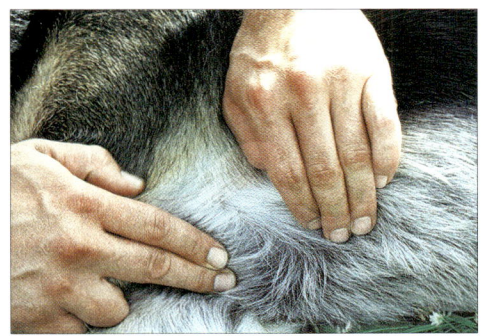

a) auf der Vorderbrust-
muskulatur dicht am Brustbein

b) auf der Unterbrust-
muskulatur dicht am Brustbein

c) auf dem Brustbein

Interkostalstriche

Ein Interkostalstrich funktioniert wie ein Unterhautfaszienstrich. Er heißt nur so, weil er zwischen (inter) den Rippen (Costa) gezogen wird. Sie ziehen also Striche mit dem Mittelfinger, der vom Ringfinger unterstützt wird. Die Striche beginnen an der Wirbelsäule und ziehen im Zwischenrippenraum nach ventral, folgen Sie dem Bogen, den die Rippen machen, sonst bleiben Sie nicht in den Zwischenräumen. Man kann aber auch

ventral beginnen und zur Wirbelsäule ziehen. Bei dicken Hunden sind die Räume zwischen den Rippen nicht zu fühlen. Sie kommen dann auch nicht so ohne weiteres an die Muskulatur, die zwischen den Rippen sitzt. Also können Sie in diesem Fall diesen Griff auch weglassen *(Abb. 129).*

Abb. 129 - Interkostalstrich
(hier geht der Zug zur Wirbelsäule)

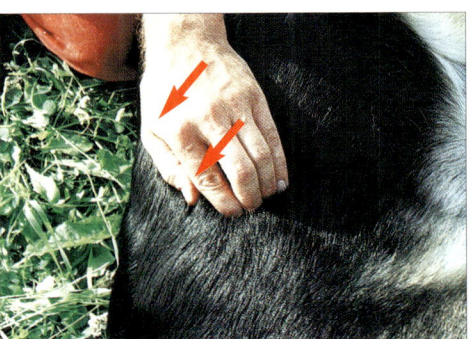

Klopfungen

Den Brustkorb können Sie auch mit Klopfungen *(Abb. 130.a)* und Klatschungen *(Abb. 130.b)* behandeln. Hier haben Sie auch eine Wirkung auf die Lungen. Bei asthmatischen Hunden dürfen Sie nicht klopfen, weil ein Anfall ausgelöst werden kann.

Streichen Sie die Brust zwischen den unterschiedlichen Griffen und zum Abschluss aus.

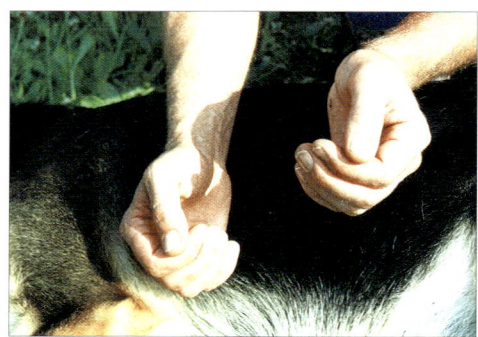 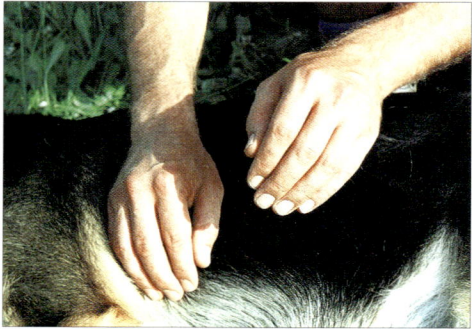

Abb. 130.a - Klopfungen   *Abb. 130.b - Klatschungen*
Tapotement hat auf dem Brustkorb eine schleimlösende Wirkung auf die Lunge

Bauchbehandlung

Genial wäre es, wenn Ihr Hund bei der Bauchbehandlung auf dem Rücken liegen würde. Aber natürlich können Sie ihn auch behandeln, wenn er auf der Seite liegt. Arbeiten Sie auf der rechten Bauchhälfte von unten nach oben und auf der linken Bauchhälfte von oben nach unten, dann erwischen Sie den Darm etwa in seinem Verlauf.

Die Bauchbehandlung beginnt mit Streichungen, entweder mit Einhand- *(Abb. 131.a)* oder mit vorsichtigen Knöchelstreichungen *(Abb. 131.b)*.

 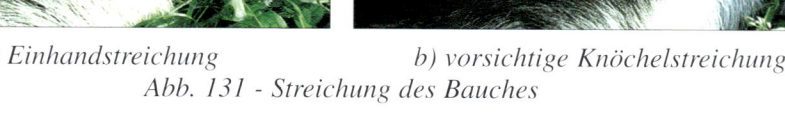

a) Einhandstreichung   *b) vorsichtige Knöchelstreichung*
Abb. 131 - Streichung des Bauches

Knetungen können Sie am Bauch ganz weglassen. Stattdessen klatschen (denken Sie an die Hohlhand!) Sie die Bauchmuskulatur ab *(Abb. 132.a+b)*.

Auch Vibrationen sind möglich *(Abb. 133)* mit leichten Zitterbewegungen.

Anschließend behandeln Sie die Ansatzpunkte der Bauchmuskulatur am Rippenbogen *(Abb. 134.a)*, Brustbein *(Abb. 134.b)* und Hüfthöcker *(Abb. 134.c)* mit Kreisungen. Streichen Sie den Bauch anschließend aus.

Abb. 132.a+b - Sanfte Klatschungen auf der Bauchmuskulatur

Abb. 133
Vibrationen auf dem Bauch

ZUSAMMENFASSUNG DES MASSAGEABLAUFES

Streichungen von der Kruppe zum Widerrist (Einhand-, Knöchel-, Hand-über-Handstreichungen möglich)

Streichungen vom Widerrist zur Vorderbrust (alle Streichungen möglich)

Streichungen vom Widerrist nach ventral, den Rücken hinunter wandern (Einhand- oder Knöchelstreichungen)

Knetungen auf der Rückenmuskulatur vom Becken zum Widerrist (Einhand-, Daumenknetungen, Walkungen, Handverwindungen)

Kreisungen auf der Rückenmuskulatur, auch auf dem Kreuzbein

Klopfungen und Klatschungen auf der Rückenmuskulatur vom Becken zum Widerrist und zurück

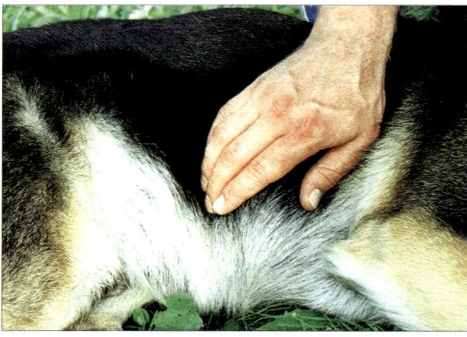

Abb. 134
Kreisungen auf den Ansatzpunkten der
Bauchmuskulatur

a) am Rippenbogen

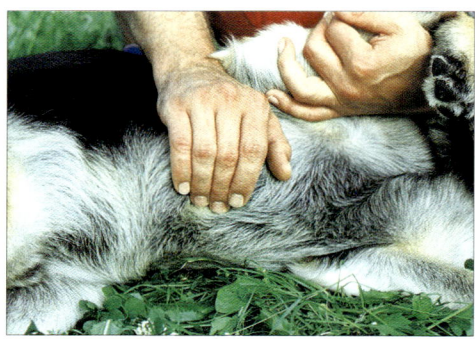

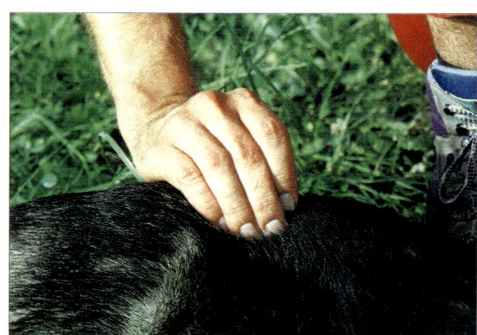

b) am kaudalen Ende des Brustbeins

c) am Hüfthöcker

Ausstreichen der Rückenmuskulatur
Daumenknetungen auf der Vorder- und Unterbrust
Walkungen der Brustkorbmuskulatur
Fingerspitzen- oder Handverwindungen der Vorder- und Unterbrustmuskulatur
Kreisungen auf der Vorder- und Unterbrustmuskulatur und auf dem Brustbein
Interkostalstriche
Klopfungen auf dem Brustkorb
Ausstreichen der Brustmuskulatur
Streichungen (Einhand- oder Knöchelstreichungen) der Bauchmuskulatur, auf der rechten Hälfte von unten nach oben, auf der linken Hälfte von oben nach unten
Klatschungen des Bauches, rechts wieder von unten nach oben und links von oben nach unten
Vibrationen auf dem Bauch
Friktionen am Rippenbogen, am Brustbein und am Hüfthöcker
Ausstreichungen des Bauches, rechts von unten nach oben, links von oben nach unten

Flächige Bindegewebsmassage

Bei der flächigen BGM am Rücken fangen Sie am Becken an und wandern den Rücken hoch. Da es keine Arbeit gegen den Strich ist, wird das funktionieren. Beginnen Sie mit kurzen Verschiebungen direkt an der Wirbelsäule. Die Gewebefalte wird von dort etwa 5 cm Richtung ventral gerollt *(Abb. 135.a)*. Wenn Sie am Widerrist angekommen sind, setzen Sie etwa dort an, wo die vorherige Strichfolge etwa aufhörte, also ca. 5 cm neben der Wirbelsäule und verschieben diese Falte bis zum Bauch, bzw. Brustbein *(Abb. 135.b)* hinunter.

Abb. 135 - Flächige Bindegewebsmassage

a) kurze Verschiebung von der Wirbelsäule nach distal

b) Verschiebungen von der Wirbelsäule bis zum Bauch bzw. Brustbein

DEHNUNGEN

Wärmen Sie die Rumpfmuskulatur Ihres Hundes vor der Dehnung auf. Entweder durch eine Massage, durch eine »echte« Wärmeanwendung oder durch Bewegung. Für die Dehnungen muss Ihr Hund stehen.

Um die Rückenstrecker zu dehnen, muss Ihr Hund einen »Buckel« machen. Das kann auf unterschiedliche Art und Weise erreicht werden. Sie können den Kopf zwischen die Vorderbeine strecken lassen, in dem Sie die Hundeschnauze zwischen die Karpalgelenke führen oder sich dort ein Leckerchen aus der Hand nehmen lassen *(Abb. 136.a)*. Halten Sie diese Stellung etwa 15 Sekunden und gehen Sie dann wieder in die Ausgangsstellung zurück. Anschließend wird die Schnauze etwas höher geführt und dort wieder gehalten, bis Sie merken, dass die Spannung nachlässt *(Abb. 136.b)*. Dann dehnen Sie ein Stück weiter Richtung Bauch und halten wieder *(Abb. 136.c)*. Die letzte Stellung wird etwa eine halbe Minute gehalten. Besonders gedehnt wird mit dieser Übung die vordere Rückenmuskulatur, insbesondere der Widerristbereich. Dadurch löst sich dort auch so manche Blockade.

Abb. 136 - Dehnung der vorderen Rückenstrecker

a) *Phase 1 bis zum Karpalgelenk*

b) *Phase 2 bis zum Ellbogengelenk*

c) *Phase 3 am Brustbein weiter bis zum Bauch strecken*

Wenn Sie Druck auf das Brustbein *(Abb. 137.a+b)* geben oder mit einem Finger etwas fester über die Bauchmittellinie ziehen *(Abb. 138.a+b)* wölbt sich der Rücken hoch, weil sich die Bauchmuskulatur anspannt. Halten Sie diese Stellung 10 - 15 Sekunden und lösen Sie sie dann. Wiederholen Sie die Übung dreimal, aber Sie brauchen diesmal die Endstellung keine halbe Minute halten. Hierbei wird die komplette Streckmuskulatur des Rückens gedehnt, allerdings mit dem Schwerpunkt vordere Rückenstrecker beim Brustbeindruck und Schwerpunkt hintere Rückenstrecker beim Streichen über die Bauchmittellinie.

Abb. 137 - Dehnung der Rückenstrecker über Druck auf das Brustbein (hat auch eine lösende Wirkung auf die Brustwirbel)

a) Ausgangsstellung   *b) Endstellung*

Abb. 138
Dehnung der Rückenstrecker durch Streichen über die Bauchmittellinie

a) Ausgangsstellung   *b) Endstellung*

Eine weitere Möglichkeit ist, Ihrem Hund rechts und links neben dem Ruten-ansatz in die Muskulatur (Semitendinosus) zu »kneifen«. Setzen Sie dazu den Daumen auf die eine, die Finger auf die andere Seite der Rute und kneifen Sie Ihrem Hund in den Hintern. Nicht zu doll, nur so, dass eine Reaktion erfolgt. Er wird die Kruppe ein wenig einziehen und dadurch den hinteren Rücken hochdrü-cken (Abb. 139.a+b). Dieser Bereich wird dann auch gedehnt. Halten Sie diese Stellung zwischen 10 und 15 Sekunden und lösen Sie dann. Sie können diese Dehnung genau so noch einmal wiederholen, brauchen die Dehnung aber nicht zu verstärken oder die Dehnungsdauer zu verlängern.

Abb. 139 - Dehnung der Rückenstrecker durch Kneifen in den Semitendinosus

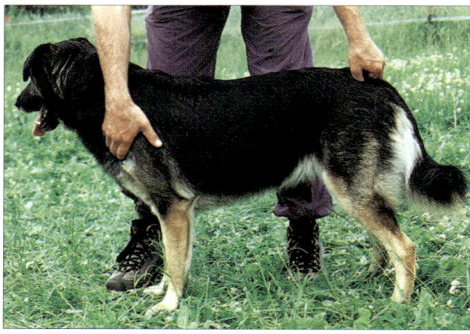 

a) Ausgangsstellung   *b) Endstellung*

Wenn Sie die Hinterbeine in Protraktion führen, dehnen Sie ebenfalls die Rückenstrecker. Sie können das Bein im Stehen *(Abb. 140.a)* und im Liegen *(Abb. 140.b)* nach vorne führen.

Abb. 140 - Dehnung der Rückenstrecker durch Vorführen des Hinterbeins

 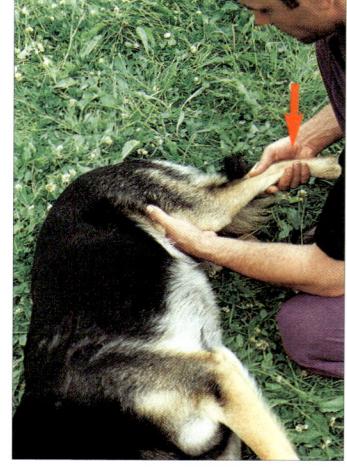

a) im Stehen

b) im Liegen

Um die Lateralflexoren, die Muskeln, die für die seitliche Biegung zuständig sind, zu dehnen, haben Sie auch wieder mehrere Möglichkeiten. Den Brustbereich der Gegenseite dehnen Sie, indem Sie die Hundeschnauze Richtung Brustkorb/ Hüfthöcker führen (oder sich dort eine Leckerei aus der Hand nehmen lassen). Je weiter die Hundeschnauze zur Rute kommt, desto mehr wird von der Gegenseite gedehnt, im besten Fall die kompletten Lateralflexoren *(Abb. 141.a+b)*. Die Dehnungen sollen etwa 15 Sekunden gehalten werden.

Abb. 141 - Dehnung der Muskulatur für die Seitbiegung

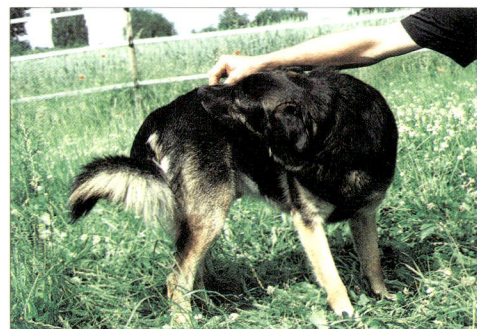 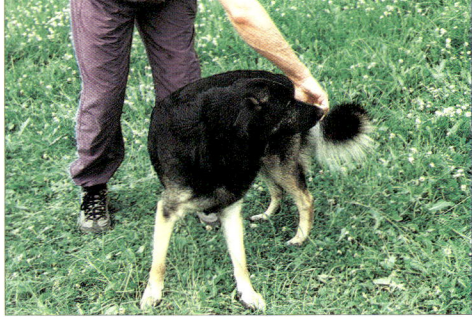

a) bis zum Hüfthöcker   *b) bis zum Schwanzansatz*

Die Bauchmuskulatur dehnen Sie, indem Sie ein Hinterbein nach hinten hinaus strecken. Die Bauchmuskulatur setzt am Becken an und durch das Wegstrecken des Hinterbeins kippt das Becken ein wenig nach ventral. Dadurch entfernen sich Ansatz und Muskelursprung (am Brustbein und den Rippen). Strecken Sie immer beide Beine, natürlich nacheinander, nach hinten, damit alle Bauchmuskeln gleichmäßig gedehnt werden. Fassen Sie für diese Dehnung mit der einen Hand die Pfote, mit der anderen Hand das Knie des Hundes und führen das Bein vorsichtig zurück. Halten Sie in einer Position, die Ihr Hund locker erreicht an und verweilen dort 15 Sekunden. Dann setzen Sie das Bein ab. Danach dehnen Sie, bis Sie einen leichten Widerstand spüren und halten dort bis sich die Spannung ein wenig lockert. Dann dehnen Sie weiter. Die letzte Stellung halten Sie eine halbe Minute und beenden danach die Dehnung *(Abb. 142)*.

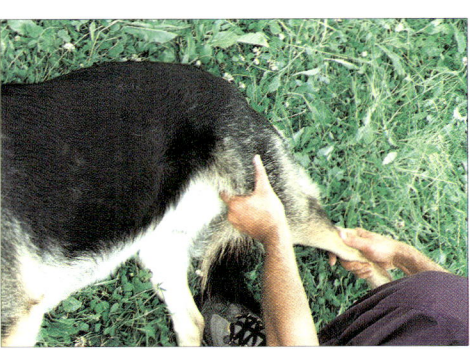

Abb. 142
Dehnung der Bauchmuskulatur und der Rückenbeuger durch Zurückführen des Hinterbeins (auch im Stehen möglich)

197

Mitgedehnt wird die Muskulatur, die ventral der Wirbelsäule liegt, die Rückenbeuger.

Vorsicht bei Hunden mit HD oder Hüftgelenksarthrose, die werden diese Übung nicht zulassen, weil sie ihnen Schmerzen verursacht. Zwingen Sie Ihren Hund nicht dazu!

III.3.2.3. KRANKENGYMNASTIK

Tapping

Durch Tapping können Sie schwachen Muskeln durch Auslösung des Muskeleigenreflexes bei der Kontraktion, und dadurch bei der Kräftigung helfen. Getappt wird von peripher nach zentral. Auf gut deutsch heißt das, dass wir am Becken anfangen und uns bis zum Widerrist vor arbeiten.

Sie haben die Möglichkeit mit den Fingerspitzen *(Abb. 143.a)*, der Handkante *(Abb. 143.b)*, der Hohlhand *(Abb. 143.c)* oder der Handwurzel *(Abb. 143.d)* mit kur-

Abb. 143 -
Tapping zur Anregung schwacher Muskulatur

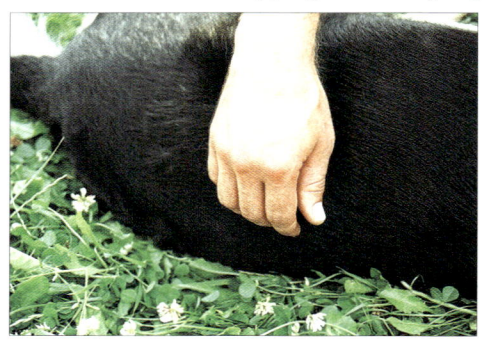

a) mit den Fingerspitzen

b) mit der Handkante

c) mit der Hohlhand

d) mit der Handwurzel

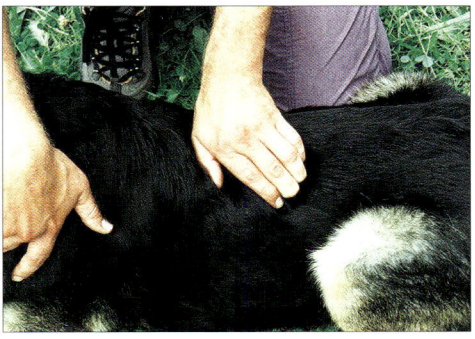 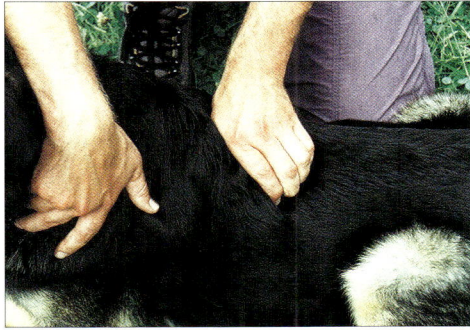

144.a+b - Tiefes Streichen zur Anregung schwacher Muskulatur

zen, schnellen Schlägen auf den Muskelbauch oder den Muskel-Sehnen-Über-gang zu klopfen. Sie können aber auch Ihre Fingerkuppen langsam und tief in den Muskel bringen und kurz nach zentral ziehen *(Abb. 144.a+b)*.

Traktion

Die Traktion bei großen Hunden ist nicht ganz einfach. Bringen Sie Ihren Hund in Rückenlage und fassen Sie dann die Beckenknochen. Heben das Becken leicht ab und ziehen Sie vorsichtig nach kaudal *(Abb. 145.a+b)*.

Je höher Sie das Becken anheben, desto weiter kommt der Zug Richtung Brustwirbelsäule. Aber bleiben Sie immer in dem Bereich, der Ihrem Hund be-hagt. Das klingt ganz leicht, ist bei einem kleinen Hund auch einfach, bei einem Großen brauchen Sie etwas Übung und bei einem Schweren auch noch Kraft. Bleibt Ihr Hund nicht auf dem Rücken liegen, haben Sie auch noch die Möglich-keit, die Traktion in der Seitenlage auszuführen. Der Griff ist der gleiche, wie in

Abb. 145 - Traktion des Rückens

 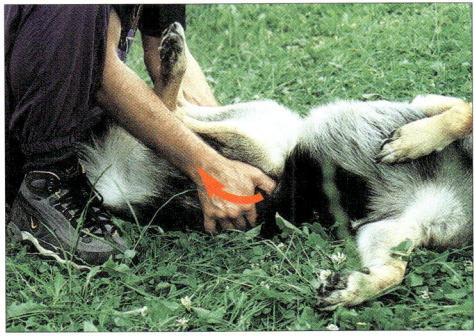

a) Griff	*b) Traktion in Rückenlage*

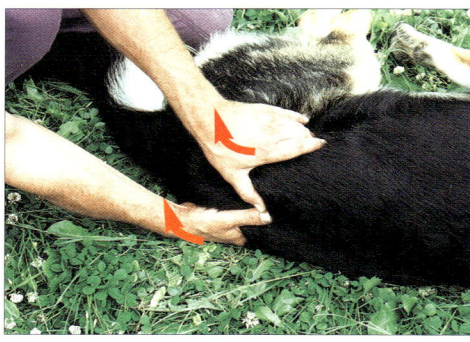

Rückenlage, nur müssen Sie jetzt das Becken leicht auf sich zu ziehen. Ihre Hände machen dabei eine leichte Drehung Richtung kranioventral *(Abb. 145.c).*

c) Traktion in Seitlage

Isometrie

Die isometrischen Übungen sind wieder ganz einfach. Ihr Hund steht und Sie drücken mit den flachen Händen, so dass Ihr Hund noch stehen bleibt und nicht ausweicht. Drücken Sie an der rechten Seite, muss die linke arbeiten und umgekehrt. Am besten Sie drücken an der Schulter und am Becken gleichzeitig, dann muss die ganze Rückenmuskulatur stabilisieren *(Abb. 146.a+b).* Sie können aber auch an der Schulter z.B. rechts, am Becken links drücken *(Abb. 147)* Das kräftigt diagonal, also linke Brust- und BWS- Muskulatur, rechte Becken- und LWS-Muskulatur. Probieren Sie ein wenig aus. Sie werden die schwachen Stellen Ihres Hundes schon finden, dort lässt er sich nämlich mit weniger Kraftaufwand wegdrücken (was er ja nicht soll). Diese Muskulatur muss beübt werden.

Abb. 146 - Isometrische Spannungsübungen

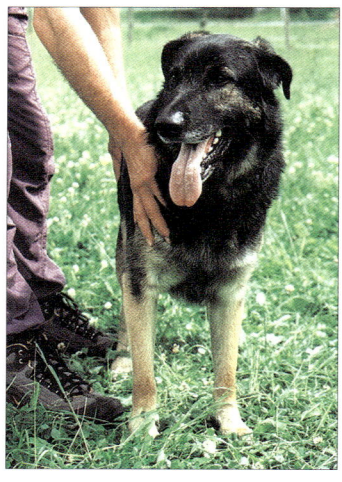

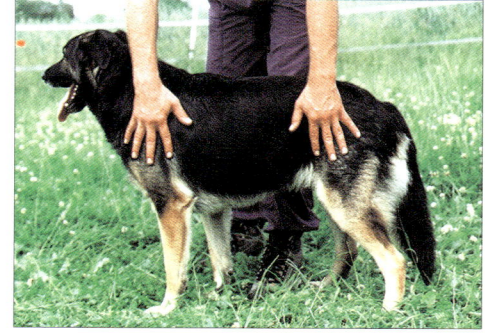

a) gleichmaßiger Druck an Hüfte und Schulter von sich weg

b) gleichmäßiger Zug an Hüfte und Schulter auf sich zu

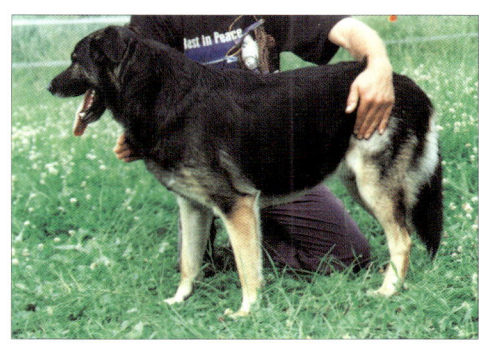

Abb. 147
Isometrische Spannungsübung:
diagonaler Druck an Hüfte und Schulter
zum Einstabilisieren

Übungen

Ich erwähnte schon, wie gut Spaziergänge sind, um Ihren Hund zu behandeln. Lassen Sie ihn sich warmlaufen, jedes Tempo ist recht, solange es nicht von Ihnen forciert wird. Ihr Hund soll sich in der Geschwindigkeit bewegen, die er mag. Er läuft nur so schnell, wie es ihm guttut. Das heißt, bei akuten Krankheitsbildern, z.B. einem Bandscheibenvorfall, wird er nicht so losrennen, als wenn er nur Verspannungen hat.

Lassen Sie Ihren Vierbeiner über Baumstämme klettern, oder auch darunter durch, wenn er es mag. Natürlich erfüllt jede andere Art der Stangenarbeit auch ihren Zweck. Durch das Hochheben der Beine wölbt sich der Rücken, durch das Drunterdurchkriechen streckt er sich und er mobilisiert sich dabei. Sie können ihn auch auf Baumstämmen oder Mauern balancieren lassen. Das ist eine gute Kräftigung für die Rückenmuskulatur, die zum Stabilisieren da ist. Außerdem lernt er, seinen Körper mal anders wahrzunehmen, da er die Beine auf eine ungewohnte und recht konzentrierte Art und Weise setzen muss. Durch Slalom um Bäume, oder auch um Ihre Beine *(Abb. 148.a+b)* wird die innere Seite gestärkt, die äußere gedehnt. Je enger die Biegungen, desto stärker ist die Dehnung, desto stärker wölbt sich aber auch der Rücken auf weil das innere Hinterbein stärker untertreten muss. Der Rücken mobilisiert sich, seitlich in Lateralflexion, und auf und ab in Flexion und Extension.

Abb. 148.a+b - Slalom um die Beine

 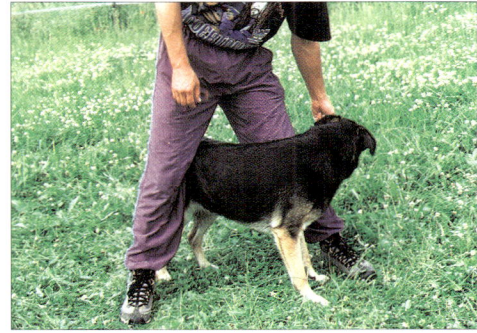

Schicken Sie Ihren Hund ins Wasser! Das ist die schönste Kräftigung überhaupt, weil keine Belastung auf den Gelenken und auf der Wirbelsäule liegt. Er kann sich völlig frei und ganz leicht bewegen. *(Abb. 149).* Bei Rückenerkrankungen sollte das Wasser lieber etwas wärmer als zu kalt sein. Verzichten Sie lieber auf das Wasser, als dass Sie ihn in zu kaltes schicken. Hier wäre ein Bewegungsbad doch sehr praktisch, nur leider gibt es davon zu wenige. Aber wenn Sie eines in der Nähe haben, schätzen Sie sich glücklich und gönnen Sie Ihrem Hund diese Art von Aufbau. Aber bitte nur, wenn er gerne in das künstliche Becken geht. Bleiben Sie bei ihm, lassen Sie ihn nicht mit dem anfangs fremden Therapeuten allein, das wird ihm ein Stück Sicherheit geben. Der Therapeut gibt Ihnen dann auch sicher ein paar Tipps, was Sie mit Ihrem Hund noch so alles im Wasser machen können, wenn Sie mit hineingehen.

Abb. 149 - Wohl dem, der ein natürliches Gewässer in der Nähe hat

III.3.2.4. PHYSIKALISCHE THERAPIE

Güsse

Als Güsse eignen sich zur Rückenbehandlung der kalte Rückenguss, wenn Sie die Muskulatur tonisieren wollen, z.B. bei Lähmungen, der Rückenguss warm oder als Wechselguss ist sinnvoll zur Entspannung der Muskulatur. Leichter anzuwenden, aber genauso gut ist der heiße Lumbalguss, bei dem die Temperaturen ansteigen.

Bäder

Wenn Ihr Hund Rückenprobleme hat, können Sie ihm ein warmes Vollbad gönnen. Die lösende Wirkung auf die Muskulatur ist dabei noch besser, als bei den Güssen. Mag er allerdings keine Bäder, tun Sie ihm diese »Tortur« besser nicht an, denn andere Wärmeanwendungen erfüllen ihren Zweck auch.

Wärme

Wenn Sie ein Rotlicht oder eine andere Wärmelampe besitzen, ist die das Mittel der Wahl zur Wärmebehandlung des Rückens. Sie deckt einen großen Körperbereich ab und ist leichter anzuwenden als die heiße Rolle. Natürlich können Sie diese auch benutzen, um Ihrem Hund Wärme zu verabreichen, auch mit der heißen Rolle können Sie den kompletten Rücken behandeln. Bei Kirschkern-, Heublumen- oder Körnerkissen kommt es auf die Größe Ihres Hundes und des Kissens an, ob es sinnvoll ist, dieses zu verwenden. Es sollte schon der ganze schmerzhafte Bereich abgedeckt sein, was bei einem kleinen Hund kein Problem sein dürfte, bei einem Irish Wolfshound ist das schon schwieriger, es sei denn, Sie haben ein Körnerkissen in der Größe eines Deckbetts ...

Kälte

Kälte sollten Sie im Nierenbereich gar nicht anwenden, weil sich Ihr Tier zu schnell eine Nierenerkältung holt, die dann manchmal erst spät entdeckt wird, weil die Rückenschmerzen ja schon vorher da waren und die Nierenschmerzen gar nicht sonderlich auffallen. Im Brustkorbbereich lässt sich Kälte in Form von Cool-Packs oder Eisbeutel verabreichen. Nehmen Sie Kälte am Rumpf möglichst nur bei Verletzungen, Prellungen und so weiter, bei Entzündungen sollte der Tierarzt etwas zur Entzündungshemmung geben.

TENS

TENS ist für Schmerzzustände an der Wirbelsäule hervorragend geeignet. Sie können die Elektroden beide auf die gleiche Seite setzen und die andere Seite danach behandeln, Sie können aber auch je eine Elektrode auf einer Seite anbringen, so dass sie sich gegenüber sind und die Elektroden nach der Hälfte der Behandlungszeit tauschen.

Bei akuten, gerade frisch aufgetretenen Schmerzen sollten Sie Ihrem Hund mehrmals täglich bis zu 45 Minuten TENS pro Behandlung verabreichen. Wenn die Schmerzen chronisch sind (also schon seit mehr als sechs Wochen bestehen) können Sie ruhig länger, bis zu einer Stunde, behandeln. Wählen Sie in akuten Fällen das konventionelle TENS, bei chronischen Schmerzen können Sie auf eine andere Variante umsteigen, vergessen Sie aber nicht, dass sowohl das APL- als auch das Hyperstimulations-TENS schmerzhaft sind. Fangen Sie lieber zu schwach an! Manchmal ist weniger mehr!

III.3.3. BEHANDLUNGSBEISPIELE

Verspannungen der Muskulatur

Verspannungen der Rumpfmuskulatur behandelt man wie alle Verspannungen am besten mit Wärme, Massagen und anschließenden Dehnungen. Wärme können Sie jeden Tag anwenden, aber Massage und Dehnungen reichen jeden zweiten bis dritten Tag. Wenn Sie ein TENS-Gerät besitzen, können Sie mehrmals am Tag 20-30 Minuten lang, bei hoher Frequenz und nicht zu hoher Intensität damit behandeln. Als Wärme eignen sich Wärmelampen oder die heiße Rolle gut, Sie können Ihren Hund aber auch »begießen«, wenn es Ihnen und ihm Freude macht. Ihr Hund mag Wasser? Dann können Sie ihm auch ein Vollbad gönnen und ihn schwimmen lassen. Durch das Schwimmen lockert sich die Muskulatur und wird sanft gekräftigt. Aber auch lange Spaziergänge, bei denen Ihr Hund ruhig warm werden darf, sind angesagt. Ist er es gewohnt am Fahrrad zu laufen, darf er das auch ruhig weiter. Die Übungen, die ich oben beschrieben habe, sind alle für einen Hund mit Verspannungen geeignet.

Blockierungen der Wirbel- und Wirbel-Rippengelenke

Blockierungen können Sie nicht selbst behandeln. Aber die Verspannungen und Verkürzungen, die durch eine Blockierung auftreten, schon. Wie immer mit Wärme, Massagen, Dehnungen und TENS. Schwimmen ist natürlich sinnvoll und lange Spaziergänge, bei denen es bei starken Blockierungen ruhiger zugehen darf, Fahrradfahren sollten Sie erst einmal nicht mit ihm. Die Übungen sind alle erlaubt, nur sollten Sie Ihrem Hund nicht zu enge Biegungen abverlangen und ihn nicht unter zu niedrigen Baumstämmen durchkriechen lassen.

Frische Blockierungen lösen sich manchmal durch die oben aufgezählten Maßnahmen, dann haben Sie Glück. Bei älteren Blockierungen werden Sie es nicht erleben, dass sie sich durch Massagen etc. lösen, aber Sie haben dadurch dem Chiropraktiker oder Osteopathen die Arbeit erleichtert, denn bei entspannter Muskulatur kann er leichter deblockieren. Abgesehen davon haben Sie die Chance, dass es nicht gleich wieder zu Blockierungen kommt. Durch Blockierungen verändert sich die Muskulatur, sie stellt sich auf eine Blockierung ein und zwar so gründlich, dass sie einen deblockierten Wirbel wieder in seine Blockierung ziehen kann, wenn sie nicht auch behandelt wird. Haben Sie die Muskeln vorher schon gelockert, gibt es keine oder nur noch wenige falsche Züge und der deblockierte Wirbel bleibt wahrscheinlich da, wo er hingehört!

Sehnen-, Band- und Muskelläsionen
Die Ursachen einer Sehnen-, Band- oder Muskelverletzung sind ein Trauma oder Verschleiß. Im Rückenbereich gibt es hauptsächlich Prellungen, weniger Zerrungen, Überdehnungen und Risse. Verschleiß ist in den Sehnen, Bändern und Muskeln der Wirbelsäule selten.

Prellung oder Zerrung
In der akuten Phase steht die Schmerzlinderung im Vordergrund. Durch Eispacks (aber bitte nicht im Nierenbereich!), leichte Traktionen und durch TENS werden Sie die Schmerzen lindern können. Auch Wechselgüsse werden Ihrem Hund helfen. Wenn die ersten schlimmen Tage vorbei sind, können Sie anfangen, vorsichtig die betroffene Muskulatur zu dehnen (hier ist die Aufwärmung vorher besonders wichtig!). Zur gleichen Zeit, nach etwa 2-3 Tagen, können Sie mit Wärmeanwendungen beginnen und die Kälte weglassen. Als Wärme eignen sich heiße Lumbalgüsse, warme Bäder, die heiße Rolle oder auch Rotlicht besonders gut. Lassen Sie Ihren Hund schwimmen, machen Sie isometrische, aber auch aktive Übungen mit ihm. Die Spaziergänge, die am Anfang durch die Schmerzen kurz waren, können wieder länger werden.

Nach etwa 2 Wochen dürfen Sie auch massieren, aber wenn Sie sich nicht ganz sicher sind, fragen Sie erst einmal einen Therapeuten.

Bandscheibenvorfall (Dackellähme)
Wenn Ihr Hund einen Bandscheibenvorfall hat, werden Sie denken es geht mit ihm zu Ende! Das klingt hart, aber er wird wirklich leiden. Wenn Sie selber schon mal einen Bandscheibenvorfall hatten oder noch haben, wissen Sie, wovon ich spreche. Ihr Tier hat dabei wirklich Schmerzen! Schmerzen, wenn er sich bewegt, Schmerzen, wenn auf das Segment (zwei Wirbel und eine Bandscheibe) gedrückt oder geklopft wird (dient dem Tierarzt zur Diagnose), Schmerzen die in die Beine ausstrahlen! Und natürlich kann er sich durch diese Schmerzen nur noch schlecht bewegen, er will es auch gar nicht, wenn er erst einmal eine Lage gefunden hat, in der er schmerzfrei ist. Manchmal kommt es zu Sensibilitätsausfällen (er ist z.B. plötzlich unter den Pfoten nicht mehr kitzlig oder es macht ihm nichts aus, in die Beine gekniffen zu werden), zu Reflexausfällen (testet der Tierarzt) und in ganz schlimmen Fällen zu Lähmungserscheinungen. Wenn Blase und Mastdarm gelähmt sind, wird Ihr Tierarzt eine sofortige Operation empfehlen (sonst lebt Ihr Hund nicht lange). Garstig, nicht wahr. Aber häufig müssen Sie »nur« gegen die Schmerzen kämpfen und dabei hilft natürlich in erster Linie der Tierarzt.

In der akuten Phase können Sie wirklich nicht viel machen. Wärme tut Ihrem Hund in dieser Phase gut, Rotlicht, Packungen, heiße Rolle, Güsse, Bäder ... Die ganze Bandbreite hilft, so lange es nur warm ist! TENS können Sie anwenden, mehrmals täglich für 20-30 Minuten. Eine Traktionsbehandlung wird Ihrem Hund auch helfen. Nur müssen Sie wirklich ganz, ganz vorsichtig sein. Holen Sie lieber einen Therapeuten, wenn Sie sich nicht ganz sicher sind. Durch die Schonhaltung, die Ihr Tier einnehmen wird, um den argen Schmerzen zu entgehen, wird sich weitere Muskulatur verspannen. Diese Verspannungen können Sie durch sanfte Massage (nur weiche Griffe) lockern, wenn Sie den Bereich um den Bandscheibenvorfall auslassen.

Später, wenn Ihr Hund wieder weniger Schmerzen hat, gehen Sie mit ihm ins Wasser! Jawohl, Sie auch! Man weiß nie so genau, was ein Hund alles im Wasser anstellt, wenn er sich wieder wohler fühlt. Die Bewegung sollte also immer noch kontrolliert und »gesittet« sein. Außerdem ist es sicherer, wenn Sie mit dabei sind, denn notfalls können Sie Ihren Hund halten, falls es zu Problemen kommen sollte.

Wenn Ihr Hund Lähmungserscheinungen hat, ist das Bewegungsbad ganz wichtig. Hier kann er üben, seine Beine zu bewegen, ohne dass sein Körpergewicht darauf lastet, langsam aber sicher wird er sich dadurch kräftigen.

Halten seine Beine ihn wieder, fangen Sie mit isometrischen Übungen an. Drücken Sie nicht zu stark, er muss von der Wirbelsäule her ganz gerade bleiben. Machen Sie nichts mit Ihrem Hund, wo es zu starken Bewegungen in der Wirbelsäule kommt, also keine Biegungen, nichts wo er die Beine hoch heben muss, nichts wobei er kriechen oder klettern muss. Geradeauslaufen ist Pflicht! Der Tierarzt oder der Therapeut wird Ihnen sagen, wenn Ihr Hund wieder normal belastet werden kann. Aber oft merkt man seinem Hund auch an, wenn er seinen Bandscheibenvorfall vergessen hat und wieder alles machen darf.

Bleibt Ihr Hund gelähmt, unterstützen Sie die Muskulatur durch Tapping und durch TENS. Und holen Sie einen Therapeuten! Durch bestimmte andere Reizstromformen, durch bestimmte Bewegungen, die das Nervensystem anregen, durch Akupunktur und noch andere Maßnahmen kann Ihrem Hund vielleicht doch noch geholfen werden.

III.3.4. FALLBEISPIEL

Spondylose
Kaleila, 10-jährige Colliemischlingshündin
Kaleila humpelte schon eine ganze Weile, manchmal zitterten ihre Hinterläufe und oft war sie garstig, weil sie vor Schmerzen nicht mehr ein noch aus wusste. Kaleilas Frauchen tippte auf Hüftgelenksarthrose, was bei einem alten, doch recht großen Hund sehr wahrscheinlich ist. Bei einer Röntgenaufnahme kam allerdings heraus, dass eine Spondylose Ursache für Kaleilas Probleme war.

Kaleila bekam Medikamente zur Entzündungshemmung. Als ich Kaleila das erste Mal sah, humpelte sie noch stark, war aber schon nicht mehr so giftig zu fremden Menschen. Ich durfte sie in Ruhe untersuchen und die anschließende Behandlung genoss sie sehr. Die ersten drei Male behandelte ich sie »nur« mit Akupunktmassage nach Penzel. Danach kamen leichte Massagen und isometrische Übungen dazu. Mobilisationsübungen für den Rücken sind bei einer Spondylose tabu, weil sich Randzacken bilden, die irgendwann zusammenwachsen. Wenn diese Zacken zusammengewachsen sind, hat das Tier meistens keine Schmerzen mehr, weil das ganze Segment ruhiggestellt ist (eine ähnliche Wirkung wie bei einem Gips), es kommt zu keinen Entzündungen mehr. Mobilisiert man, kann es passieren, dass die Randzacken immer wieder aufbrechen und das führt zu zusätzlichen Entzündungen. Deswegen sollen Hunde mit Spondylose auch möglichst nicht mehr springen und treppensteigen. Der mobilisierende Effekt, der für viele Krankheitsbilder gewünscht ist, kann hier schaden. Wenn Kaleila dick gewesen wäre, wäre sie auf Diät gesetzt worden, weil jedes Kilo zu viel, die Knochen nur unnötig belastet. Aber Kaleila war gut in Schuss. Leider ging sie nicht gern ins Wasser, so dass diese Therapieform ausschied. Aber durch regelmäßige Wärmeanwendung, Massage und Stabilisationsübungen bekamen wir die Schmerzen in den Griff.

Mittlerweile ist Kaleila im Hundehimmel. Sie wurde dreizehn Jahre alt und musste aufgrund eines Nierenversagens eingeschläfert werden.

III.4   BECKENGLIEDMASSE

III.4.1. ANATOMIE

Zur Beckengliedmaße zählen Becken, Kreuzdarmbeingelenke, Hüftgelenk, Oberschenkel, Kniegelenk mit Kniescheibe, Unterschenkel, Sprunggelenk, Hinterfußwurzelknochen, Hintermittelfußknochen und Zehen *(Abb. 150)*.

Das Becken wird aus drei zusammengewachsenen Knochen gebildet: dem Darmbein (Os ilium), dem Sitzbein (Os ischii) und dem Schambein (Os pubis). Zusammen werden diese Knochen auch Hüftbein genannt. Bei der Geburt ist das

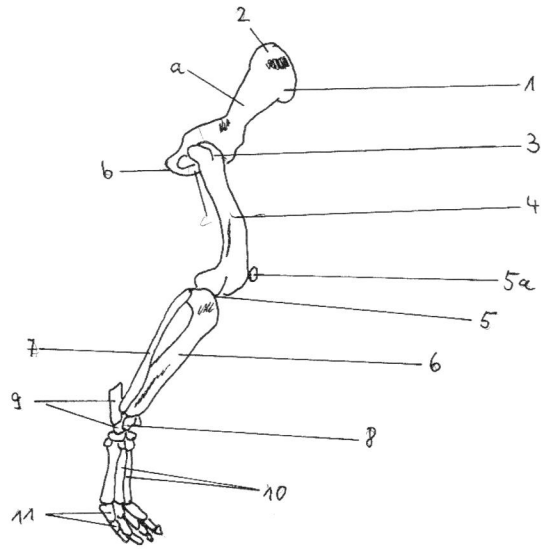

Abb. 150
Knöcherne Anteile der
Beckengliedmaße
1. Becken
   a) Darmbein
   b) Sitzbein
   c) Schambein
2. Kreuz- Darmbeingelenk
   (innen liegend)
3. Hüftgelenk
4. Oberschenkel
5. Kniegelenk
   a) Kniescheibe
6. Schienbein
7. Wadenbein
8. Sprunggelenk
9. Fußwurzelknochen
10. Mittelfußknochen
11. Zehen

Hüftbein noch kein festes Gefüge, erst mit etwa drei Monaten sind die Knochen miteinander verwachsen.

Das Becken ist durch die Kreuzdarmbeingelenke (auch Iliosacralgelenke = ISG, obwohl die Übersetzung dann Darmbeinkreuzbeingelenk wäre) mit dem Kreuzbein verbunden. Die ISG sind straffe Gelenke und lassen nur sehr wenig Bewegung zu. Sie sind aber stark belastet, weil genau hier die Bewegungsübertragung von der Hintergliedmaße auf den Rumpf erfolgt, und deshalb sind sie häufig blockiert. Im Becken befindet sich außerdem die Hüftpfanne, die aus allen drei Knochen gebildet wird, und hat dort die gelenkige Verbindung zum Hinterbein.

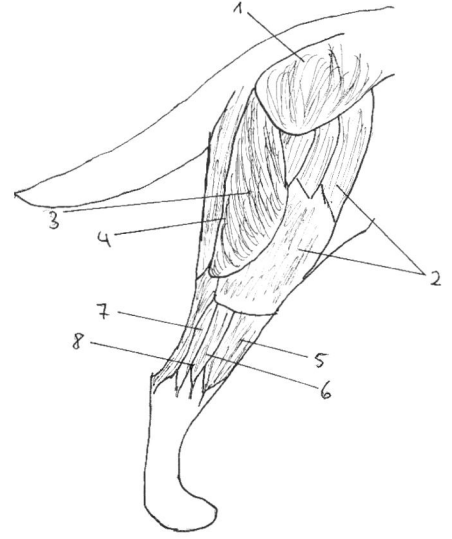

Abb. 151
Oberflächliche Muskulatur
der Hintergliedmaße
1. *Glutaeus*
2. *Tensor fasciae latae mit*
   Faszie
3. *Bizeps femoris*
4. *Semitendinosus*
5. *Extensor digitalis*
   longus
6. *Extensor digitalis*
   lateralis
7. *Flexor hallucis longus*
8. *Gastrocnemius*

Am Becken setzen verschiedene Muskeln an, die einerseits für die Bewegung, andererseits aber auch für die Schubübertragung aus der Hinterhand notwendig sind *(Abb. 151)*. Die Beckenmuskeln kommen von der Wirbelsäule oder von den Rippen und setzen entweder am Becken direkt oder am oberen Teil des Oberschenkelknochens an. Durch diese Muskulatur wird das Becken entweder steiler oder flacher gestellt und dadurch wölbt sich die Lendenwirbelsäule weiter auf oder wird gerader. Genauso Auswirkungen hat die Bewegung des Beckens auf die Gliedmaßenführung (und umgekehrt, die Gliedmaßenbewegung natürlich auch auf die Beckenbewegung). Stellt sich das Becken steiler, wird das Hüftgelenk weiter nach vorne »gedrückt« und die Gliedmaße kann weiter untertreten, stellt es sich flacher, wird das Hüftgelenk weiter nach hinten verschoben, die Bewegung des Hinterbeins nach hinten ist ausgreifender.

Das Hüftgelenk wird aus der Hüftpfanne im Becken und dem Oberschenkelkopf als Hüftkopf gebildet. Es ist ein Kugelgelenk, Abduktion, Adduktion und Rotation sind zu der Beugung und Streckung sehr gut möglich. Rüden können perfekt das Bein in Abduktion heben ...

Die Hüftgelenkbeuger liegen vor dem Hüftgelenk und ziehen den Oberschenkelknochen (den Femur) am distalen (unteren) Ende nach kraniodorsal (vorne - oben), dadurch verkleinern sie den Winkel zwischen Oberschenkelknochen und Becken. Die Hüftgelenkstrecker liegen hinter dem Hüftgelenk und ziehen das distale Ende des Oberschenkelknochens nach kaudal und ein wenig nach dorsal (also nach hinten- oben), dadurch wird der Winkel zwischen Becken und Oberschenkelknochen vergrößert.

Der Oberschenkelknochen trifft sich mit dem Schienbein zum Kniegelenk. Zum Kniegelenk gehört noch die Kniescheibe, die das größte Sesambein des Körpers ist und die Sehne des Quadrizeps femoris (dem vierköpfigen Oberschenkelmuskel) vor dem Aufspleißen schützt.

Die Muskulatur, die das Kniegelenk streckt, liegt vorne (kranial) am Oberschenkel und ziehen den Unterschenkel nach vorne, was den Winkel zwischen Oberschenkel und Unterschenkel verkleinert. Die Kniegelenkstrecker verlaufen kaudal des Knies und ziehen den Unterschenkel zurück, dadurch wird der Winkel zwischen Ober- und Unterschenkel größer.

Der Unterschenkel (Os cruris) besteht aus zwei Knochen, dem Schienbein (die Tibia), das der Hauptknochen im Unterschenkel ist, und dem Wadenbein (die Fibula).

Das Sprunggelenk besteht aus sechs kleinen Knochen, den Tarsalknochen. Diese Knochen sind in drei Schichten angeordnet, wovon das Fersenbein der Knochen ist, der hinten am Sprunggelenk hervorsteht. Dort setzt auch die Achillessehne an. Der Knochen, der vor dem Fersenbein liegt, ist das Sprungbein und bildet mit dem Schienbein ein Gelenk. Die Knochen untereinander (wie auch im Karpalgelenk) und die untere Reihe der Tarsalknochen mit den Mittelfußknochen bilden straffe Gelenke. Die Hauptbewegung, also das Beugen und Strecken, findet im Gelenk zwischen Sprung- und Schienbein statt.

Die Muskulatur, die das Sprung- oder auch Tarsalgelenk streckt, liegt dabei hinten auf dem Unterschenkel, und ziehen den Mittelfuß nach hinten, dadurch vergrößert sich der Winkel zwischen Unterschenkel und Mittelfuß. Das Gelenk kann sich nicht überstrecken, da es durch das Fersenbein knöchern davor geschützt ist. Die Beugemuskulatur liegt kranial des Gelenkes und zieht die Mittelfußknochen nach vorne und verkleinert den Winkel im Sprunggelenk.

Aus dem Sprunggelenk gehen die vier Hintermittelfußknochen hervor. In der Pfote gibt es dann noch die Zehengelenke, die sich einmal zwischen den Mittelfußknochen und Zehenknochen und dann noch zwei zwischen Zehenknochen und Zehenknochen befinden.

Die Muskulatur, die für die Beugung der Zehen zuständig ist, liegt hinter den Mittelfußknochen und zieht die Zehenknochen nach hinten, die Strecker liegen vor den Mittelfußknochen und ziehen die Zehen nach oben.

III.4.2. THERAPIE

III.4.2.1. MASSAGE
Legen Sie Ihren Hund für die Behandlung der Hinterbeine auf die Seite. Bearbeiten Sie erst die eine Seite komplett, dann die andere. Es ist sinnvoll, die Rücken-

Abb. 152

muskulatur mitzubehandeln, weil viele Muskeln des Beckenbereiches an der Wirbelsäule ansetzen und außerdem ist das Becken über die Kreuz-Darmbein-Gelenke mit der Wirbelsäule verbunden und die Probleme des einen Bereiches wandern oft auf den anderen Bereich über.

Streichungen

Mit der Einhand- *(Abb. 153)* oder Knöchelstreichung fahren Sie vom Hüftbein über die Kruppe bis zum Rutenansatz. Dann streichen Sie von der Wirbelsäule zum Hüftgelenk und bis zum Knie *(Abb. 154.a+b)*. Hand-über-Handstreichungen sind auch möglich, wenn Ihr Hund groß genug ist *(Abb. 155)*.

Abb. 153
Einhandstreichung auf der Kruppe

211

Abb. 154 - Knöchelstreichung auf der Kruppe Richtung Hüftgelenk

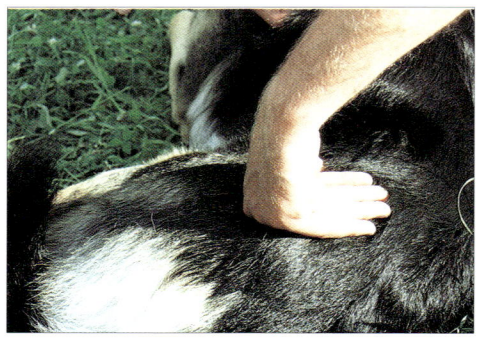 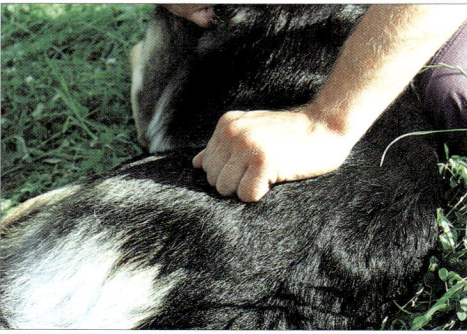

a) die eine Möglichkeit   *b) der »Plättgriff«*

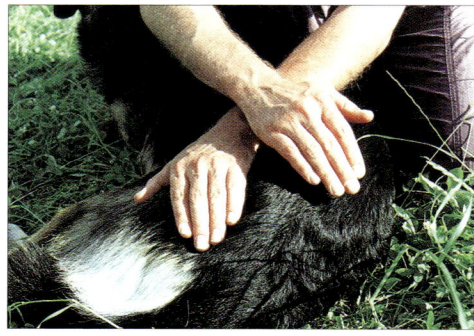

Abb. 155
Hand-über-Handstreichungen auf der
Kruppe bis zum Kniegelenk

Nun umfassen Sie den Hinterlauf unten an der Pfote und streichen von der Pfote bis zum Sprunggelenk und dann zum Knie hoch. Einmal über die Streck- *(Abb. 156.a)* einmal über die Beugemuskeln *(Abb. 156.b)*. Auch wenn es gegen den Fellstrich geht, hier stört das den Hund nicht.

Abb. 156 - Einhandstreichungen am Hinterbein von der Pfote bis zum Knie

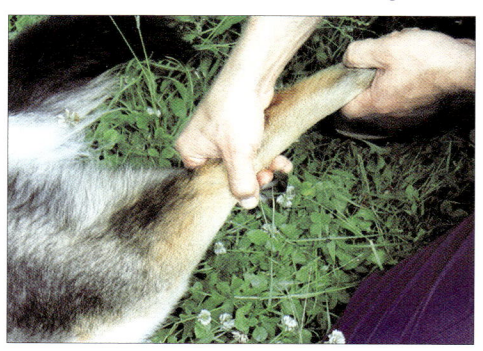 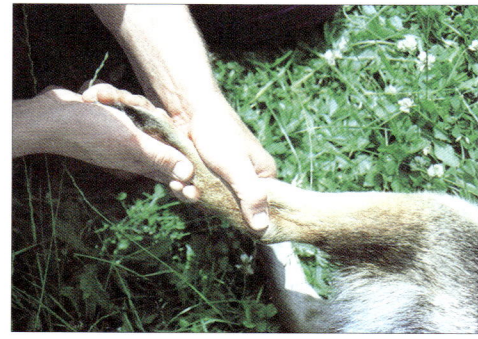

a) auf der kaudalen Muskulatur   *b) auf der kranialen Muskulatur*
(Zehenbeuger, Sprunggelenkstrecker)   *(Zehenstrecker, Sprunggelenkstrecker)*

Kruppenbehandlung
Nun behandeln Sie zuerst die komplette Kruppe bis zum Hüftgelenk.

Daumenknetungen
Mit Daumenknetungen behandeln sie die Kruppenmuskulatur vom Hüftbein über die Kruppe bis zum Rutenansatz und über die Seite zum Hüftgelenk *(Abb. 157)*.

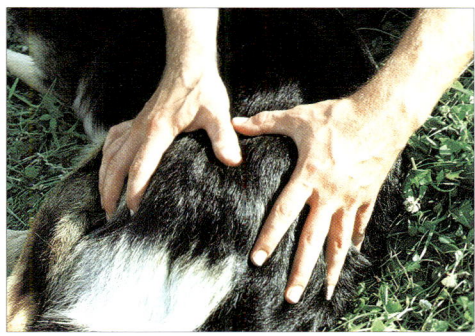

Abb. 157
Daumenknetungen auf der Kruppe

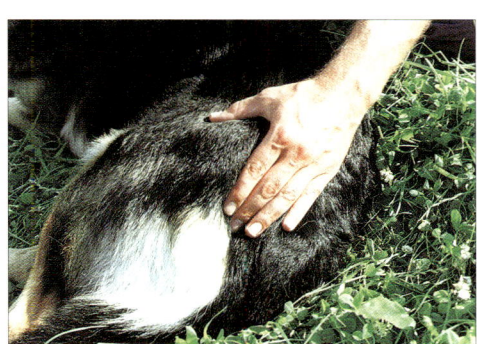

Walkungen
Sie können die Kruppenmuskulatur Ihres Hundes auch durchwalken, wenn sie kräftig genug ausgeprägt ist *(Abb. 158.a-c)*.

Abb. 158 - Walkungen auf der Kruppe

a) Muskulatur greifen

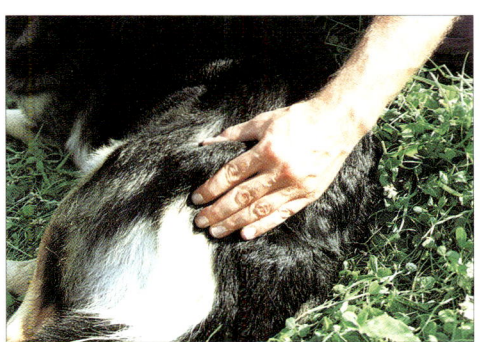

b) Heranziehen der Muskulatur mit den Fingern

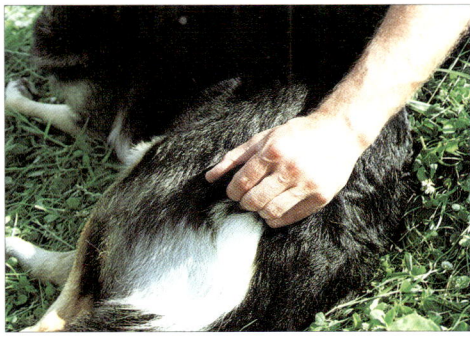

c) Durchwalken mit der Hinterhand

Klopfungen

Klopfungen *(Abb. 159.a)* und Klatschungen *(Abb. 159.b)* sind ebenfalls auf der Kruppenmuskulatur möglich.

Tapotement auf der Kruppe

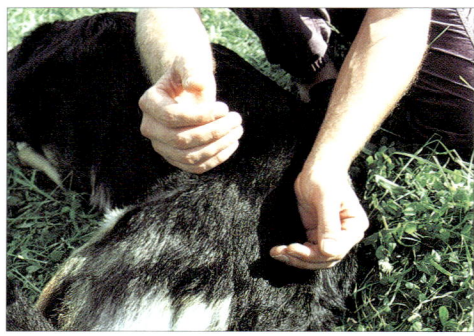
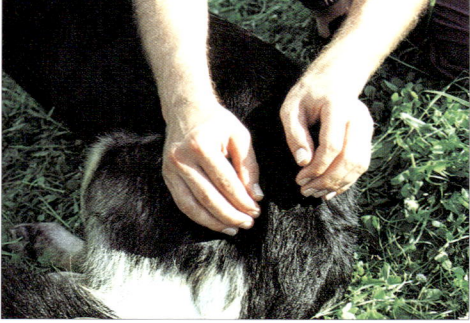

Abb. 159.a - Klopfungen   Abb. 159.b - Klatschungen

Kreisungen

Auch Kreisungen können Sie wieder auf der ganzen Kruppenmuskulatur *(Abb. 160.a)* machen, besonders an den Kreuzdarmbeingelenken *(Abb. 160.b)* da dieser stark belastete Bereich oft von Verspannungen betroffen ist und um das Hüftgelenk herum.

Kreisungen

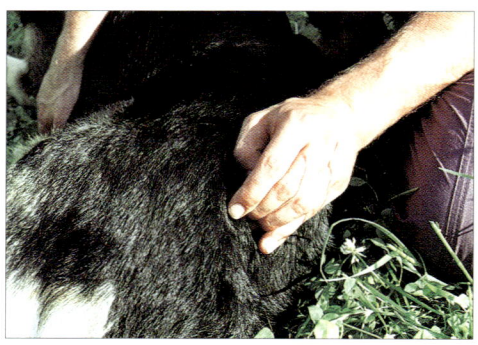
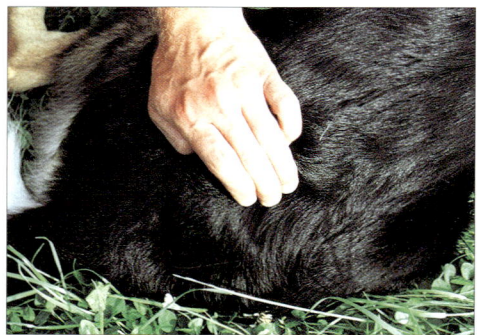

Abb. 160.a - auf der Kruppe   Abb. 160.b - auf den Kreuz-
                                                      Darmbeingelenken

Fangen Sie nun unten an der Pfote an!
Nehmen Sie die Pfote in die Hand.
Fassen Sie jede der vier Zehen einzeln zwischen Zeigefinger und Daumen. Nun massieren Sie von distal nach proximal, dabei drücken Sie Daumen und Zeigefin-

214

ger leicht zusammen und schieben sie so weit, bis Sie an die »Schwimmhäute« kommen *(Abb. 161.a+b)*.

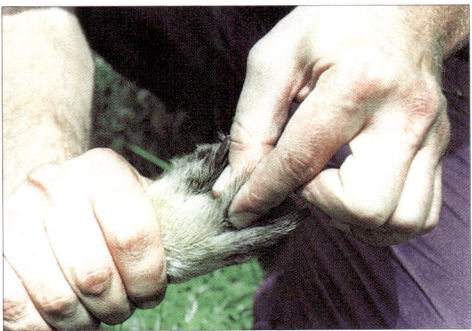 

Abb. 161.a+b - Fingerknetung der Zehen

Danach massieren Sie die Ballen des Hundes. Dazu nehmen Sie die Pfote in Ihre Hand und kreisen mit dem Daumen auf den Zehen- und auf dem Sohlenballen *(Abb. 162.a+b)*.

Abb. 162 - Knetungen der Ballen

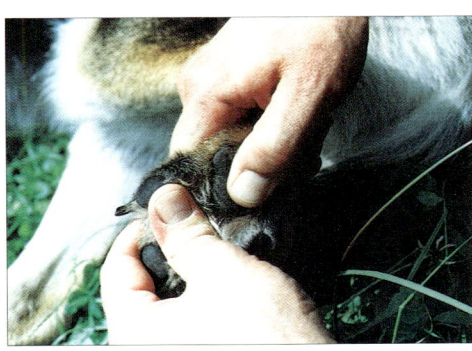 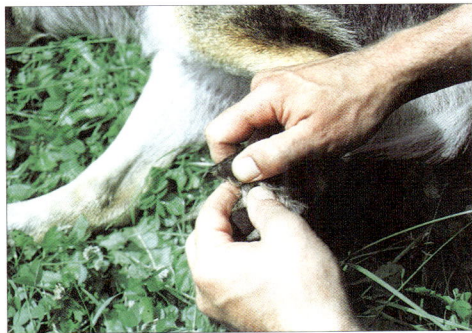

a) des Sohlenballen   *b) der Zehenballen*

»Unterhautfaszienstriche«
Ziehen Sie nun mit dem Mittelfinger oder dem Daumen Striche zwischen den Hintermittelfußknochen, auch wieder von distal nach proximal *(Abb. 163)*.

Daumenknetungen
Machen Sie nun Daumenknetungen auf den Hintermittelfußknochen. Je nachdem wie groß die Pfote Ihres Hundes ist, mit einem oder mit beiden Daumen *(Abb. 164)*.

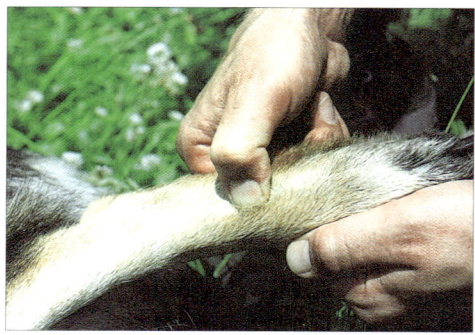

Abb. 163 - Striche zwischen den
Mittelfußknochen

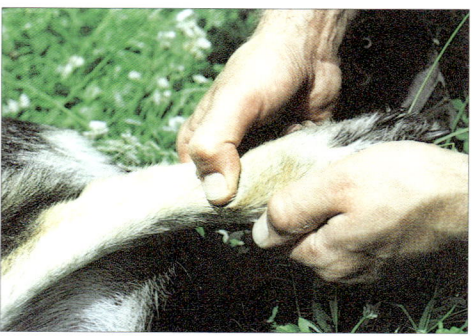

Abb. 164 - Daumenknetungen auf den
Mittelfußknochen

Unterschenkelbehandlung

Halten Sie das Hinterbein am Sprunggelenk gefasst. Um die Beugemuskulatur des Sprunggelenkes zu behandeln (liegt vorne am Unterschenkel) beugen Sie das Sprunggelenk an, um die Strecker (liegen hinten am Unterschenkel) zu behandeln, strecken Sie das Sprunggelenk, dann ist die entsprechende Muskulatur entspannt.

Einhandknetung

Behandeln Sie nun die Unterschenkelmuskulatur mit der Einhandknetung und, wie soll es anders sein, von distal nach proximal. Dazu umfassen Sie das Bein unten am Sprunggelenk, so dass die Handfläche einmal vorne (kranial) auf den Sprunggelenkbeugern *(Abb. 165.a)* und einmal hinten (kaudal) auf den Sprunggelenkstreckern *(Abb. 165.b)* liegt und kneten langsam bis zum Kniegelenk hoch.

Abb. 165 - Einhandknetung an der Unterschenkelmuskulatur

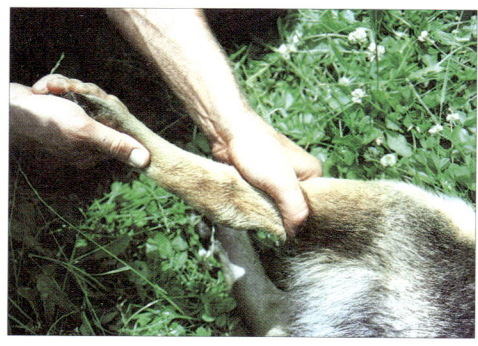

a) der kranialen:
Sprunggelenkbeuger, Zehenstrecker

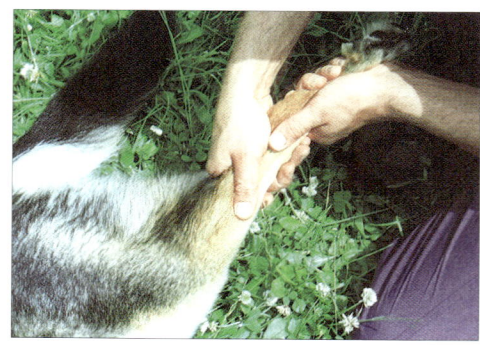

b) der kaudalen:
Sprunggelenkstrecker, Zehenbeuger

Fingerspitzenverwindungen

Nun behandeln Sie die gleiche Muskulatur mit Fingerspitzenverwindungen. Behandeln Sie die Sprunggelenksbeuger *(Abb. 166.a)* und die Sprunggelenkstrecker *(Abb. 166.b)*. Bei ganz großen und kräftigen Hunden können die Sprunggelenkstrecker auch mit Handverwindungen behandelt werden. Arbeiten Sie von distal nach proximal

Abb. 166 - Fingerspitzenverwindungen der Unterschenkelmuskulatur

a) der kranialen:
Sprunggelenkbeuger, Zehenstrecker

b) der kaudalen: Sprunggelenkstrecker,
Zehenbeuger

Unterhautfaszienstrich

Ziehen Sie nun mit dem Daumen oder mit dem Mittelfinger, der vom Ringfinger unterstützt wird, einen Strich von distal nach proximal zwischen den Muskelgruppen - innen *(Abb. 167.a+b)* am Bein und auch außen *(Abb. 168.a+b)*. Beim inneren Strich müssen Sie vorsichtig sein, weil da die Muskulatur nicht so stark ausgeprägt ist und Sie bei zu viel Druck die Knochen, Nerven und Blutgefäße erwischen.

Abb. 167 - Unterhautfazienstriche innen am Unterschenkel

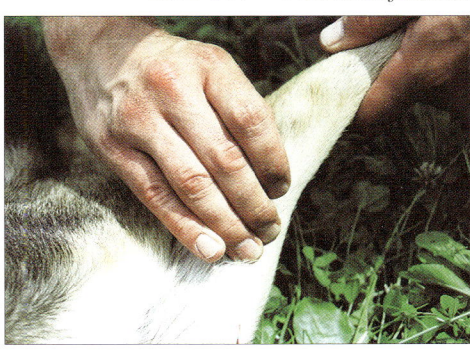
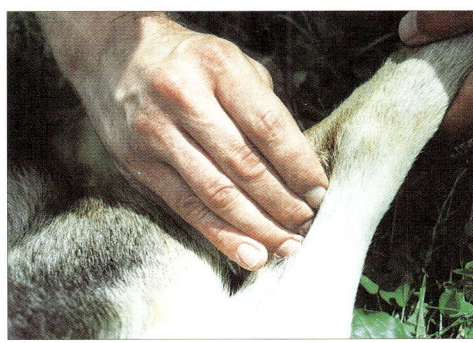

a) zwischen Tibialis anterior und
Schienbein

b) zwischen Schienbein und
Zehenbeugern

Abb. 168 - Unterhautfazienstriche außen am Unterschenkel

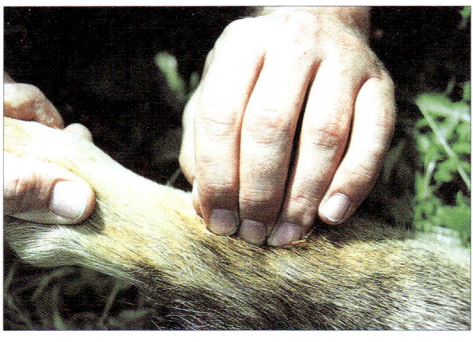 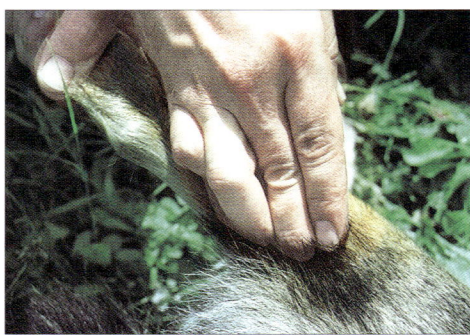

a) zwischen den Zehenstreckern   *b) zwischen den Zehenbeugern*

Oberschenkelbehandlung
Fassen Sie den Hinterlauf am Unterschenkel und halten Sie ihn dort. Um die Beugemuskulatur des Kniegelenkes (liegt hinten am Oberschenkel) zu behandeln, beugen Sie das Knie an, um die Streckmuskulatur zu behandeln (liegt vorne am Oberschenkel) strecken Sie das Knie.

Einhandknetung
Per Einhandknetung können Sie die vordere *(Abb. 169.a)* und hintere *(Abb. 169.b)* Oberschenkelmuskulatur behandeln. Fangen Sie am Knie an und arbeiten sich bis zum Hüftgelenk hoch.

Abb. 169
Einhandknetung der Oberschenkelmuskulatur

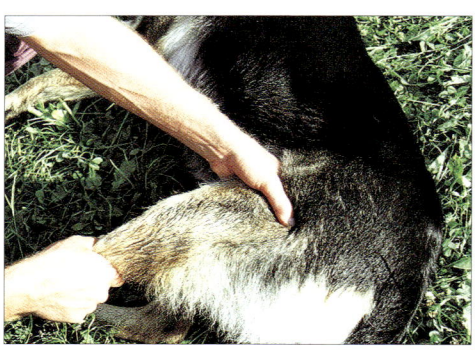 

a) der Kniestrecker   *b) der Kniebeuger*

Verwindung

Mit Fingerspitzenverwindungen behandeln Sie nun die kraniale Oberschenkelmuskulatur (die Kniegelenkstrecker) *(Abb. 170.a)*, mit Fingerspitzen- oder Handverwindungen die kaudale (die Kniegelenksbeuger) *(Abb. 170.b* und *Abb. 171)*.

Abb. 170 - Fingerspitzenverwindung der Oberschenkelmuskulatur

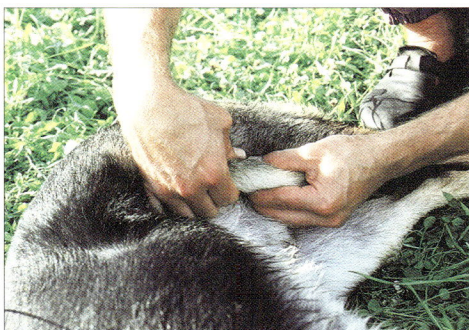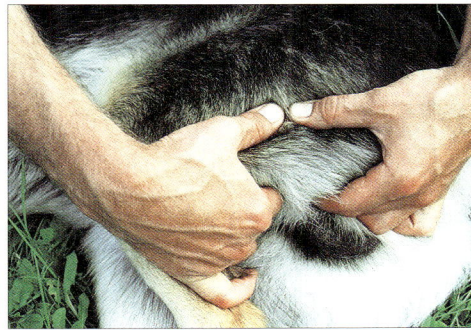

a) der Kniestrecker   *b) der Kniebeuger*

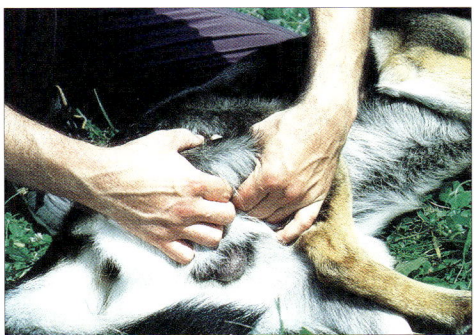

Abb. 171 - Handverwindung der Kniebeuger

Walkungen

Walkungen sind im Oberschenkelbereich möglich. Fangen Sie dabei am Hüftgelenk an und walken Sie dann einmal die Kniebeuger *(Abb. 172.a+b)*, einmal die Kniestrecker *(Abb. 172.c+d)* durch.

Abb. 172 - Walkungen der Oberschenkelmuskulatur

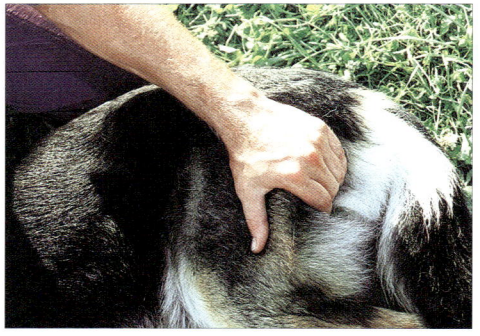

a) Fassen Sie den Kniebeuger vom Hüftgelenk aus und Heranziehen mit den Fingern

b) Durchwalken mit dem Handballen

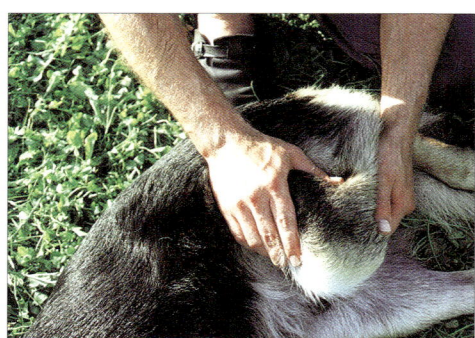
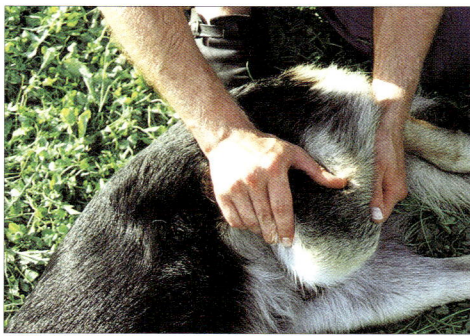

c) Fassen der Kniestrecker vom Hüftgelenk aus und Heranziehen mit den Fingern

d) Durchwalken mit dem Handballen

Friktionen

Kreisungen können Sie um das Kniegelenk *(Abb. 173.a)* und das Hüftgelenk *(Abb. 173.b)* herum machen, auch dort setzen wieder viele Muskeln an.

Abb. 173 - Kreisungen

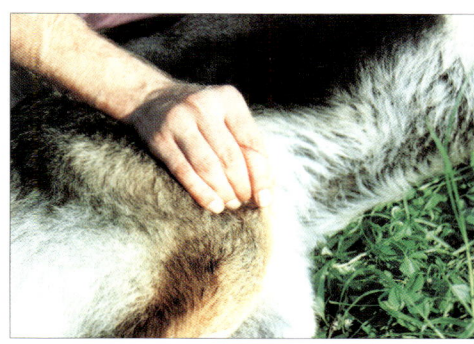 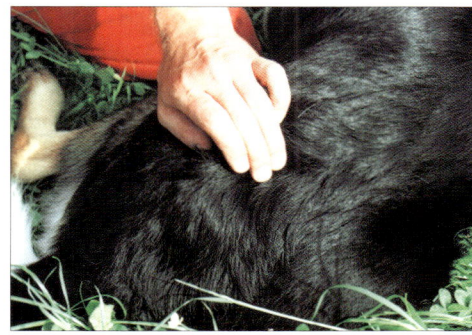

a) am Kniegelenk   *b) am Hüftgelenk*

Zum Abschluss streichen Sie den kompletten Bereich von der Pfote bis zur Kruppe aus und wechseln dann die Seite. Welche Streichung Sie benutzen, bleibt Ihnen überlassen.

ZUSAMMENFASSUNG MASSAGE BECKEN UND HINTERBEIN

Streichungen (Einhand-, Hand- über Hand- oder Knöchelstreichung der Kruppe
Einhandstreichung des Hinterlaufes von distal nach proximal
Daumenknetungen auf der Kruppe
Walkungen der Kruppenmuskulatur
Klopfungen oder Klatschungen auf der Kruppe
Kreisungen auf der Kruppenmuskulatur, an den Kreuzdarmbeingelenken, am Hüftgelenk
Zehenbehandlung
Ballenbehandlung
»Unterhautfaszienstriche« zwischen den Mittelfußknochen
Daumenknetungen auf den Mittelfußknochen
Einhandknetung der Unterschenkelmuskulatur
Fingerspitzen- und Handverwindung der Unterschenkelmuskulatur
Unterhautfaszienstrich auf der Unterschenkelmuskulatur (innen und außen)
Einhandknetung der Oberschenkelmuskulatur
Fingerspitzen- und Handverwindung der Oberschenkelmuskulatur
Walkungen der Oberschenkelmuskulatur
Streichungen der gesamten Muskulatur zum Abschluss

Flächige BGM

Ihr Hund kann auf dem Bauch oder auf der Seite liegen. Liegt er auf dem Bauch, wechseln Sie nach jeder Folge die Seite. Liegt Ihr Hund auf der Seite, behandeln Sie zuerst die komplette Seite und drehen ihn dann auf die andere.

Zuerst rollen Sie das Gewebe auf dem Kreuzbein von der Wirbelsäule zum Becken. Das sind nur ganz kurze Verschiebungen *(Abb. 174.a)*. Drei oder vier Gewebefalten sollten Sie nebeneinander fassen und rollen. Danach nehmen Sie sich kranial am Kreuzbein eine Gewebefalte und rollen Sie diese nach distal seitlich über die Kruppe bis in Höhe des Hüftgelenks *(Abb. 174.b)*. Anschließend nehmen Sie sich nach kaudal verschoben eine neue Falte und verfahren genau so. Nehmen Sie sich nun eine Hautfalte über dem Hüftgelenk und rollen diese nach distal *(Abb. 174.c)*. Auch hier haben Sie nur kurze Verschiebewege. Der letzte Schritt ist, dass Sie sich Gewebefalte am Sitzbein Ihres Hundes nehmen und diese verschieben, natürlich nach distal *(Abb. 174.d)*. Denken Sie daran, dass Sie Ihren Vierbeiner nicht kneifen!

Abb. 174 - Flächige Bindegewebsmassage

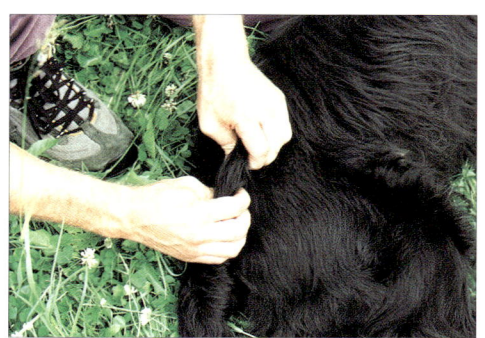

a) Gewebefalte am Kreuzbein

b) auf der Kruppe

c) über dem Hüftgelenk

d) am Sitzbein nach distal verschieben

III.4.2.2 DEHNUNGEN

Denken Sie daran, Ihren Hund vor der Dehnung aufzuwärmen! Bei diesen Dehnungsübungen kann Ihr Hund auf der Seite liegen, er kann auch stehen, aber das wird er wahrscheinlich nicht lange aushalten.

Hüftgelenksbeuger und Kniegelenksstrecker sind zum Großteil dieselbe Muskelgruppe und können deswegen gleichzeitig gedehnt werden. Um sie zu dehnen, müssen Sie das Hüftgelenk strecken und das Kniegelenk beugen. Fassen Sie mit einer Hand das Sprunggelenk oder den Unterschenkel, mit der anderen das Kniegelenk von kraniodorsal und führen Sie das Hinterbein in die Retraktion, soweit es möglich ist (Abb. 175.a). Anfangs ist das Kniegelenk gestreckt, aber durch Zurückführen des Sprunggelenkes beugen Sie das Knie leicht an. Halten Sie diese Position 15 Sekunden. Danach lösen Sie die Dehnungshaltung. Gehen Sie erneut in die Retraktion, beugen das Knie, bis Sie eine leichte Spannung spüren und halten Sie diese, bis Sie merken, dass sich die Spannung löst, dann beugen Sie das Knie weiter bis zur nächsten leichten Spannung. Das können Sie so lange wiederholen, bis sich die Spannung nicht mehr löst. Diese Endstellung halten Sie dann 30 Sekunden (Abb. 175.b) und gehen danach wieder in die Ursprungsstellung zurück.

Abb. 175 - Dehnung der Hüftgelenkbeuger und Kniestrecker

 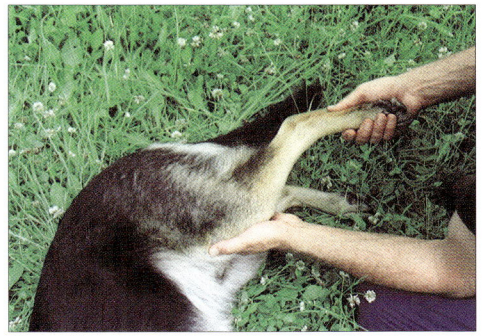

a) Ausgangsstellung:
Hinterbein in Retraktion mit
gestrecktem Knie

b) Endstellung:
Hinterbein in Retraktion mit
angebeugtem Knie

Hüftgelenksstrecker und Kniegelenksbeuger sind auch wieder dieselbe Muskelgruppe und können deswegen ebenfalls gemeinsam gedehnt werden. Um diese Muskelgruppe zu dehnen, muss das Hüftgelenk gebeugt und das Kniegelenk gestreckt werden. Fassen Sie wieder mit der einen Hand das Sprunggelenk oder den Unterschenkel, mit der anderen Hand fassen Sie das Kniegelenk von kaudoventral und führen das Bein in die Protraktion, wobei das Knie anfangs gebeugt ist

Abb. 176 - Dehnung der Hüftstrecker und Kniebeuger

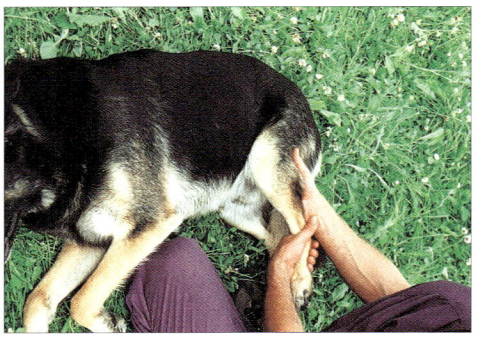 

a) *Ausgangsstellung:*
Hinterbein in Protraktion mit
gebeugtem Knie

b) *Endstellung:*
Hinterbein in Protraktion mit gestreck-
tem Knie (Kniestreckung ist bei starker
Hüftbeugung eingeschränkt)

(Abb. 176.a). Strecken Sie das Knie dann leicht durch Vorführen des Sprung-gelenkes, halten diese Stellung 15 Sekunden und lösen danach die Dehnung kom-plett. Gehen Sie wieder mit gebeugtem Knie in die Protraktion, strecken Sie das Knie, bis Sie eine leichte Spannung spüren und halten dort. Wenn sich die Span-nung löst, können Sie das Knie so weit weiter strecken, bis eine erneute Spannung zu spüren ist. Die letzte Position halten Sie wieder 30 Sekunden *(Abb. 176.b)*. Denken Sie daran, dass im Kniegelenk nur relativ wenig Streckung möglich ist!

Abb. 177 - Dehnung der Sprunggelenkstrecker

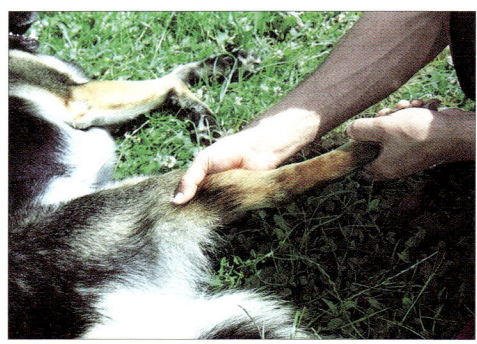 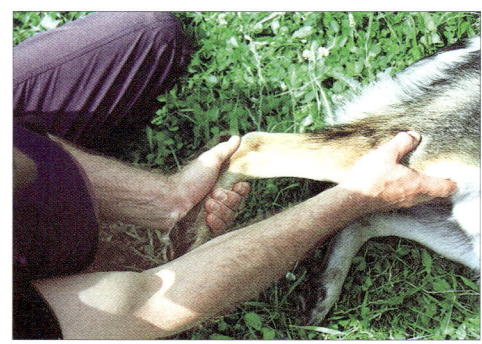

a) *Ausgangsstellung:*
Knie und Sprunggelenk
sind gestreckt

b) *Endstellung:*
das Knie bleibt gestreckt, das
Sprunggelenk wird gebeugt

Die Sprunggelenksstrecker und Zehengelenksbeuger haben ihren Ursprung oberhalb der Kniekehle, also im Gebiet der Kniebeuger. Um die Sprunggelenksstrecker und Zehenbeuger zu dehnen, muss das Knie also gestreckt sein! Das Sprunggelenk oder die Zehengelenke werden dann in die Beugung geführt. Fassen Sie mit einer Hand das Sprunggelenk, mit der anderen fassen Sie die Pfote. Strecken Sie das Knie, für die Dehnung der Sprunggelenkstrecker darf das Sprunggelenk anfangs noch gestreckt sein *(Abb. 177.a)*. Nun beugen Sie das Sprunggelenk leicht an, halten 15 Sekunden und lösen. Dann stellen Sie die Vordehnung wieder ein, beugen das Sprunggelenk bis zur ersten, leichten Spannung und halten es dort, bis sich die Spannung lockert. Dann beugen Sie es weiter an. Das wiederholen Sie mehrmals. Die letzte Stellung wird wieder 30 Sekunden gehalten *(Abb. 177.b)*.

Abb. 178 - Dehnung der Zehenbeuger

 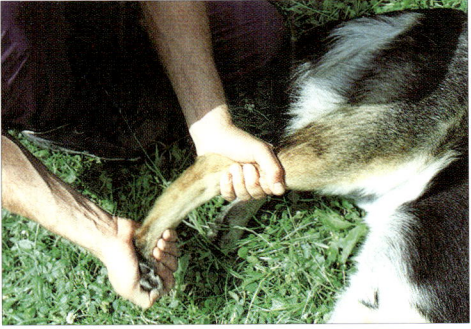

a) Ausgangsstellung:	*b) Endstellung:*
Knie gestreckt, Sprunggelenk gebeugt	*die Zehen werden zusätzlich gestreckt*

Für die Dehnung der Zehengelenksbeuger strecken Sie das Knie und beugen Sie das Sprunggelenk, soweit es möglich ist *(Abb. 178.a)*. Die Dehnung erfolgt über die Pfote, die in die Streckung geführt wird *(Abb. 178.b)*. Die Dehnung an sich funktioniert wie immer.

Um die Sprunggelenkbeuger und die Zehenstrecker zu dehnen, muss das Sprunggelenk gestreckt und die Pfote gebeugt werden. Obwohl diese Muskulatur auch oberhalb des Knies ihren Ursprung hat, hat die Einstellung dieses Gelenkes keine Bedeutung, da der Ursprung seitlich des Kniegelenkes liegt. Fassen Sie wieder Pfote und Sprunggelenk. Um die Beuger des Sprunggelenkes zu dehnen, müssen Sie nur das Sprunggelenk nach und nach in die Extension führen *(Abb. 179.a)*. Für die Dehnung der Zehenstrecker muss das Sprunggelenk gestreckt sein, soweit eben möglich und die Dehnung erfolgt über die Beugung der Zehen

(Abb. 179.b). Das Prinzip ist das gleiche wie immer. Voreinstellung, 15 Sekunden halten, lösen. Vordehnung bei den Zehenstreckern und dann die eigentliche Dehnung bis eine leichte Spannung zu spüren ist. Hier halten Sie, bis sich die Spannung etwas löst, dann dehnen Sie weiter, entweder führen Sie das Sprunggelenk weiter in Streckung (für die Sprunggelenkbeuger) oder die beugen die Pfote weiter (für die Zehenstrecker). Die letzte Position wird jeweils wieder eine halbe Minute gehalten.

Abb. 179 - Dehnung der Sprunggelenkbeuger und der Zehenstrecker
Ausgangsstellung für die Dehnung der Sprunggelenkbeuger: siehe gestrecktes Knie,
gebeugtes Sprunggelenk (Abb. 178.b)

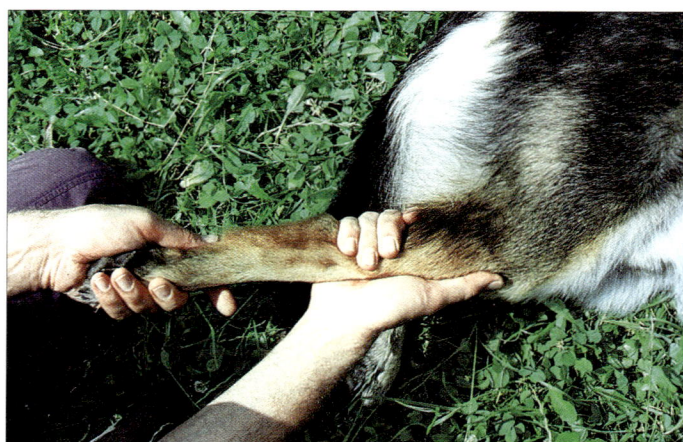

a) Endstellung zur Dehnung der Sprunggelenk-beuger, Aste zur Dehnung der Zehenstrecker: gestreckes Knie, gestrecktes Sprunggelenk, Zehen gestreckt

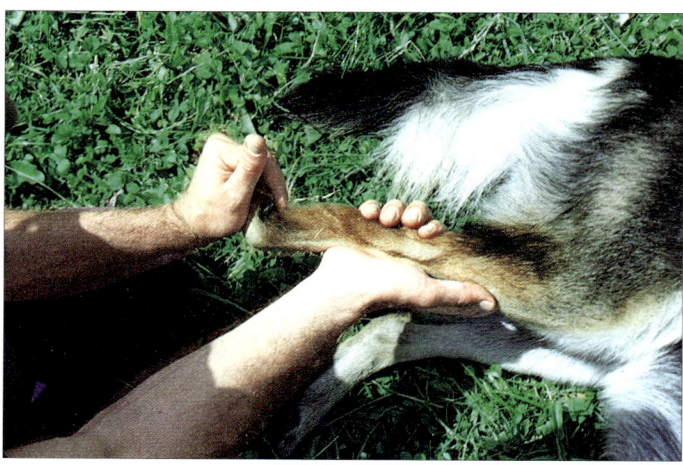

b) Endstellung zur Dehnung der Zehenstrecker: Knie gestreckt, Sprunggelenk gestreckt, Zehen werden gebeugt

226

III.4.2.3 KRANKENGYMNASTIK

Passives Durchbewegen
Hüftgelenk

Ihr Hund liegt auf der Seite. Fixieren Sie mit einer Hand das Becken, mit der anderen Hand fassen Sie den Oberschenkel kurz oberhalb des Knies. Der Arm unterstützt das Hinterbein, um ihm Halt zu geben. Bewegen Sie nun den Oberschenkelknochen bis zum Bewegungsende in Beugung und Streckung *(Abb. 180.a+b)*.

Kniegelenk

Legen Sie Ihren Hund auf die Seite. Fassen Sie mit einer Hand den Oberschenkel dicht am Knie. Die andere Hand hält den Unterschenkel dicht am Sprunggelenk. Die obere Hand fixiert den Oberschenkel und die distale Hand bewegt den Unterschenkel bis zum Bewegungsende in Beugung und Streckung *(Abb. 181.a+b)*.

Abb. 180 - Passives Bewegen des Hüftgelenkes

 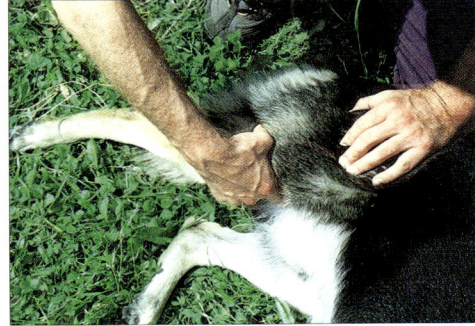

a) Beugung   *b) Streckung*

Abb. 181 - Passives Bewegen des Kniegelenkes

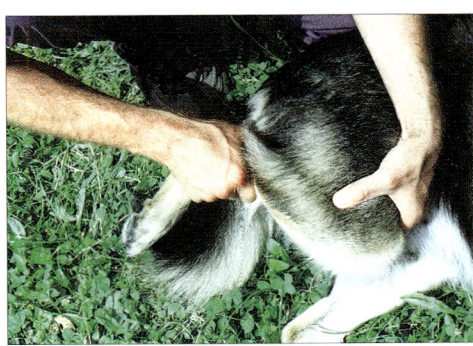 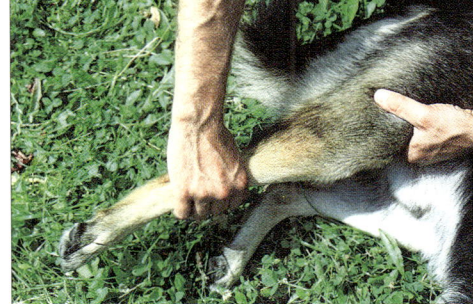

a) Beugung   *b) Streckung*

227

Sprunggelenk

Ihr Hund liegt auf der Seite. Die eine Hand hält den Unterschenkel dicht am Sprunggelenk, die andere Hand hält die Pfote. Während die proximale Hand den Unterschenkel fixiert, bewegt die distale Hand die Pfote bis zum Bewegungsende in Beugung und Streckung. *(Abb. 182.a+b)*

Abb. 182 - Passives Bewegen des Sprunggelenkes

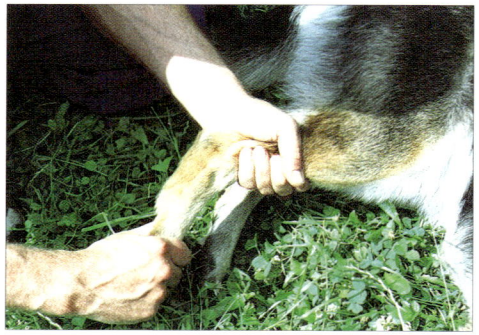 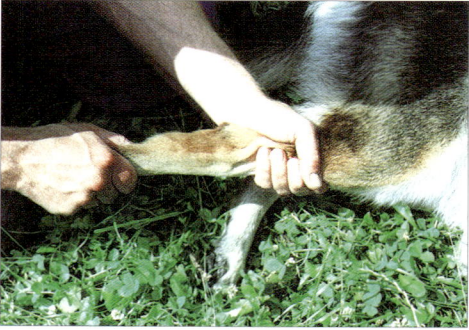

a) Beugung   b) Streckung

Pfote

Ihr Hund kann in Bauch- oder Seitlage liegen, er kann sitzen oder stehen. Die Zehen werden gemeinsam durchbewegt. Dazu fixieren Sie mit der einen Hand etwa dort, wo das proximale Ende des Sohlenballens ist. Die andere Hand wölbt sich um die Zehen und bewegt sie gemeinsam bis zum Bewegungsende in Beugung und Streckung *(Abb. 183.a+b)*.

Abb. 183 - Passives Bewegen der Pfote

a) Beugung   b) Streckung

Traktion
Hüftgelenk
Ihr Hund liegt in Seitlage. Fixieren Sie mit der einen Hand das Becken dicht am Hüftgelenk, mit der anderen Hand halten Sie den Oberschenkel, ebenfalls dicht am Hüftgelenk, während Ihr Arm wieder das Hinterbein hält. Die distale Hand übt jetzt einen ganz leichten Zug Richtung kranioventral aus *(Abb. 184.a+b)*. Halten Sie diesen Zug 7-10 Sekunden, lösen Sie kurz, und wiederholen das Ganze 7-10-mal. Sie können aber auch über das Bein eine Traktion auf das Hüftgelenk ausüben. Das ist nur nicht ganz so sinnvoll, weil auch die anderen Gelenke unter Zug geraten. Allerdings ist nicht so ein großer Kraftaufwand notwendig. Fassen Sie das Hinterbein mit der einen Hand oberhalb des Knies, mit der anderen die Pfote. Nun spreizen Sie das Bein leicht ab und üben einen Zug Richtung distal und leicht kranial aus.

Abb. 184 - Traktion des Hüftgelenkes

a) Griff

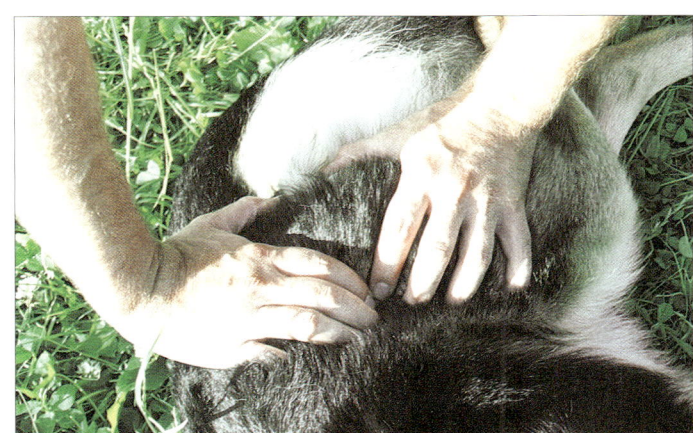

b) Traktion

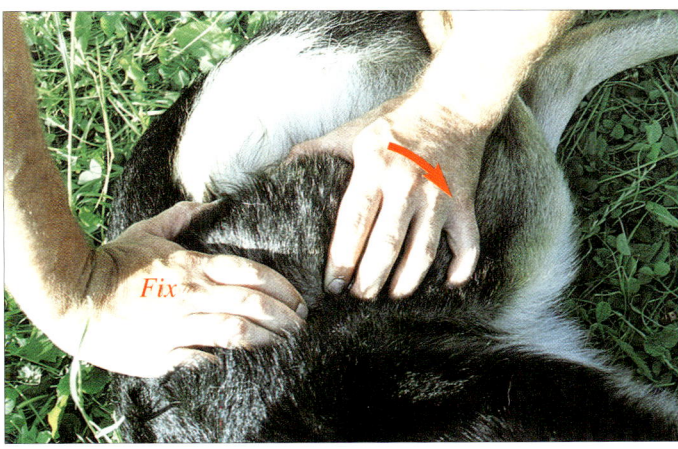

Kniegelenk

Ihr Hund liegt auf der Seite. Sie fixieren mit der einen Hand den Oberschenkel ganz dicht am Knie, mit der anderen fassen Sie den Unterschenkel auch sehr dicht am Knie. Auch hier muss Ihr Arm das Hinterbein unterstützen, damit es Halt hat. Die distale Hand übt nun einen leichten Zug Richtung distal aus. Der Zug wird 7-10 Sekunden gehalten, dann kurz gelöst. Das wird 7-10-mal wiederholt *(Abb. 185.a+b)*.

Abb. 185 - Traktion des Kniegelenkes

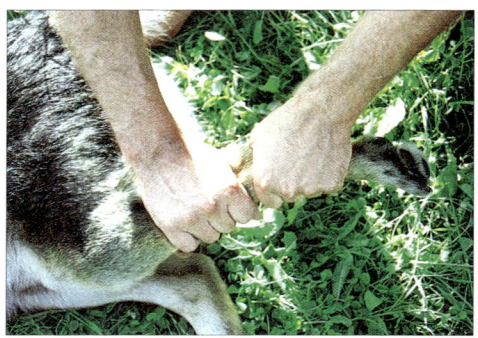 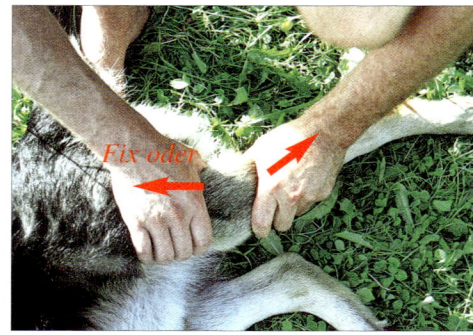

a) Griff   b) Traktion

Sprunggelenk

Legen Sie Ihren Hund auf die Seite. Fixieren Sie mit der einen Hand den Unterschenkel dicht am Sprunggelenk, mit der anderen Hand halten Sie die Mittelfußknochen auch dicht am Sprunggelenk. Üben Sie mit der distalen Hand einen leichten Zug Richtung distal aus. Halten Sie diesen Zug 7-10 Sekunden, lösen Sie ihn kurz und wiederholen die Traktion 7-10-mal *(Abb. 186.a+b)*.

Abb. 186 - Traktion des Sprunggelenkes

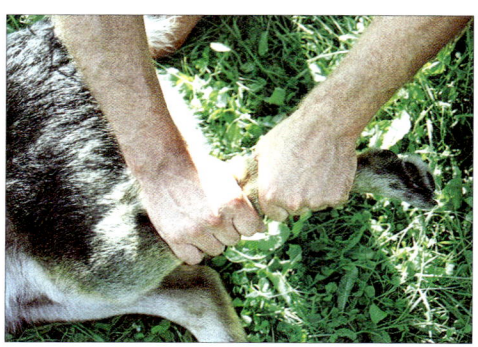 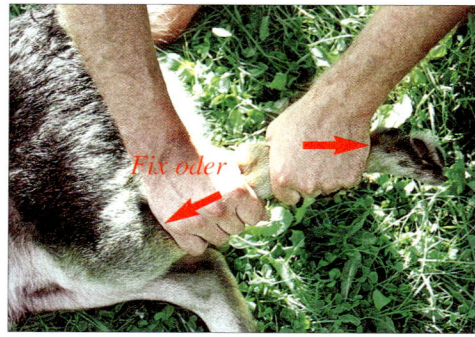

a) Griff   b) Traktion

Zehengelenke

Ihr Hund liegt in Seitlage. Die Zehengelenke werden proximal und distal dicht am Gelenk gefasst und die distale Hand übt ganz leichten Zug aus, der 7-10 Sekunden gehalten wird. Wiederholen Sie die Traktion 7-10-mal. Die Zehengelenke sind nur sehr klein, sie benötigen wirklich nur einen ganz leichten Zug! Sie finden die Gelenke zwischen Hintermittelfußknochen und ersten Zehenknochen, wenn Sie die Zehen hoch verfolgen, bis es nicht mehr weitergeht, oder wenn Sie von vorne auf den Sohlenballen drücken, fühlen Sie das Gelenk ziemlich weit oben (proximal) *(Abb. 187.a+b)*. Das nächste Gelenk liegt distal des Sohlenballens *(Abb. 188.a b)*. Und das dritte Gelenk, das an der Kralle, finden Sie, wenn sie von vorne auf die Zehenballen drücken *(Abb. 189.a+b)*.

Abb. 187 - Traktion des proximalen Zehengelenkes

 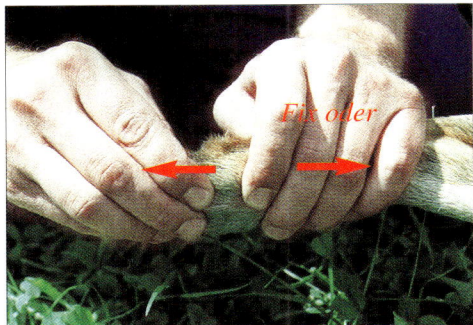

a) Griff   *b) Traktion*

Abb. 188 - Traktion des mittleren Zehengelenkes

a) Griff   *b) Traktion*

Abb. 189 - Traktion des distalen Zehengelenkes

 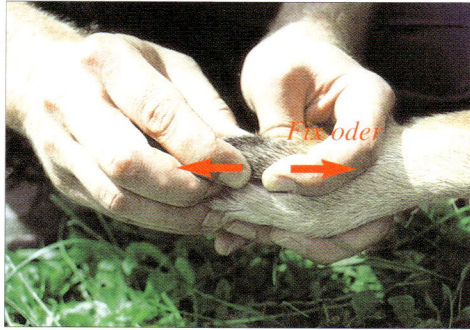

a) Griff   *b) Traktion*

Extremitätenschüttelung

Legen Sie Ihren Hund zur Extremitätenschüttelung auf die Seite. Fassen Sie mit der einen Hand die Pfote, die andere fasst von unten das Kniegelenk. Beide Hände üben jetzt leichte Schüttelbewegungen aus, wobei das Bein mitgeschüttelt wird *(Abb. 190)*.

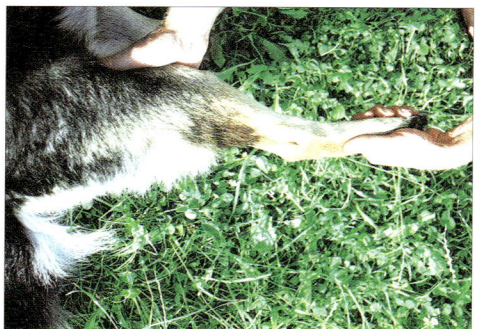

Abb. 190 - Extremitätenschüttelung des Hinterbeines

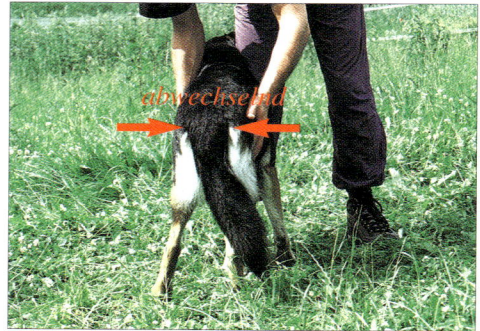

Isometrie

Für die isometrischen Spannungsübungen muss Ihr Hund stehen. Drücken Sie mit so viel Kraft, dass Ihr Hund noch dagegenhält und nicht ausweicht. Drücken Sie gegen die rechte Hüfte, wenn Sie die linke Seite stabilisieren und

Abb. 191 - Isometrische Spannungsübung: dosierter Druck mit den flachen Händen abwechselnd an den Hüften

dazu bringen wollen, mehr Gewicht aufzunehmen. Die ganze Muskulatur der Hintergliedmaße spannt dabei an, aber man erreicht besonders die Abduktoren damit *(Abb. 191)*. Drücken Sie gegen das gleichseitige Sitzbein von hinten, damit erreichen Sie eine leichte Belastung der Sprunggelenkbeuger und Zehenstrecker

Abb. 192 - Isometrische Spannungs-übung: Druck am Sitzbein nach vorne

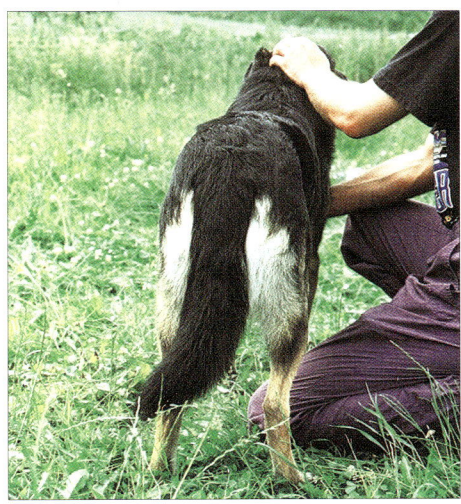

Abb. 193 - Isometrische Spannungsübung: Druck am Schultergelenk nach hinten

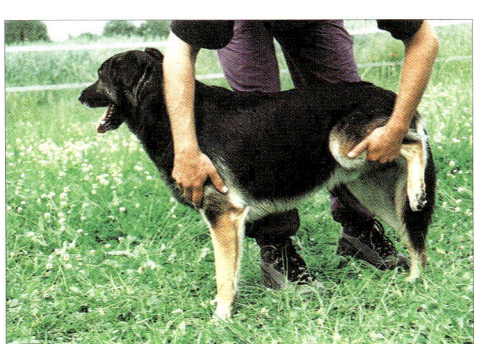

*Abb. 194 - Isometrische Spannungsübung
a) Hochheben eines Hinterbeines*

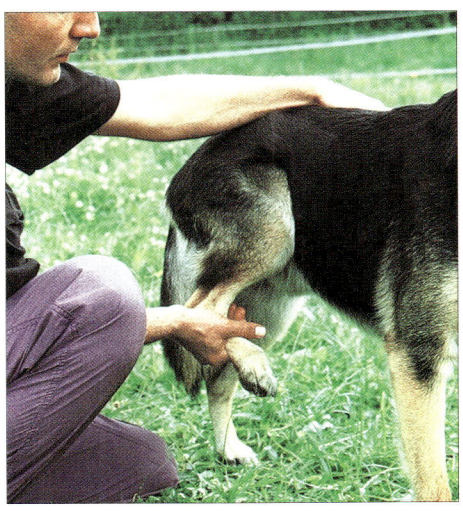

b) Schaukeln und Kreisen mit erhobenem Bein

(Abb. 192). Wenn Sie hinten am gleichseitigen Buggelenk nach hinten schieben, wird wieder die komplette Muskulatur der Hintergliedmaße angespannt, aber man erreicht auch die Bauchmuskulatur und die tiefe Beckenmuskulatur *(Abb. 193)*. Zur weiteren Stabilisation können Sie auch eins der Hinterbeine anheben *(Abb. 194.a)*, damit wird das andere stark belastet. Mit dem hochgehobenen Bein können Sie kreisen *(Abb. 194.b)*, um dadurch unterschiedliche Muskelgruppen des Beckens und der Hüfte zu erreichen.

Übungen

Spaziergänge sind immer gut, das habe ich mittlerweile oft genug betont. Und Schwimmen sowieso. Das Waten im Wasser kräftigt durch den Widerstand die Muskulatur *(Abb. 195)*. Lassen Sie Ihren Hund über Baumstämme klettern oder über Stangen steigen, dann muss er die Beine höher heben als beim normalen Laufen und mobilisiert seine Beingelenke. Die Muskulatur des Standbeines wird dabei gekräftigt, weil es stabilisieren und mehr Gewicht aufnehmen muss. Wenn Sie Ihren Hund seitwärts gehen lassen, arbeiten auch die Abduktoren und die Adduktoren der Hinterbeine, die Hüft- und Beckenmuskulatur wird gekräftigt *(Abb. 196)*.

Abb. 195
An Arthur sieht man, wie hoch die Beine
im Wasser gehoben werden müssen.

Abb. 196
Seitwärtsgehen: deutliche
Abduktionsstellung der Hinterbeine

Wenn die Vorderbeine stehen bleiben und die Hinterhand sich im Kreis drum herum bewegt, arbeitet die Bewegungsmuskulatur der Hinterbeine *(Abb. 197.a)*. Wenn dagegen die Hinterhand stabil bleibt und sich die Vorderbeine darum herum bewegen, arbeitet die Haltemuskulatur der Hinterbeine *(Abb. 197.b)*. Sie müssen nur aufpassen, dass Ihr Hund die Hinterbeine nicht verdreht, sonst gibt es Probleme im Knie. Biegungen kräftigen insbesondere das innere Hinterbein, weil es weiter unter den Schwerpunkt tritt und dadurch mehr Gewicht aufnimmt *(Abb. 198)*. Beide Hinterbeine nehmen mehr Gewicht auf und werden dadurch gekräftigt, wenn Sie Ihren Hund rückwärts gehen lassen *(Abb. 199)*. Auch beim Bergauf- und Bergabgehen kräftigt sich die Hinterhand, weil Sie vermehrt Gewicht aufnehmen muss.

Abb. 197 - Wendungen

a) die Hinterbeine wandern um die Vorderbeine

b) die Vorderbeine wandern um die Hinterbeine

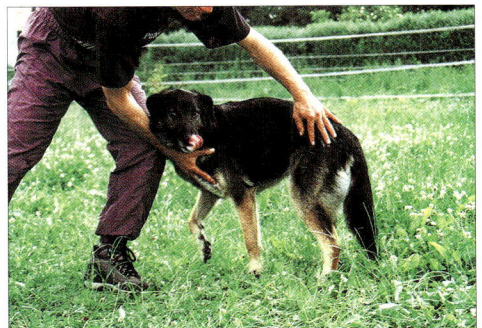

Abb. 198 - Biegungen kräftigen das innere Hinterbein

Abb. 199 - Beim Rückwärtsgehen nehmen beide Hinterbeine mehr Gewicht auf

III.4.2.4 PHYSIKALISCHE THERAPIE

Güsse

Für die hintere Extremität eignen sich der Hinterguss und der heiße Lumbalguss. Der heiße Lumbalguss dient der Lockerung der Kruppenmuskulatur, der warme Hinterguss der Entspannung der ganzen Beinmuskulatur. Der Hinterguss kalt gegossen tonisiert die Muskulatur, aber kühlt auch. Zum Kühlen des Hinterbeines können Sie aber auch einen einfachen Beinguss verabreichen.

Wärme

Wärme ist besonders bei Muskelverspannungen, aber auch bei nicht aktiven Arthrosen sehr angenehm. Ihnen stehen alle Möglichkeiten offen, ob nun Rotlicht, heiße Rolle, Körnerkissen, Kirschkern- oder Heublumensäckchen. Natürlich können Sie auch warme Güsse oder eine Packung anwenden.

Kälte

Kälte lässt sich besonders gut mit Cool-Packs oder einem Eisbeutel anwenden, die für etwa fünf Minuten nach der Übungsbehandlung oder bei entzündlichen Gelenken 10-15 Minuten vor den Übungsbehandlungen auf den schmerzenden Bereich gelegt werden. Bei Entzündungen können Sie Kälte sowieso mehrmals täglich für etwa 10 Minuten auflegen.

Zur Tonisierung der Muskulatur müssen Sie den Bereich, den Sie behandeln wollen, am besten scheren, weil sonst das »Quick-Eis« durch das lange Fell nicht möglich ist. Quick-Eis wird mit einem Eislolly ausgeführt, wobei während der Übungsbehandlung der Lolly einige Sekunden auf dem hypotonen Muskel mit Druck gerieben wird. Wiederholen Sie das einige Male.

TENS

Bei verspannter Muskulatur und bei chronischen Schmerzzuständen (z.B. bei Hüftgelenksarthrose oder Meniskus-Problemen) ist TENS gut anzuwenden. Die Kathode (je nach Gerät schwarz oder blau) kommt auf den Schmerzpunkt, die Anode (rot) auf die andere Seite des Gelenkes oder bei umschriebenen Schmerzpunkten ca. 1 cm von der Kathode entfernt daneben, auf eine andere Stelle, des schmerzhaften Bezirks oder an den Widerrist.

Können Sie an einem Gelenk nicht genau sagen, welche Seite mehr schmerzt, wechseln Sie nach der Hälfte der Behandlungszeit die Elektroden. Also die Kathode kommt auf die Seite, auf der die Anode war und umgekehrt. Nehmen Sie anfangs eine Frequenz von 80-100 Hz und eine Stromstärke, bei der sich Ihr Hund noch entspannt. Behandeln Sie in der Anfangszeit täglich einmal 20 Minuten lang. Später werden Sie dann häufiger und länger behandeln, mehrmals am Tag (je nachdem wie lange Ihr Hund schmerzfrei ist) bis zu maximal 2 Stunden pro Behandlung. Sind die Schmerzen sehr hartnäckig und reagieren auf das konventionelle TENS nicht oder nur wenig, können Sie auf das Hyperstimulations-TENS ausweichen. Die Frequenz bleibt dabei gleich, nur die Intensität wird erhöht und die Behandlungsdauer auf 20-30 Minuten gesenkt. Die Behandlung wird durch die höhere Intensität für Ihren Hund schmerzhaft!

III.4.2.5 SONSTIGES

Ruten- / Schwanzarbeit

Da die Rute die Verlängerung der Wirbelsäule ist und auch ein Muskeln einge-packt, kann es auch dort zu Problemen kommen. Einerseits durch Trauma (z.B. Einklemmen) zu Verspannungen, andererseits auch zu Wirbelblockierungen. Sehr ängstliche Hunde haben häufig Probleme mit ihrer Rute, weil die Muskulatur ver-spannt. Und Hunde, deren Rute kupiert wurde, haben auch manchmal noch Schmerzen im »Stumpf«. Diese Stumpfschmerzen können Sie mit TENS behandeln, indem Sie die Elektroden direkt am Stumpfende befestigen. Nehmen Sie das konventionelle TENS und behandeln Sie täglich 20 Minuten.

Gegen die Verspannungen können Sie Friktionen auf der Rute machen, besonders wichtig sind diese im Ansatzbereich an der Kruppe *(Abb. 200)*. Wenn Sie leicht an der Rute ziehen, gerät sie unter Traktion, die Schwanzwirbel werden also etwas auseinander gezogen. Das hilft einerseits gegen die Verspannungen, andererseits können sich Blockierungen lösen *(Abb. 201)*. Eine weitere Maßnahme, um Blockierungen zu lösen stammt aus der Manuellen Therapie. Sie können jeweils zwei einzelne Wirbel zwischen die Finger nehmen, den proximalen Wirbel fixieren, mit der distalen Hand etwas Zug ausüben und den distalen Wirbel dann ein wenig gegen den anderen verschieben *(Abb. 202)*. Wenn Ihr Hund eine überbewegliche Rute haben sollte, lassen Sie aber bitte sowohl die Traktion, als auch die Manuelle Therapie.

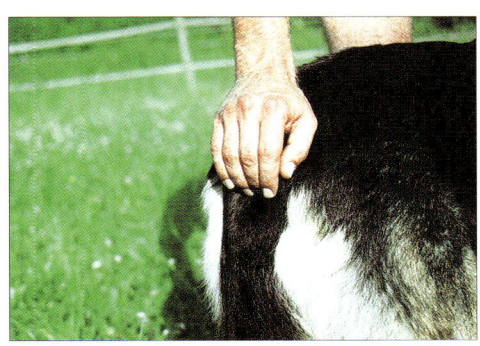

Abb. 200
Friktionen an der Schwanzwurzel

Abb. 201
Traktion der Rute durch <u>*leichten*</u> *Zug*

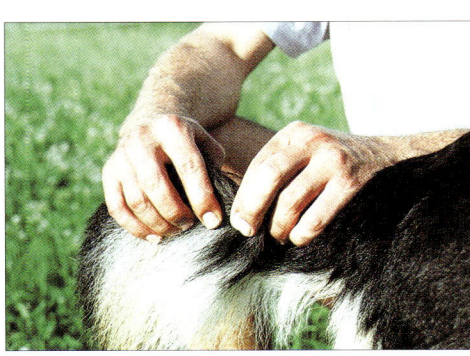

Abb. 202
Traktion und vorsichtiges Bewegen einzelner Rutenwirbel

237

III.4.3. BEHANDLUNGSBEISPIELE

Verspannungen

In der ganzen Muskulatur der Beckengliedmaße können Verspannungen auftreten. Diese Verspannungen können Sie mit Wärme, Massagen und anschließenden Dehnungen, 3-4 mal pro Woche, lockern. Auch warme Güsse lösen Verspannungen.

TENS dient der Schmerzlinderung, Sie können es täglich etwa 45 Minuten lang und so lange, bis Ihr Hund beschwerdefrei ist, anwenden. Durch die Extremitätenschüttelung lockert die Muskulatur sich noch zusätzlich.

Gehen Sie viel mit Ihrem Hund spazieren und lassen Sie Ihn tüchtig toben, wenn ihm warm wird, ist auch die Muskulatur lockerer. Lassen Sie Ihn schwimmen oder wenigstens im Wasser waten, wenn er gerne ins Wasser geht. Machen Sie isometrische Übungen, dadurch kommt es zu einer Mehrdurchblutung der Muskulatur, die zu einer Lösung beiträgt.

Blockierungen

Im Kreuzdarmbeingelenk (ISG) kann es zu Blockierungen kommen, die Ihren Hund humpeln lassen. Die Blockierung selber können Sie nicht lösen, dazu muss ein Therapeut her, aber Sie können wieder die Verspannungen behandeln (siehe oben). Erstens hat Ihr Hund dann ein paar Schmerzen weniger, zweitens lösen sich Blockierungen manchmal, wenn sich die Verspannungen lösen und die falschen Muskelzüge aufhören und drittens erleichtern Sie dem Therapeuten (wenn Sie überhaupt noch einen brauchen) die Arbeit und helfen Rückfälle zu vermeiden.

Sehnen-, Band-, Muskelläsionen

Zu einer Sehnen-, Band- oder Muskelverletzung kommt es meist durch ein Trauma, aber auch Verschleiß kann eine Ursache sein. Im Bereich der Hintergliedmaße kommt es häufig zu Prellungen und Zerrungen auf der einen Seite, auf der anderen Seite aber auch zu Problemen mit dem Meniskus und den Kreuzbändern im Knie.

Prellung oder Zerrung

In der akuten Phase steht die Schmerzlinderung im Vordergrund. Durch Eispacks, leichte Traktionen mit sanften Schüttelungen, durch passives Bewegen und durch TENS werden Sie die Schmerzen lindern können. Auch kalte Hintergüsse werden Ihrem Hund helfen.

Nach drei bis vier Tagen können Sie mit Wärmeanwendungen (Güsse, Rotlicht, heiße Rolle...) beginnen und die Kälte weglassen. Etwa zur gleichen Zeit können Sie mit leichten Dehnungen anfangen (denken Sie unbedingt vorher an die Aufwärmung, sie ist jetzt noch wichtiger!)

Lassen Sie Ihren Hund schwimmen, machen Sie isometrische, aber auch ein paar aktive Übungen mit ihm. Die Spaziergänge, die anfangs wohl doch etwas kürzer waren, können nach und nach wieder länger werden. Nach etwa 2 Wochen dürfen Sie auch massieren, aber wenn Sie sich nicht ganz sicher sind, fragen Sie erst einmal einen Therapeuten.

»Verschleiß«, degenerative Veränderungen von Sehnen, Bändern und Menisken

Gegen die Schmerzen können Sie ein TENS - Gerät nutzen oder Wärme (z.B. Heiße Rolle) nutzen. Massage und Dehnungen helfen zur Mobilisation. Regelmäßige, aber keine überlastende Bewegung ist wichtig, Schwimmen, aber auch ruhiges Mitlaufen am Fahrrad. Ein Therapeut stehen in diesem Fall noch ganz andere Maßnahmen zur Verfügung, nämlich manuelle und manipulative Techniken.

Meniskus - Läsionen

Die Funktionen der Menisken sind die Pufferwirkung und die gleichmäßige Druckverteilung im Gelenk. Sind die Menisken beschädigt, durch Trauma oder Verschleiß, kommt es zu Problemen im Gelenk, die Kniestreckung schmerzt, der innere oder äußere Gelenkspalt (je nachdem welcher Meniskus betroffen ist) reagiert mit Schmerz auf drehen oder Druck, das Knie kann anschwellen und es kann sogar zu einer Knieblockade kommen, bei der die Streckung gehemmt ist. Als Spätfolge kann es zu einer Arthrose kommen.

Die Schmerzlinderung steht im Vordergrund und man erreicht sie durch vorsichtige Traktion, durch TENS und durch Kälteanwendung bei frischen Problemen durch ein Trauma oder durch Wärmeanwendung bei Problemen durch Verschleiß. Oft kommt es um das Gelenk herum zu Verklebungen des Gewebes und dadurch zu zusätzlichen Schmerzen bei der Bewegung. Diese Verklebungen müssen gelöst werden (durch Friktionen, Unterhautfaszienstriche und Gewebewäsche).

Zur Mobilisation des Gelenkes sind Dehnungen der knieumgebenden Muskulatur notwendig, das sind die Kniebeuger und Strecker, aber auch die Muskulatur, die für die Sprunggelenksbewegung zuständig ist. Ein Therapeut kann durch Manuelle Therapie noch ein weiteres dazu tun. Aber auch, um die vollständige Streckung zu erarbeiten, ist ein Therapeut notwendig. An der Beugung können Sie selbst arbeiten, durch passives Bewegen, durch Traktion und durch Dehnungen.

Anschließend muss das Knie wieder stabilisiert werden, die Muskulatur muss gekräftigt werden. Einerseits durch Isometrie, andererseits durch aktive Übungen, wie sie oben beschrieben sind. Sie sollten allerdings die Übung, bei der die Vorderbeine um die Hinterhand wandern, auslassen! Wenn Ihr Hund die Hinterpfoten nämlich einfach stehen lässt, anstatt sie auch immer ein bisschen zu setzen, verdrehen sich seine Beine und es gibt zusätzlichen Stress für die Menisken.

Kreuzbandriss

Durch einen Kreuzbandriss bekommt Ihr Hund ein instabiles Knie, was völlig unbehandelt später zu einer Arthrose führen kann. Das Knie ist geschwollen und das Tier hat Schmerzen. Ein Kreuzband reißt, wenn das Knie gewaltsam überstreckt wird (mit der Pfote irgendwo hängen bleiben zum Beispiel) oder wenn der Oberschenkel sich bei stehendem Unterschenkel dreht. Auch die Ermüdung der Bänder kann eine Ursache sein.

Wenn das Knie noch relativ stabil ist, reicht nur die Physiotherapie, um zu helfen. Bei Instabilität muss Ihr Hund operiert werden. Um die Muskulatur aufzubauen und so stark zu halten, dass das Knie durch sie gestützt wird, muss Ihr Hund mindestens viermal pro Woche Physiotherapie bekommen. Das heißt vier Tage Übungen, denn die schmerzlindernden Maßnahmen müssen mehrmals täglich angewendet werden. Zur Schmerzlinderung können Sie TENS einsetzen, wenn Sie ein Gerät besitzen oder sich eins leihen können, Eistherapie hilft auch gegen Schmerzen und gegen den Erguss. Zur Kräftigung der knieumgebenden Muskulatur dienen die isometrischen Übungen, aber auch Schwimmen, im Wasser waten, Berge hinauf und hinunter klettern und über Baumstämme oder Stangen klettern, kräftigen.

Nach einer Operation (siehe auch Fallbeispiel) behandeln Sie mit Eis und TENS zur Schmerzlinderung, machen mit Ihrem Hund isometrische Übungen, Muskeldehnungen und sobald die Fäden gezogen sind, darf er auch wieder ins Wasser.

Arthrosen

Arthrosen können in allen Gelenken vorkommen. Arthrosen sind schmerzhaft, anfangs nur bei Belastung, später auch in Ruhe! Meistens sind die Gelenke bei einer Arthrose geschwollen und bei Bewegung sind oft Geräusche zu hören, ein Schmirgeln, als wäre Sand im Gelenk, ein Knirschen oder ein leises Knacken. Es kommt zu Bewegungseinschränkungen, wobei meistens alle Bewegungsrichtungen, allerdings unterschiedlich stark ausgeprägt, betroffen sind. Dadurch kommt es zu Muskelinsuffizienzen, weil nicht mehr alle Muskeln genutzt werden, die Gelenke werden instabil, weil der Muskelmantel fehlt, und es kommt zu Unsicherheiten bei der Bewegung.

Durch die Bewegungseinschränkung im betroffenen Gelenk kommt es zu Ausgleichbewegen in anderen Gelenken (bei einer Kniearthrose werden Hüfte, Sprunggelenk und die LWS mehrbelastet) und das andere Bein wird überlastet, weil es mehr Gewicht übernehmen muss.

Zur Schmerzlinderung bei einer Arthrose kommen Traktionen, Kälte- oder Wärmebehandlungen (bei akuten Fällen hilft meistens Eis, in chronischen Fällen meistens Wärme) und TENS und passives Bewegen in Frage.

Dehnungen sollten Sie nur durchführen, wenn die Schmerzen es zulassen. Sie können die Verspannungen behandeln, die bei einer Arthrose auftreten. Lassen Sie

Ihren Hund schwimmen, wenn das Wasser nicht zu kalt ist. Wenn Sie ein Bewegungsbad mit Aquatrainer in der Nähe haben, sind Sie besonders gut dran, nutzen Sie es. Sie können isometrische Übungen mit Ihrem Hund machen, aber bitte nicht die, bei denen ein Bein hochgehoben wird. Aktive Übungen sind auch erlaubt, nur lassen Sie die Übungen weg, bei denen Ihr Hund unter irgendetwas durch krabbeln muss, und springen sollte er auch nicht. Ein Therapeut kann dann die Gelenke, die Wirbelsäule und die Kreuzdarmbeingelenke manuell behandeln.

Konservative Maßnahmen wirken nur symptomatisch und können die Krankheit nicht aufhalten, nur mildern!

Behandlungsvorschlag: Hüftgelenksarthrose (auch bei HD anzuwenden)

Therapieziele:
1. Schmerzlinderung
2. Tonusnormalisierung: Wärme, Massage
3. Durchblutungsförderung: chronisch Wärme, akut Kälte
4. Lockerung der Muskulatur: Wärme, Massage
5. Dehnungen der Flexoren und Adduktoren
6. Traktion und Schüttelungen
7. Mobilisation: Schwimmen
8. Kräftigung: Isometrie

Maßnahmen:
1. + 2. Tonusnormalisierung und Durchblutungsförderung:
Zu Beginn der Behandlung legen Sie Ihrem Vierbeiner ein Körnerkissen, eine Wärmflasche o.ä. auf die betroffene Hüfte (es sei denn, die Arthrose ist aktiv, es ist also eine Entzündung vorhanden, dann bitte Eis verwenden). Die Wärme nimmt einerseits den Schmerz und bereitet andererseits auf die kommende Behandlung vor, weil die Muskulatur so schon ein bisschen lockerer wird. Sollte sich Ihr Hund gegen die Wärme wehren (Wehrt er sich auch wirklich gegen die Wärme und nicht gegen das Gewicht auf seiner Hüfte? Testen Sie das aus, indem Sie ihm ein kaltes Körnerkissen auf die Stelle legen oder in dem Sie ihn mit einer Rotlichtlampe bestrahlen.), könnte es sein, dass die Arthrose gerade aktiv ist. Das heißt, es gibt eine Entzündung im Gelenk und die verträgt keine Wärme. Also kühlen. Nichts anderes! Bei einer akuten Entzündung darf Ihr Hund nicht physiotherapeutisch behandelt werden! Und dann gehen Sie schleunigst zum Tierarzt, um die Entzündung in den Griff zu bekommen.

Verträgt Ihr Hund die Wärme, genießt sie vielleicht sogar, dann lassen Sie sie etwa 20 Minuten einwirken.

1. + 3. Tonusnormalisierung und Lockerung der Muskulatur:
Anschließend massieren Sie Ihren Hund mit weichen Griffen (Streichungen,

Knetungen) das komplette Bein und den hinteren Teil des Rückens. Das andere Bein darf auch ruhig ein bisschen Massage abbekommen, das wird ja ständig überbelastet ... Die Massage sollte 10 - 15 Minuten dauern.

4. Dehnungen:
Entspannen Sie danach die Beinmuskulatur. Die Streckung nach hinten und die Abspreizung sind besonders wichtig. Aber seien Sie wirklich ganz vorsichtig, dehnen Sie nur leicht und ganz weich! Ihr Hund darf keine Schmerzen dabei haben, sonst wäre der ganze Spaß sinnlos, ja schädlich. Also nur ein bisschen vordehnen, querdehnen, halten und wenn der Muskel ein wenig nachgibt, dehnen Sie vielleicht noch ein Stückchen. Bleiben Sie im schmerzfreien Raum. Auch wenn ich mich wiederhole, ich kann es gar nicht oft genug betonen, dass Sie Ihrem Tier wirklich Ärger damit machen können. Das Dehnen dauert fünf - zehn Minuten.

5. Traktion:
Zum Abschluss wäre eine leichte Traktion, eventuell mit Schüttelungen, angebracht. Aber auch hier bitte vorsichtig sein. Und denken Sie an die Unterstützung des Knies, damit es nicht zu instabil wird. Für die Traktion sollten Sie noch mal fünf Minuten einplanen.

6., 7. + 8. Und danach gehen Sie ein bisschen mit Ihrem Hund spazieren. Wenn es warm genug ist und Teich ist in der Nähe, lassen Sie ihn schwimmen. Kommt er aus dem Wasser, stabilisieren Sie ihn mit ein paar Kräftigungsübungen ein und gehen danach noch ein bisschen weiter ...

III.4.4. FALLBEISPIEL

Kreuzbandriss post operativ
Bine, 3-jährige Staffordshire-Hündin
Als mich der Besitzer von Bine anrief, musste ich doch erst einmal schlucken. Ein Kampfhund! Ohweia. Nicht, dass ich dieser Hetzkampagne gegen Kampfhunde allzu viel glauben würde, aber ... ich hatte eben noch nie etwas mit einem Kampfhund zu tun gehabt. Mit Rottweilern, mit Dobermännern, aber eben noch nicht mit einem »echten« Kampfhund. Ich machte mich daran, meine Hundebücher durchzustöbern und fand im ersten gleich die Anmerkung: »Ein anhänglicher und fröhlicher Hund.« Ich war beruhigt. Als ich dann aber beim Husky las, dass er leicht zu erziehen sei, geriet meine Beruhigung doch wieder ins Schwanken. Letztendlich bewahrheiteten sich die Aussagen des Buches doch und Bine stellte sich tatsächlich als sehr anhängliche, freundliche und fröhliche Hündin heraus. Aber einen Husky, der sich leicht erziehen ließ, habe ich trotzdem noch nicht kennen gelernt.

Seit Bine habe ich vor »Kampfhunden« keine Angst mehr, nur manchmal vor den Besitzern... Keiner meiner »Kampfhund« - Patienten wollte mir je etwas Böses, eigentlich die wenigsten Hunde überhaupt, die ich in Behandlung habe oder hatte. Nur zweimal wäre ich fast gebissen worden, beide Male waren die Übeltäter Dackel! Aber das nur vorweg. Zurück zu Bine.

Bine hatte sich beim Toben einen Kreuzbandriss zugezogen. Sie musste operiert werden, weil sie zu dick war und die Tierärztin Angst hatte, dass das Knie konservativ versorgt zu instabil bliebe. Das Kreuzband wurde geflickt und Bine wurde wieder nach Hause entlassen. Bines Besitzer rief mich drei Tage nach der OP an. Er selbst hatte auch schon eine Kreuzbandoperation hinter sich und wusste, wie wichtig Physiotherapie für ihn war. Also bräuchte auch sein Hund Krankengymnastik. Über eine Bekannte, deren Pferde ich in Behandlung hatte, kam er auf mich. Er selber wollte möglichst nicht therapieren, weil er Angst hatte, etwas falsch zu machen. Also fuhr ich jeden zweiten Tag zu Bine.

In den ersten Behandlungen passierte nicht allzu viel. Ich testete die Einstellungen beim TENS - Gerät aus, diese Behandlung musste Bines Besitzer dann doch machen, aber ich kontrollierte ja regelmäßig, ob auch noch alles okay war. Ich sorgte dafür, dass die Kniescheibe beweglich blieb und nicht verklebte, bewegte das Knie passiv durch und verpasste Bine die eine oder andere Massage, je nachdem, wo sie gerade ihre Probleme hatte. Nach 14 Tagen wurden die Fäden gezogen und die Naht sah sehr gut aus. Nun musste Bines Besitzer mit ihr in den Tagen, an denen ich nicht kam, an einen Teich zum Schwimmen gehen. Ich erweiterte meine Therapie, in dem ich nun auch noch die Narbe behandelte. Die ersten vorsichtigen isometrischen Übungen kamen nach und nach dazu und Dehnungsübungen. Nach insgesamt sechs Wochen war Bine so weit, dass sie mit ihrem Besitzer alleine klar kam. Und er traute sich den Rest dann auch zu, viel war ja nun nicht mehr falsch zu machen und er hatte oft genug zugesehen und mir geholfen. Mittlerweile hat sie sogar abgenommen.

DANKSAGUNG

In erster Linie und ganz besonders bedanke ich mich bei meinen Hunden Kuddel (Schäferhundmischling, 4 Jahre) und Rasdu (Settermischling, 9 Jahre), ohne die dieses Buch nicht zustande gekommen wäre. Keine anderen Hunde hätten die unzähligen Fotosessions so fröhlich mitgemacht und überstanden. Selbst wenn sie manchmal genervt waren, hatten sie es beim nächsten Fototermin doch wieder vergessen und machten wieder mehr oder weniger begeistert mit (Kuddel mehr, Rasdu weniger). Sie bekommen eine große Tüte Schweineohren, wenn das Buch in die Läden kommt! Auch Oliver danke ich, der genauso geduldig wie die Hunde, immer und immer wieder seine Hände zur Verfügung stellte, seinen Humor nicht verlor bei dem ganzen Stress und der zu alle dem auch noch die Hunde erstklassig im Griff hatte, wenn sie doch mal nicht wollten.

Außerdem bedanke ich mich beim Wettergott dafür, dass er in diesem verregneten Sommer immer dann die Sonne scheinen ließ, wenn ich dringend Fotos machen musste. Er schob so manche Regenwolke fort.

BÜCHERLISTE

ANATOMIE:

Berg; Koch: Lehrbuch der Veterinär-Anatomie, Enke Verlag

Beute-Faber R. und P.: Atlas der Hundeanatomie, 2000, Kynos Verlag

Boyd, J.S.; Paterson, C.: Farbatlas der klinischen Anatomie von Hund und Katze, 1995, Enke Verlag

Budras, K.-D.; Fricke, W.; Richter, R.: Atlas der Anatomie des Hundes, 2000, Schlütersche Verlagsanstalt

Dyce, K. M.; Sack, W. O.; Wensing, C. J. G. u.a.: Anatomie der Haustiere, 1997, Enke Verlag

Frewein, J.; Vollmerhaus, B.: Anatomie von Hund und Katze, 1994, Parey Verlag

König, H. E., Liebich, H-G.: Anatomie der Haussäugetiere in 2 Bänden (Bd. 1: Bewegungsapparat; Bd. 2: Organe, Kreislauf- und Nervensystem), 2001, Schattauer Verlag

Nickel, R.; Schummer, A.; Seiferle, E. u.a.: Lehrbuch der Anatomie der Haustiere in 5 Bänden (Bd. 1: Bewegungsapparat; Bd. 2: Bewegungsapparat; Bd. 3: Kreislaufsystem, Haut- und Hautorgane; Bd. 4: Nervensystem, Sinnesorgane, Endokrine Drüsen; Bd. 5: Anatomie der Vögel); 1992, Parey Verlag

Popesko, P.: Atlas der topographischen Anatomie der Haustiere, 1998, Enke Verlag

PHYSIOLOGIE:

Cotta, H., Heipertz, W.; Hüter-Becker, A.; Rompe: Krankengymnastik, Taschenbuchlehrband in 12 Bänden, Thieme Verlag, 1990

Eckert, R. u.a.: Tierphysiologie, 2000; Thieme Verlag

Kolb, E. (Herausgeber): Lehrbuch der Physiologie der Haustiere, 1998, Urban & Fischer Verlag, Mchn.

Hippokrates: Multimedia Physiologie, CD-Rom, 2000, Enke Verlag

Kolster B.; Ebelt-Paprotny G.: Leitfaden Physiotherapie, Urban & Fischer Verlag, 2002

Muschinsky, B.; Massagelehre in Theorie und Praxis, Urban & Fischer Verlag, 3. Auflage 1992

Scheunert, A.; Trautmann, A.: Lehrbuch der Veterinär-Physiologie, 1987, Parey Verlag

Schmidt-Nielsen, K.: Physiologie der Tiere, 1999, Spektrum Akademischer Verlag

Von Engelhardt, W.; Breves, G. (Herausgeber): Physiologie der Haustiere, 2000, Enke Verlag

WICHTIGE ADRESSEN

(Diese Adressen dienen lediglich der Information, sind keine Wertung der Autorin oder des Verlages)

1. Verein für Tierphysiotherapie e.V.
Schlosser Straße 7 a, D-32051 Herford
Internet: http://www.tierphysiotherapie.de

Schweizerischer Verband für Tierphysiotherapie
Postfach, CH-8162 Steinmaur
Internet: http:www.svtp.ch

INDEX

Abduktion 23, 32, 34, 38, 137, 209
Achondroplasie 48
Adduktion 23, 32, 34, 38 f., 137, 209
Allergien 116, 182
Alles-oder-Nichts-Regel 28
Altersbeschwerden 15, 46, 51
Anheben (Technik) 154
Arthritis 48 f., 111
Arthrose 43, 46 ff., 68, 76, 94, 106 f., 111, 131, 176, 235, 240f.
Asthma 182
Atlaswirbel 116
Augenprobleme 116
Ausstreichen 154, 192
Bandscheibenschäden 50 ff., 107
Bandscheibenvorfall 14, 51, 109, 205
Bäder 105 ff., 203
Bänder, schwache 45
Bänder, Verletzung 49 f., 178, 205, 238
Bänderriss 50, 133
Bauchbehandlung 190 f.
Beckengliedmaße, Aufbau 208 ff.
Beckengliedmaße, Dehnung 223 ff.
Beckengürtel 36
Beckenmuskulatur 209 f.
Bewegungsimpuls 39
Bewegungstherapie 64 ff.
BGM s. Bindegewebsmassage
Biegungen (Gymnastik) 69 ff.
Bindegewebe 19 f.
Bindegewebe, Erkrankungen 52 ff.
Bindegewebsmassage (BGM) 17, 96, 156, 193, 222
Bizeps brachii (Muskel) 35 f., 158
Bizeps femoris (Muskel) 37 f., 39, 209
Bizepssehne, Verschleiß 179
Blähungen 183

Blockierung (Wirbel) 46 ff., 76, 112, 116, 131, 182 ff., 204 f., 238
Blockaden 12
Bluterguss 44 f., 109, 133
Brachialis (Muskel) 36, 138
Brachiocephalicus (Muskel)33, 35, 39, 115
Bronchitis 182
Brustbein 181, 195
Brustmuskel, oberflächlicher 33 f.
Brustmuskel, tiefer 33 f.
Brustmuskulatur, Massage 187 ff.
Brustwirbel 180 f.
Bürstenmassage 97
Chiropraktik 10, 12
Dackellähme s. Bandscheibenvorfall
Dehnungen 16, 25, 29 f., 40 ff, 50, 54 f., 70, 126 f., 132, 157 f., 176, 193, 223 f., 142
Dehnungsreiz 29
Deltoideus (Muskel) 34, 36, 138
Distorsion s. Überdehnung
Dornfortsatz 180
Durchblutungsförderung 17
Dysplasie s. Gelenkdysplasie, HD
Effleurage 81 f.
Ekzeme 183
Einrenken 12, 45
Eis, s. Kältetherapie
Ellbogengelenk 137, 158 f., 165 ff.
Ellbogengelenksarthrose 177 f.
Elektrolytmangel 40
Entstauung 15, 17
Entspannungsbehandlung 17
Entzündungen 14, 44, 75, 107, 109
Epithelgewebe 19
Ergüsse 109
Ergusstypen S. 48
Extension 31, 116, 129, 137

Extensor carpi radialis 35, 138
Extensor carpi ulnaris 138
Extensor digitalis s. Zehenstrecker
Extremitätenschüttelung 94, 173, 232
Fahrrad, Laufen am 69
Fango s. Packung
Faszien 25
Fehlstellungen der Beine 47, 133
Fettgewebe 19
Fieber 106, 107, 182
Flexion 31
Flexor hallucis longus (Muskel) 209
Fraktur s. Knochenbruch
Friktion 89 ff.
Furunkel 182
Gallenleiden 182
Ganzmassage, Aufbau 76 ff.
Gastrocnemicus (Muskel) 209
Gehörverlust 116
Gelbsucht 182
Gelenke, Aufbau 21 ff.
Gelenksdysplasie 45, 49
Gelenkentzündung 14, 182 s.a.
Arthritis
Gelenkerkrankungen 45 ff.
Gelenkmaus 47
Gelenkrheumatismus 48
Gelenkschmerzen 96
Gelenkveränderung, degenerative 40,
239
Gelenkformen 23
Gelenk, Bewegungseinschränkung 16
Genick, steifes 116
Golgi- Sehnenendorgane 30
Güsse 100 ff., 175, 203, 235
Glutealmuskulatur s.
Kruppenmuskulatur
Glutaeus (Muskel) 209
Gracilis (Muskel) 38
Gymnastik 66, 130
Halsmuskulatur, Aufbau 115
Halsmuskulatur, Dehnung 126 ff.

Halsmuskulatur, verspannte 131 f.
Halswirbelsäule 114 ff., 130 ff., 180
Halswirbelsäulensyndrom 131 ff.
Hände, Training 78 ff.
Hangbeinphase 39
Hautprobleme 116, 182
Hautrollen (Technik) 119
Hautverletzung 14
Heiße Rolle 108, 131, 175, 178, 203,
235
Herzbeschwerden 96, 106, 107, 109,
182
Heublumensack 108
Hinterbein (-lauf), Muskulatur 36 ff.,
209 ff.
Hippokrates von Os 11
Hüftgelenk, Beschwerden 183, 236
Hüftgelenk, passives Bewegen u.
Traktion 227 f.
Hüftgelenksdysplasie (HD) 14, 15, 47,
49, 198, 241
HWS s. Halswirbelsäule
Hydrotherapie 10 ff., 67, 98 ff., 234
Hypermobilität 133
Iliopsoas (Muskel) 37 ff.
Iliosakralgelenk s. Kreuzdarmbein-
gelenk
Infektarthritis 48 f.
Infraspinatus (Muskel) 34 f., 36
Interkostalstrich 189 f.
Ischämie 43
Ischiasbeschwerden 183
Isometrie 73 f., 173 ff., 200, 203, 232
Kältetherapie 109 ff., 175
Karpalgelenk 137 ff., 166 ff.
Kartoffelbrei 108
Kehlkopfentzündung 116
Kiefergelenk, Schmerzen im 133
Kirschkernsäckchen 108
Klopfungen s. Tapotement
Kneipp, Pfarrer Sebastian v. 11, 98
Knetung s. Petrissage

Kniebeschwerden 183
Kniegelenk, passives Bewegen 227
Knochen, Aufbau 21 f.
Knochenbruch 14, 44, 75, 106
Knochengewebe 20 f.
Knochenmark 19, 21
Knorpelgewebe 20, 47
Kontraktur 16
Kontusion s. Prellung
Kopfmassage 116 ff.
Krankengymnastik 12
Kreuz-Darmbeingelenk 208, 211, 238
Kreuzbandriss 240, 242
Kreuzbein 180
Kreislauf, Training 102 ff.
Kruppenmuskulatur 37 f., 211 ff.
Kryotherapie s. Kältetherapie
Kupieren, Schmerzen nach 236
Lähmungserscheinungen 14, 15, 75, 106
Lahmheit 46, 132, 238
Latissimus dorsi (Muskel) 33 ff.
Lateralflexion 32
Leberleiden 182
Lendenwirbel 181
Longissiumus dorsi (Muskel) 181
Lumbalguss 104 f.
Lungenentzündung 182
Luxation s. Verrenkung
Mesenchym 19
Magenbeschwerden 96, 182
Magnetfeldtherapie 10
Manuelle Therapie 10, 15
Massage, Handgriffe 81 ff.
Massage, Wirkung 12, 74
Massage, Kontraindikationen 75
Meniskus, Schäden am 239
Mobilisation 16, 59, 109, 239
Motoneurone 27 ff.
Motorische Endplatte 27
Müdigkeit, chronische 116, 182
Muskelarbeit 30

Muskelatrophie 43
Muskeln, Aufbau und Funktion 24 ff., 28 ff.
Muskeln, Zusammenspiel 33 ff.
Muskeldegeneration 41
Muskelgewebe 20
Muskelhartspann 40, 76
Muskelkater 42, 76
Muskelkrampf 40
Muskelschüttelung 94
Muskelschwäche 43, 198
Muskelverklebung 41, 76
Muskelverkürzung 16
Muskelriss 41 f., 75, 76
Muskeltrauma 41f., 76, 109, 205, 238
Muskelzerrung 42
Muskulatur, Erkrankungen 40 ff., 76, 106
Myelinscheide 27 f.
Myofibrillen 20, 25, 27 f.
Myogelose 41
Narbenbehandlung 17
Nebenhöhlenbeschwerden 116
Nerven, Funktion 27 ff.
Nervenentzündung 116
Neurit 27
Nierenprobleme 106, 109, 182
OCD 43, 49
Oberschenkelmuskulatur, Behandlung 218 ff.
Obturatorius externus (Muskel) 38
Ohren (Massage) 123
Omotransversarius (Muskel) 39
Osteopathie 10, 12
Packungen 106 f.
Paracelsus 11
Pectineus (Muskel) 38
Pectoralis superficialis s. Brustmuskel, oberflächlicher
Pectoralis profundes s. Brustmuskel, tiefer
Petrissage 85 ff.

Pfote, Behandlung 145 ff., 214 ff., 228
Prießnitz, Vincent 11, 98
Prellung 44, 76, 178, 205, 238
Protraktion 31, 33, 35, 38 f., 196
Psoas minor 36
Quadrizeps femoris (Muskel) 37
Querfortsatz (Wirbel) 180
Querreiben (Technik) 59 ff.
Reibung s. Friktion
Reizstrombehandlung 10, 15, 41, 111 ff.
Reizweiterleitung 27, 29
Reposition s. Einrenken
Retraktion 32 f.
Rheuma 48, 182
Rhomboideus (Muskel) 33 f.
Rippen 181, 209
Rippenfellentzündung 182
Rotation 32, 137, 209
Rückenguss 102
Rückenmuskeln 181 ff.
Rückenschmerzen 46, 183 ff.
Rute, Arbeit an der 236
Sarkolemm 27, 28
Sarkomer 24 f.
Sarkoplasma 25
Sartorius (Muskel) 38 f.
Schildrüse, Fehlfunktion 48
Schlaflosigkeit 116
Schleimbeutel 26, 52, 75, 111, 116
Schulter, Schiefstellung 116
Schleudertrauma 14, 131 , 133 f.
Schmerzen, chronische 15, 111
Schmerzlinderung 15, 17
Schultergürtelmuskulatur 33 f.
Schultermuskulatur, Massage 139 ff.
Schädel, Aufbau 114
Schulterblatt 136 ff., 162 f., 181
Schultergelenk, Dehnung 157 f.
Schultergelenk, passives Bewegen 164
Schultergliedmaße 136 ff.
Schwanzwirbel 181

Schwedische Heilgymnastik 11
Sehnen, Aufbau 26
Sehnen, Erkrankungen 50 ff., 178 , 205, 238
Semimembranosus (Muskel) 37 f.
Semitendinosus (Muskel) 37, 196, 209
Serratus ventralis (Muskel) 33, 115
Sesambein 26
Spondylose 14, 43, 51, 76, 206
Sprunggelenk 210, 228, 230
Stabilisation 16
Sterilität 183
Sternohyoideus (Muskel) 115
Stoffwechselstörungen 40
Streichungen s. Effleurage
Stützapparat 19 ff.
Stützbeinphase 39
Stützgewebe 19
Supraspinatus (Muskel) 34, 36
Symphyse 24
Synapse 27
Synostose 24
Synovialflüssigkeit 22, 47
Taumeln 116
Tensor fasciae latae (Muskel) 37 ff., 209
Tapotement 91 ff.
Tapping (Technik) 61 ff.
Thermotherapie 107 ff., 203, 235
Tibialis (Muskel) 37
Tiefenmassage 94
Traktion (Krankengymnastik) 15, 58 ff., 168, 199, 229, 242
Transmitter 27
Trapezius, Muskel 33, 39
Trizeps surae (Muskel) 37 f.
Tellington-Jones, Linda 17
TENS s. Reizstrombehandlung
Tendomyosen 52
Teres minor (Muskel) 34, 36
Thermotherapie 10 ff. , 41, 175
Trächtigkeit 75, 107

Trapezius (Muskel) 115
Trizeps 138
Tumore 112
Überdehnung 50, 75, 133
Überlastung 40 f., 47
Ultraschall, therapeutischer 10, 41 f.
Unterhautfaszienstrich 90 ff.
Unterschenkelbehandlung 216 ff.
Unterkühlung 40 f.
Verrenkung 45 f., 75, 76
Verschleißerscheinungen 239
Verspannungen 131 ff., 176, 204, 235, 238
Verstauchung 76
Vibratrionen (Massage) 93 ff.
VNS (Vegetatives Nervensystem) 20, 24

Vorderbein, Muskulatur 35 ff.
Vorderfußwurzelgelenk 138
Wärmetherapie s. Thermotherapie
Wassermantel 101
Wassertemperatur 99
Wassertherapie s. Hydrotherapie
Weichteilbehandlung 16
Wirbelsäule, Abschnitte der 180
Wirbelsäule, Erkrankungen der 50 ff., 106 f., 111, 204
Zehen 167 ff., 231
Zehenstrecker 35 f., 39, 138, 209
Zehenbeuger 35 f., 39
Zerrung 42, 49 f., 133, 178, 205, 238
Zirkelung s. Friktion
ZNS (Zentrales Nervensystem) 20, 24, 27, 29

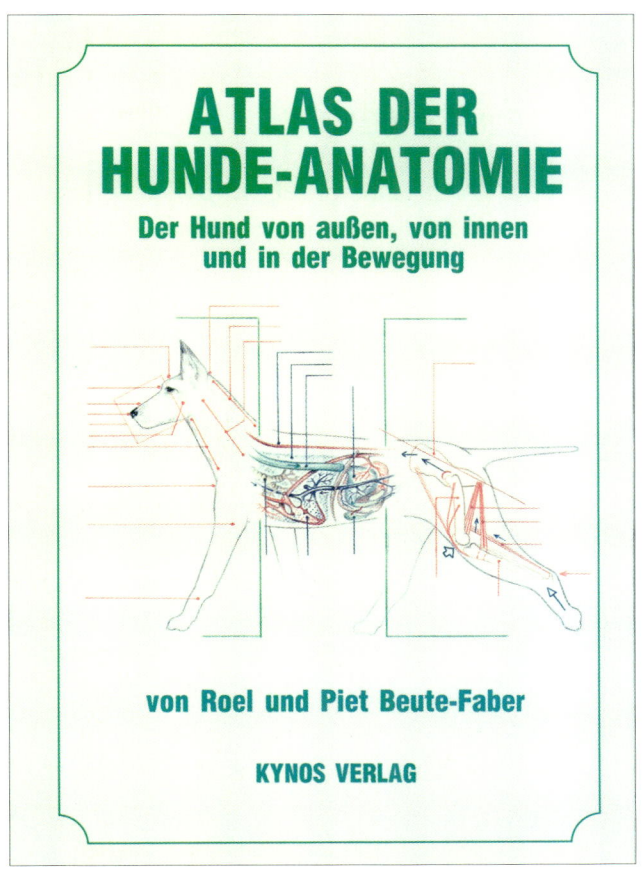